Lehr- und Handbücher der Statistik

Herausgegeben von
Universitätsprofessor Dr. Rainer Schlittgen

Lieferbare Titel:

Fachgebiet Biometrie
Herausgegeben von Dr. Rolf Lorenz

Lieferbare Titel:

Deskriptive Statistik

von
Prof. Dr. Peter Pflaumer
Dr. Barbara Heine
Prof. Dr. Joachim Hartung

4., überarbeitete Auflage

Oldenbourg Verlag München

Bibliografische Information der Deutschen Nationalbibliothek

Die Deutsche Nationalbibliothek verzeichnet diese Publikation in der Deutschen Nationalbibliografie; detaillierte bibliografische Daten sind im Internet über <http://dnb.d-nb.de> abrufbar.

© 2009 Oldenbourg Wissenschaftsverlag GmbH
Rosenheimer Straße 145, D-81671 München
Telefon: (089) 45051-0
oldenbourg.de

Lektorat: Wirtschafts- und Sozialwissenschaften, wiso@oldenbourg.de
Herstellung: Dr. Rolf Jäger
Coverentwurf: Kochan & Partner, München
Gedruckt auf säure- und chlorfreiem Papier
Gesamtherstellung: Books on Demand GmbH, Norderstedt

ISBN 978-3-486-59116-3

Vorwort zur 1. bis 4. Auflage

In diesem Buch, das aus Vorlesungen für Studierende der Wirtschafts- und Sozialwissenschaften, Wirtschaftsmathematik, Städte- und Raumplanung sowie Statistik entstanden ist, werden die wichtigsten Methoden der „Deskriptiven Statistik" anhand relevanter Beispiele aus der Praxis vorgestellt. Statistische Methoden sind in den letzten Jahren immer wichtiger geworden. Sie werden zunehmend in Bereichen angewandt, in denen durch Erhebungen gewonnene Daten ausgewertet, analysiert und beurteilt werden müssen. Gerade deskriptive statistische Methoden haben für das Wirtschafts- und Sozialleben eine große praktische Bedeutung. Ihre Methoden sind anschaulich, einfach zu verstehen und von großem Nutzen.

Das Buch dient in erster Linie zur begleitenden Lektüre einer Vorlesung in „Deskriptiver Statistik" sowie zur schnellen und effizienten Prüfungsvorbereitung. Daher haben wir darauf geachtet, daß der Leser bzw. die Leserin die in einem knapp gehaltenen Lehrtext dargestellten Methoden anhand von Beispielen leicht nachvollziehen kann. Jedes Kapitel schließt mit Übungsaufgaben ab, um das Gelernte zu überprüfen und zu festigen. Der Inhalt des Buches entspricht im wesentlichen dem Lehrstoff, der im Rahmen einer Grundvorlesung in „Deskriptiver Statistik" an Universitäten und Fachhochschulen vorgetragen wird.

Das Buch setzt keine besonderen mathematischen Kenntnisse voraus. Falls das Summenzeichen noch nicht bekannt ist, sollte vor der Lektüre des Lehrtextes zuerst das Rechnen mit dem Summenzeichen im Anhang 1 geübt werden. An einigen, wenigen Stellen wird einfache Differentialrechnung verwandt. Diese Abschnitte, die als Ergänzungen einen tieferen Einblick vermitteln sollen, sind für das fortlaufende Verständnis des restlichen Lehrstoffes nicht von Bedeutung und können beim Durchlesen des Buches zunächst überschlagen werden.

Eine ideale Ergänzung zu dem vorliegenden Lehrbuch ist die Aufgabensammlung

Pflaumer, P: *Klausurtraining Deskriptive Statistik.*

Dieses Buch enthält eine Zusammenstellung von Klausuraufgaben mit Lösungen in deskriptiver Statistik, die in den letzten Jahren von uns gestellt worden sind.

Es bleibt uns noch übrig, Dank zu sagen. Unser Dank gebührt unseren Studenten und Studentinnen, die durch zahlreiche Fragen und Hinweise zur Gestaltung des Lehrtextes und der Übungsaufgaben beigetragen haben. Frau stud. stat. Susanne Schönebeck danken wir für die Hilfe bei der Textverarbeitung, für das Erstellen der Graphiken sowie für die kritische Durchsicht des Textes. Herrn Prof. Dr. Lothar Kreienbrock und Frau Dr. Bärbel Elpelt danken wir für angeregte Diskussionen und wertvolle Hinweise. Herrn Lektoratsleiter Dr. Jürgen Schechler danken wir für die bewährte, gute Zusammenarbeit.

Die vierte vorliegende überarbeitete Auflage wurde erfreulicherweise schon jetzt notwendig. An mehreren Stellen wurden Lehrinhalte verbessert und ergänzt.

Rechen- und Druckfehler wurden berichtigt. Herrn Prof. Dr. Wolfgang Hauke, Herrn Dipl.-Physiker Clemens Heuson und Herrn Dipl.-Betriebswirt Andreas Schmieger danken wir für zahlreiche, wertvolle Hinweise.

Joachim Hartung, Barbara Heine und Peter Pflaumer

Hinweise, Aktualisierungen, Ergänzungen etc. findet man unter www.pflaumer.eu und www.demometrie.de.

INHALT

1 EINFÜHRUNG

1.1 Begriff

In vielen Bereichen des inner- und außerbetrieblichen Geschehens werden auf der Basis von Daten Entscheidungen getroffen. Damit diese Daten zu einer wirklichen Informations- und Entscheidungshilfe werden, bedarf es Methoden und Verfahren, die es ermöglichen, das oft unübersichtliche Datenmaterial zu beschreiben, zu strukturieren und in einem weiteren Schritt auszuwerten und zu analysieren. Der Statistik kommt dabei große Bedeutung zu, denn:

> Die *Statistik* ist eine wissenschaftliche Disziplin, die formale Methoden zur Erfassung, Analyse und Beurteilung von Beobachtungen (Daten) entwickelt und anwendet.

Üblicherweise wird dabei das Gebiet der Statistik in zwei Teilbereiche untergliedert, die deskriptive und die induktive Statistik.

> **(1) Deskriptive Statistik** (Beschreibende Statistik): Zusammenfassung von Methoden zur Erfassung, Auswertung und übersichtlichen Darstellung von Daten.

Das hier vorliegende Buch beschäftigt sich ausschließlich mit der deskriptiven Statistik, die einen großen Anteil jeder statistischen Auswertung ausmacht. Im nachfolgenden Beispiel werden anhand des Deutschen Aktienindex und seiner wichtigsten Kennzahlen verschiedene Methoden und Probleme vorgestellt, die im Rahmen einer deskriptiven Analyse anzutreffen sind.

Beispiel 1.1: Aus einer Vielzahl von täglichen Aktienkursnotierungen, werden Aktienkursindizes und Kennzahlen zur Beurteilung des Anlagerisikos berechnet und im Finanzteil von einschlägigen Zeitungen veröffentlicht. So wird etwa der **Deutsche Aktienindex DAX** aus den Kursen der 30 in **Tab. 1.1** angegebenen Aktien ermittelt. Zur Berechnung derartiger Indizes bzw. Indexzahlen sei verwiesen auf die Darstellungen in Kapitel 5.

Außerdem sind in **Tab. 1.1** die Volatilität und die Korrelation angegeben. Die Volatilität (Standardabweichung) steht dabei für das Risiko einer Aktie, d.h. sie ist ein Maß für die relative tägliche Kursänderung im Verhältnis zur durchschnittlichen Veränderung des Aktienkurses dieser Aktie. Je größer also die Schwankungen der Kursänderung sind, um so größer ist die Volatilität der Aktie. Weitere Maßzahlen, die sich mit der Streuung - den Schwankungen von Beobachtungen - befassen, werden in Kapitel 4 genauer untersucht.

Die Korrelation beschreibt den Zusammenhang zwischen den Kursschwankungen einer Aktie im Vergleich zum gesamten Aktienmarkt. Sie kann nur Werte im Intervall von -1 bis +1 annehmen, wobei eine Korrelation von +1 besagt, daß die Aktie sich gleichförmig zum Index verhält. Ist die Korrelation -1, so zeigt dies einen exakten gegenläufigen Verlauf der Aktie. Ergibt sich eine Korrelation von Null, so ist die Aktie unabhängig vom Verlauf des Index. Ausführliche Darstellungen der wichtigsten Resultate der Korrelationsrechnung sind in Kapitel 7 zusammengestellt.

Eine weitere wichtige Kennzahl der Aktienkurse ist der Beta-Faktor. Dieser beschreibt die Kursschwankungen einer Aktie im Verhältnis zur Veränderung des gesamten Aktienmarktes. Ist der Beta-Faktor größer als 1, so sind die Kursschwankungen der Aktie größer als die des Gesamtmarktes, ist der Beta-Faktor kleiner als 1, so sind die Kursschwankungen kleiner als die des Gesamtmarktes. Diese Kennzahl ist dem Bereich der Regressionsrechnung, vgl. Kapitel 7, zuzuordnen.

In **Tab. 1.1** sind Volatilitäten, Korrelationen und Beta-Faktoren der 30 Aktien, die in die Berechnung des DAX eingehen, für den 11.11.2008, zusammengestellt (Quelle: www.deutsche-boerse.com (Listing: Reports und Statistiken: Gewichtungen + Kennzahlen: DAX)). Bei der Ermittlung der Kennzahlen wurden die letzten 250 Tage zugrunde gelegt. Die Volatilität ist annualisiert, d.h. sie bezieht sich auf ein Jahr.

Tab. 1.1: DAX, Volatilität, Korrelation und Beta-Faktor für den 11.11.2008

Aktie	Volatilität	Korrelation	Beta
ADIDAS AG O.N.	44.75%	0.6348	0.8283
ALLIANZ SE VNA O.N.	59.70%	0.6842	1.1908
BASF SE O.N.	44.39%	0.7282	0.9425
BAY.MOTOREN WERKE AG ST	47.65%	0.7447	1.0346
BAYER AG O.N.	41.76%	0.6629	0.8071
COMMERZBANK AG O.N.	83.23%	0.5595	1.3578
CONTINENTAL AG O.N.	58.42%	0.4596	0.7828
DAIMLER AG NA O.N.	55.81%	0.7133	1.1606
DEUTSCHE BANK AG NA O.N.	64.19%	0.6700	1.2541
DEUTSCHE BOERSE NA O.N.	64.97%	0.6126	1.1603
DEUTSCHE POST AG NA O.N.	48.48%	0.5188	0.7334
DEUTSCHE POSTBANK AG NA	66.30%	0.5297	1.0239
DT.TELEKOM AG NA	40.76%	0.6297	0.7485
E.ON AG NA	47.48%	0.6255	0.8658
FRESEN.MED.CARE KGAA ST	30.53%	0.4273	0.3803
HENKEL AG+CO.KGAA VZO	37.19%	0.5289	0.5734
HYPO REAL ESTATE HLDG	172.20%	0.4553	2.2859
INFINEON TECH.AG NA O.N.	79.17%	0.5625	1.2985
K+S AG O.N.	74.48%	0.4449	0.9661
LINDE AG O.N.	41.24%	0.6655	0.8003
LUFTHANSA AG VNA O.N.	43.46%	0.6179	0.7829
MAN AG ST O.N.	58.23%	0.7125	1.2096
MERCK KGAA O.N.	34.86%	0.4523	0.4597
METRO AG ST O.N.	52.11%	0.4336	0.6588
MUENCH.RUECKVERS.VNA O.N.	41.90%	0.6266	0.7655
RWE AG ST O.N.	40.41%	0.6202	0.7306
SAP AG O.N.	40.18%	0.5937	0.6956
SIEMENS AG NA	56.00%	0.7072	1.1546
THYSSENKRUPP AG O.N.	58.10%	0.7071	1.1978
VOLKSWAGEN AG ST O.N.	138.42%	0.1339	0.5405

Die zeitlich geordneten Beobachtungswerte des DAX bilden eine sogenannte Zeitreihe, die in **Abb. 1.1** den Verlauf des Aktienindex übersichtlich darstellt. Bei den Beobachtungen handelt es sich um monatliche Schlußkurse von 1984 bis 2008 (Quelle: www.bundesbank.de/statistik). Methoden der Zeitreihenanalyse werden ausführlich in Kapitel 8 beschrieben. An dieser Stelle sei jedoch schon auf ein einfaches Hilfsmittel zur Beurteilung von Zeitreihendaten, der sogenannten halb-logarithmischen Darstellung in **Abb. 1.2**, hingewiesen, bei welcher auf der Abszisse der arithmetische und auf der Ordinate der logarithmische Maßstab abgetragen wird.

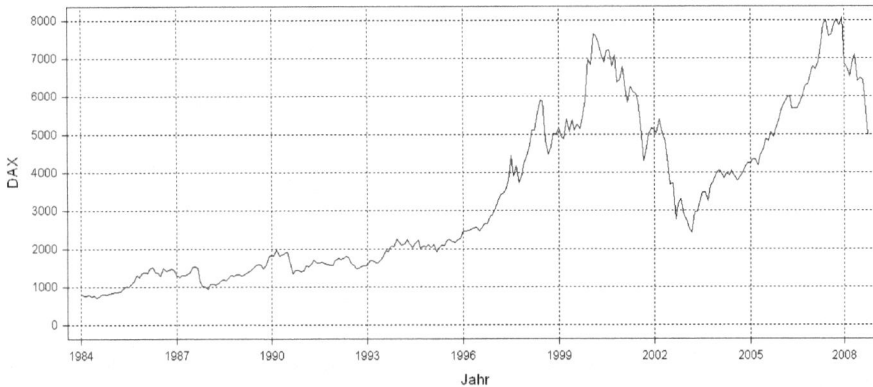

Abb. 1.1: Deutscher Aktienindex DAX Ultimo 1987 = 1000

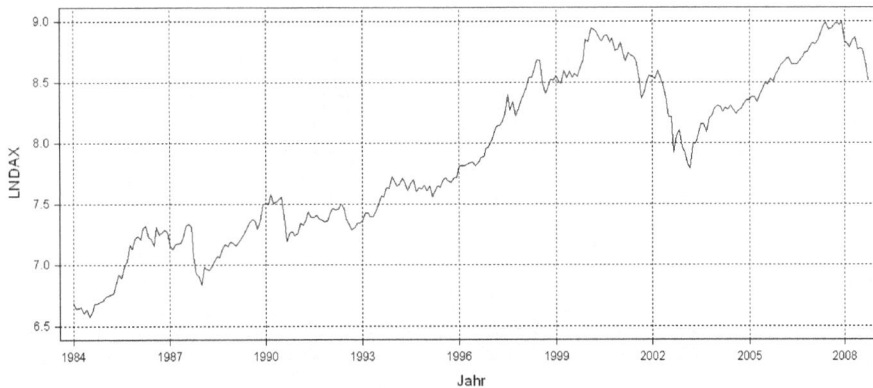

Abb. 1.2: Halb-logarithmische Darstellung des DAX

Die halb-logarithmische Darstellung weist folgende Vorteile auf:

(a) Bei Verwendung des arithmetischen Maßstabes wirkt eine Kurserhöhung des DAX von 1000 auf 2000 doppelt so stark wie eine Erhöhung von 500 auf 1000, obwohl es sich in beiden Fällen um eine Verdopplung handelt. Die Originalreihe täuscht dadurch eine wesentlich höhere Volatilität in den letzten Jahren vor. Bei einem logarithmischen Maßstab auf der Ordinate werden gleich hohe relative Veränderungen durch gleich hohe Veränderungen in der Graphik widergespiegelt, wie aus dem Zahlenbeispiel leicht zu zeigen ist:

$$\log\frac{2000}{1000} = \log 2000 - \log 1000 = \log\frac{1000}{500} = \log 1000 - \log 500 = \log 2 \ .$$

(b) Wie wir in Kapitel 8 sehen werden, entspricht die Steigung der logarithmierten Zeitreihe der Wachstumsrate der Originalzeitreihe. Aus der Graphik läßt sich daher leicht erkennen, ob sich die Zeitreihe mit konstanten Wachstumsraten (linearer Anstieg), zunehmenden Wachstumsraten (überlinearer Anstieg) oder mit sinkenden Wachstumsraten (unterlinearer Anstieg) entwickelt. Aus der **Abb. 1.2** ist ersichtlich, daß die durchschnittliche Wachstumsrate (Rendite) des DAX zwischen 1984 und 1986 größer war als zwischen 2003 und 2007.

Hilfsmittel zur übersichtlichen Präsentation von Daten sind vor allem Graphiken. Sie sind fester Bestandteil der deskriptiven Statistik. Das war nicht immer so. Die bildhafte Darstellung von Daten wurde nicht vor dem späten 19. Jahrhundert üblich. Einer der ersten deutschen Statistiker, der Graphiken und Diagramme zum Aufzeigen von Daten verwendet hat, war A.F.W. Croome (1753 - 1833).

Als ein Beispiel einer auch in der Betriebswirtschaftslehre bekannten Graphik sei die Marktanteil-Wachstums-Matrix genannt, welche Umsatz, Marktanteil und Marktwachstum eines Unternehmens darstellt. Sie dient als Grundlage von Entscheidungen in der strategischen Unternehmensführung.

Beispiel 1.2: In einem zweidimensionalen Koordinatensystem werden Produkte bzw. strategische Geschäftseinheiten abgetragen. Eine Achse bildet den relativen Marktanteil RMA

RMA = Marktanteil des Unternehmens/Marktanteil des stärksten Konkurrenten,

während die andere Achse das Marktwachstum repräsentiert. Zum Zweck der Analyse bestehender Erfolgspotentiale werden die Produkte in das Diagramm eingetragen, wobei die Produktumsätze proportional zur Kreisfläche sind.

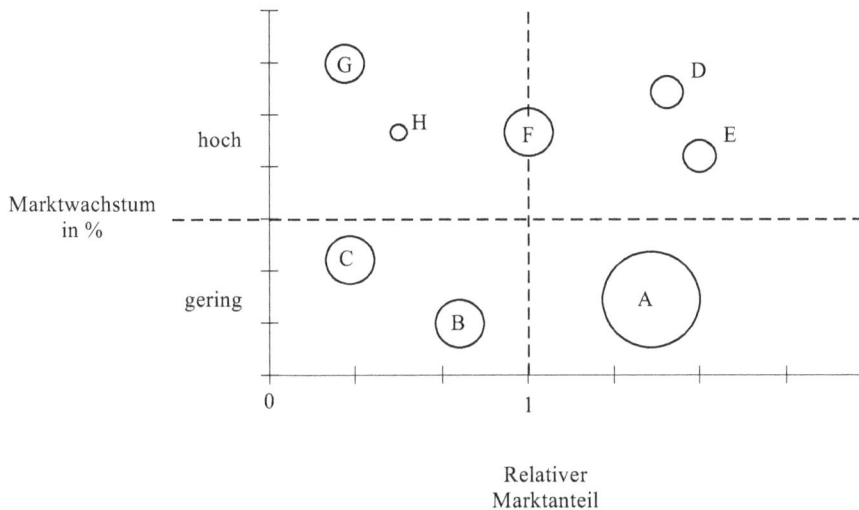

Abb. 1.3: Marktanteil-Wachstums-Matrix eines Unternehmens mit den Produkten A - H

Die Produkte lassen sich in vier Kategorien einteilen:

- **Nachwuchs**: Produkte mit niedrigem relativen Marktanteil, aber hohem Marktwachstum

- **Stars**: Produkte mit hohem relativen Marktanteil und hohem Marktwachstum

- **Melkkühe**: Produkte mit hohem relativen Marktanteil und niedrigem Marktwachstum

- **Probleme**: Produkte mit niedrigem relativen Marktanteil und geringem Marktwachstum

Aus der Einordnung der Produkte in das 4-Felder-Schema lassen sich verschiedene Unternehmensstrategien ableiten, deren Details beispielsweise in Dunst (1982) oder Schneider (2007) ausführlich erörtert werden.

Graphiken stellen Daten zwar oft anschaulich und einprägsam dar, aber die Gefahr statistischer Manipulationen ist groß. Durch Verzerrung und Abschneiden von Achsen können dem Betrachter gewollt oder ungewollt Eindrücke vermittelt werden, die der Realität nicht entsprechen.

Beispiel 1.3: Zum Vergleich der Entwicklung des Fonds B, der in deutsche Aktien investiert, mit der des Marktindex (DAX) wird ein zweidimensionales Diagramm erstellt. Auf der einen Achse wird der Ertrag, auf der anderen Achse die Volatilität bzw. Standardabweichung (Risikokennzahl) des vergangenen Jahres abgetragen (vgl. Handelsblatt vom 27.11.1997, S. 27). Die Graphik, vgl. **Abb. 1.4**, vermittelt auf den ersten Blick den Eindruck, daß der Fond B mit geringerem Risiko einen wesentlich höheren Ertrag erwirtschaftet hat. Sieht man genauer hin, so erkennt man, daß die Ertragsunterschiede aber nicht gewaltig sind; der Unterschied beträgt lediglich 0,8 Prozentpunkte.

Eine Graphik, die auf beiden Achsen mit dem Nullpunkt beginnt, stellt die Differenz der Erträge wesentlich realistischer, dafür aber weniger spektakulär dar, vgl. **Abb. 1.5**. Tatsache bleibt jedoch, daß der Fonds B den DAX bezüglich des Risikos im betrachteten Zeitraum geschlagen hat. Ob jedoch der Fond B tatsächlich ein geringeres Risiko aufweist, wird sich erst nach Ablauf eines längeren Untersuchungszeitraumes erweisen. Zudem wäre für den Anleger nicht nur der Vergleich zum DAX, sondern auch der Vergleich zu anderen Fonds interessant gewesen, da die Kennzahl des DAX nur eine "durchschnittliche" Entwicklung widerspiegelt.

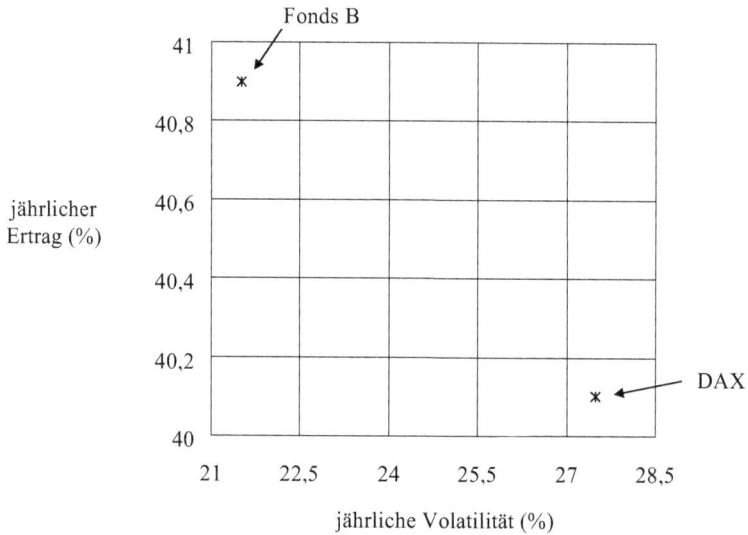

Abb. 1.4: Jährlicher Ertrag in Abhängigkeit von der Volatilität eines Fonds B und des DAX: ohne Nullpunkt

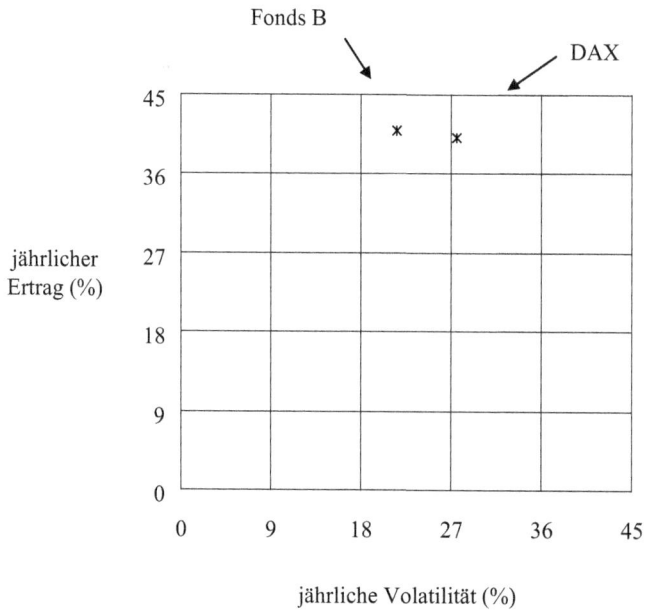

Abb. 1.5: Jährlicher Ertrag in Abhängigkeit von der Volatilität eines Fonds B und des DAX: mit Nullpunkt

Die deskriptive Statistik ist zugleich aber auch eine Vorstufe der induktiven Statistik, denn aus den Resultaten der Deskription werden Hypothesen abgeleitet, deren Überprüfung wiederum mit Hilfe deskriptiver Kennzahlen erfolgt.

---

(2) Induktive Statistik (Schließende Statistik): Zusammenfassung von Methoden zum Treffen von rationalen Entscheidungen im Falle von Unsicherheit bzw. Risiko (vgl. Wallis / Roberts, 1969).

Während bei der deskriptiven Statistik Methoden zur Erfassung, Analyse und Beurteilung von Daten im Vordergrund stehen, werden in der induktiven Statistik Methoden zum Finden von rationalen Entscheidungen im Falle von Unsicherheit oder Risiko beschrieben. Eine solche Entscheidung muß beispielsweise ein Pharmaunternehmen bei der Einführung eines neuen Medikaments treffen. Anhand eines stichprobenweisen Vergleichs von Patientendaten wird dann getestet, ob die Erfolgswahrscheinlichkeit des neuen Medikaments besser ist als die eines schon bekannten Medikaments. Die Wahrscheinlichkeitsrechnung liefert der induktiven Statistik dabei die formalen Instrumente, ohne die die induktive Statistik nicht möglich wäre.

Auch die induktive Statistik befaßt sich mit Daten. Sie konzentriert sich dabei auf Fälle, bei denen eine vollständige Datenerhebung nicht möglich, unwirtschaftlich oder zu zeitaufwendig wäre. Der Rückschluß von der Stichprobe auf die Grundgesamtheit ist eine wesentliche Aufgabe der induktiven Statistik. Hierbei stellt sich die Frage, unter welchen Bedingungen ein solcher Rückschluß überhaupt möglich ist. Weiterhin muß geklärt werden, wie die zu erhebenden Objekte ausgewählt werden und wie viele Objekte in die Stichprobe sollen. Man darf dabei nicht übersehen, daß solche Aussagen mit Ungenauigkeiten behaftet sind, die unter bestimmten Bedingungen mit Hilfe der Wahrscheinlichkeitsrechnung quantifiziert werden können. Die induktive Statistik kann man daher auch als ein Modell des Zufalls verstehen. Sie versucht den Zufall in den Griff zu bekommen; Sicherheit über Unsicherheit zu gewinnen.

Die induktive Statistik basiert auf der Wahrscheinlichkeitsrechnung. Die dabei zur Verfügung stehenden statistischen Methoden können das Risiko zwar nicht ausschalten, aber sie können es kalkulierbar machen.

Beispiel 1.4: Entscheidungen bei Risiko werden beispielsweise im Versicherungswesen bei Prämienkalkulationen getroffen. Obwohl bei Abschluß einer Todesfallversicherung - bei Ableben wird die Versicherungssumme ausgezahlt - das individuelle Sterbealter des Versicherten nicht bekannt ist, kann man für ihn mit Hilfe statistischer Methoden eine 'faire' Prämie kalkulieren. Dabei werden aus den Beobachtungen über die Sterblichkeit der Bevölkerung die Sterbewahrscheinlichkeiten und die ferneren Lebenserwartungen berechnet, vgl. Abschnitt 9.2.

In den letzten Jahren hat sich der Begriff **Data Mining** in vielen Anwendungs-
bereichen verbreitet. Data Mining wird im allgemeinen definiert als die (halb-)
automatische Analyse großer Datenmengen, und zwar mit dem Ziel, aus den
Daten aussagekräftige Regeln und Modelle herzuleiten. Es werden also große
Datenmengen unter Verwendung von Methoden der Statistik und Datenbank-
systemen (Data Warehouses) auf unbekannte Zusammenhänge analysiert.
Aufgaben und Ziele von Data Mining findet man beispielsweise in dem Aufsatz
von Hartung/Knapp (2001) beschrieben. Nicht nur im Data Mining, sondern
überall dort, wo es darum geht, statistische Verfahren auf reale Probleme
anzuwenden, ist die Benutzung von Statistiksoftware (z.B. SPSS, SAS) geboten.
Eine kostenlos erhältliche Software mit flexibler Programmiersprache für die
statistische Datenanalyse und die Darstellung von vielfältigen Graphiken ist R
(www.R-project.org).

1.2 Zur Geschichte der Statistik

Die Statistik in der heutigen Form ist dadurch entstanden, daß sich vier Richtun-
gen statistischer Untersuchungen, die zunächst unabhängig voneinander bestan-
den, einigten und zu einer einheitlichen Disziplin entwickelten. Die vier Richtun-
gen sind die amtliche Statistik, die deutsche Universitätsstatistik, die Politische
Arithmetik und die Wahrscheinlichkeitsrechnung.

(1) Amtliche Statistik

Amtliche Erhebungen als Volkszählungen findet man schon in den ältesten Zeiten.
Beispiele sind Volkszählungen in China um 800 v. Chr. oder in Ägypten um
500 v. Chr. Einen hohen Entwicklungsstand hatte der römische Zensus, bei dem
alle Bürger und ihre Familien sowie das steuerpflichtige Vermögen festgestellt
wurden. Im Mittelalter kam es zu einem Rückschritt in der amtlichen Statistik. Zu
erwähnen sind aber die Bestandsaufnahmen der Güter und der Domänen von Karl
dem Großen und das Domesday Book Wilhelms des Eroberers. In Städten kam es
vereinzelt zu Volkszählungen. Die älteste in Deutschland ist wohl die Nürnberger
Volkszählung aus dem Jahre 1449. Mit dem Beginn der Neuzeit kam es zu einem
großen Aufschwung der amtlichen Statistik. Es erfolgte die Gründung von natio-
nalen statistischen Ämtern. Amtliche Erhebungen dienten der öffentlichen
Verwaltung zur Beschaffung von Unterlagen für meist militärische und steuer-
politische Interessen. In früheren Zeiten wurden die Ergebnisse der amtlichen
Statistik in der Regel nicht veröffentlicht; sie galten als Staatsgeheimnis. Auch
wurde im Zusammenhang mit den amtlichen Erhebungen niemals der Begriff
"Statistik" genannt; man sprach immer nur von Listen und Tabellen. Der Begriff
Statistik entstand erst im Zusammenhang mit der sogenannten deutschen Univer-
sitätsstatistik.

(2) Deutsche Universitätsstatistik

An deutschen Universitäten entwickelte sich im 18. Jahrhundert eine Disziplin
weiter, die sich die Aufgabe stellte, geographische, politische sowie verwaltungs-
und verfassungsrechtliche Gegebenheiten deutscher und ausländischer Staaten zu
beschreiben. Diese Lehre der "Staatsmerkwürdigkeiten" sollte alles umfassen, was
für den Staatsmann an Kenntnissen über den Staat notwendig ist. Daher prägten
die Professoren Martin Schmeitzel (1679-1747) und Gottfried Achenwall (1719-
1772) die Bezeichnung Statistik aus dem italienischen Wort „statista"
(Staatsmann), welches wiederum vom Worte "stato" (Staat) abgeleitet war. Die
Universitätsstatistik war deskriptiv orientiert. Man beschränkte sich auf die
Beschreibung der von der amtlichen Statistik zur Verfügung gestellten Daten.
Analysen zur Entdeckung von Gesetzmäßigkeiten wurden nicht durchgeführt.
Diese Aufgabe stellte sich aber die Politische Arithmetik.

(3) Politische Arithmetik

Die Politischen Arithmetiker suchten nach gesetzmäßigen Zusammenhängen in
den demographischen, sozialen und wirtschaftlichen Erscheinungen. Die ersten
Vertreter dieser Richtung waren Engländer, insbesondere John Graunt (1620-
1674), William Petty (1623-1687) und der Astronom Edmund Halley (1656-
1742). Aus Geburten- und Sterberegister folgerten sie Gesetzmäßigkeiten des
Bevölkerungswachstums, der Sexualproportion, der Sterblichkeit und des Alters-
aufbaus. Halley berechnete anhand der Kirchenbücher der Stadt Breslau die erste
vollständige Sterbetafel. Bedeutende deutsche Vertreter der Politischen Arithmetik, die sich wegen der starken Stellung der Universitätsstatistik in Deutschland
nur zögerlich ausbreiten konnte, waren die Geistlichen Kaspar Neumann (1648-
1715) und Johann Peter Süßmilch (1707-1767). Schließlich übernahmen die Politischen Arithmetiker für ihre empirisch ausgerichtete Disziplin den Begriff der
"Statistik" von der deutschen Universitätsstatistik, als deren Bedeutung immer
mehr abnahm.

(4) Wahrscheinlichkeitsrechnung

Von größter Bedeutung für das Entstehen der heutigen Statistik war jedoch der
Einfluß der Wahrscheinlichkeitsrechnung, die ihren Ursprung im 16. Jahrhundert
in der Berechnung von Chancen bei Glücksspielen hat. Im 19. Jahrhundert formte
dann in England eine Gruppe von Naturwissenschaftlern einen Zweig der
Statistik, der die Grundlage aller induktiv-statistischen Methoden bildete. Statistik
war ausschließlich Stochastik, ein Teilgebiet der angewandten Mathematik. Diese
Gruppe übernahm von der Politischen Arithmetik den Begriff der wissenschaftlichen Statistik. Menges (1982) nennt es eine historische Kuriosität, daß der Name
Statistik von einem Extrem, der Universitätsstatistik, über die - eine Mittelstellung
einnehmende - Politische Arithmetik zum anderen Extrem, der angewandten
Wahrscheinlichkeitslehre, gewandert ist. Obwohl die Grundlagen der modernen

mathematischen Statistik vor allem im angelsächsischen Raum (angelsächsische Schule der mathematischen Statistik) entstanden sind, kam es auch zu bedeutenden Entwicklungen im deutschsprachigen Raum (kontinentale Schule der mathematischen Statistik), die das Gedankengut der Politischen Arithmetiker enthielten.

2 GRUNDBEGRIFFE

2.1 Statistische Erhebungen

Eine wichtige Phase einer statistischen Untersuchung ist die Datengewinnung oder Datenerfassung. Mit einer Erfassung werden die Merkmalsausprägungen einer Untersuchungseinheit in einer Grundgesamtheit festgestellt. Es bestehen verschiedene Möglichkeiten, Daten zu erheben:

    (a) Befragung (schriftlich - mündlich)
    (b) Experiment
    (c) Beobachtung.

Beispiel 2.1:
(a) Befragung von Personen nach Alter, Familienstand oder Kinderzahl.
(b) Bei einem Blindversuch eines Marktforschungsinstitutes beurteilen 200 Personen den Geschmack von zwei Cola-Getränken (Experiment).
(c) Notierung der täglichen Kurse und Umsätze von Renten, Aktien und Optionsscheinen am Börsenplatz Frankfurt (Beobachtung).

Die Datenerfassung kann als Vollerhebung oder als Teilerhebung (Stichprobe) erfolgen.

Bei einer *Vollerhebung* werden alle statistischen Einheiten einer Grundgesamtheit erfaßt; bei einer *Teilerhebung (Stichprobe)* wird eine Teilmenge einer Grundgesamtheit erfaßt.

Die Gründe für die Durchführung von Stichprobenerhebungen anstelle von Vollerhebungen sind vielfältig; Stichprobenerhebungen sind billiger, schneller und oft auch genauer als Vollerhebungen, da sie im Detail sorgfältiger durchgeführt werden können. Auch ist eine Vollerhebung mitunter sinnlos und zu langwierig. Will man etwa die Lebensdauer einer bestimmten Serie von Kühlschränken analysieren, so läge ein Ergebnis der Vollerhebung erst dann vor, wenn alle Kühlschränke defekt wären; eine Qualitätsbeurteilung wäre für eventuelle Käufer dann uninteressant.

Bezüglich der Herkunft der Daten kann man zwischen **Primärerhebungen,** bei welchen das Datenmaterial eigens für eine konkrete Untersuchung erhoben wird, und **Sekundärerhebungen,** bei welchen auf bereits vorhandene Daten zurückgegriffen wird, unterscheiden. Beispielsweise wird, ohne daß eine bestimmte statistische Frage verfolgt wird, bei der Flensburger Verkehrskartei jede Neuzulassung von Personenkraftwagen registriert. Will man eine statistische Analyse der Pkw-

Entwicklung in Deutschland durchführen, so braucht man keine eigenen Daten zu erheben, sondern man kann die Daten aus der Verkehrskartei verwenden.

Die Produzenten der primärstatistischen Daten lassen sich in zwei Gruppen einteilen, und zwar in die **Träger der amtlichen Statistik** und die **Träger der nichtamtlichen Statistik**. Die Träger der amtlichen Statistik sind das Statistische Bundesamt, die Statistischen Landesämter und die Kommunalstatistischen Ämter sowie staatliche Institutionen, die sich nur sekundär mit statistischen Aufgaben beschäftigen, wie z. B. die Bundesministerien, das Luftfahrt-Bundesamt oder die Deutsche Bundesbank. Träger der nichtamtlichen Statistik sind beispielsweise Wirtschaftsverbände, Markt- und Meinungsforschungsinstitute, Wirtschaftsforschungsinstitute und Gewerkschaften. Aber auch Unternehmen können Träger der nichtamtlichen Statistik sein. So veröffentlicht beispielsweise die Deutsche Börse AG umfangreiche Daten zu Kursen und Umsätzen von Renten, Aktien, Optionen und Futures.

Die wichtigsten Veröffentlichungen des Statistischen Bundesamts sind:

–   Das Statistische Jahrbuch für die Bundesrepublik Deutschland, welches als umfassendes Nachschlagewerk wichtige Zahlenangaben aus allen Bereichen in Deutschland enthält. Im Anhang enthält das Jahrbuch eine Zusammenstellung der Veröffentlichungen von Trägern der amtlichen Statistik.
–   Die Zeitschrift "Wirtschaft und Statistik", in der monatlich neueste Zahlen sowie Aufsätze über methodische Fragen veröffentlicht werden.
–   Fachserien mit statistischen Angaben über spezielle Bereiche wie Bevölkerung und Erwerbstätigkeit, Preise, Umwelt, Bildung und Kultur, Finanzen und Steuern etc.
–   Das Buch "Das Arbeitsgebiet der Bundesstatistik", welches über alle Statistiken des Bundes informiert und einen allgemeinen Überblick über Organisationen, Rechtsgrundlagen, Aufgaben und Methoden der Bundesstatistik gibt.

Daten aus dem Bereich der amtlichen Statistik können auch über das Statistische Informationssystem des Bundes (STATIS-BUND) vom Statistischen Bundesamt bezogen werden. In der Datenbank sind über eine Million Zeitreihen aus allen Sachgebieten der Bevölkerungs- und Wirtschaftsstatistik gespeichert. Der kostenpflichtige Bezug der Daten erfolgt entweder über Internet (www.statistik-bund.de) oder durch Disketten- bzw. Magnetbandkassettenlieferungen.

Die Erhebungen der amtlichen Statistik unterliegen dem **Prinzip der Legalisierung**, welches besagt, daß jede Erhebung einer gesetzlichen Grundlage bedarf. Wichtigste Rechtsgrundlage der Statistiken für Bundeszwecke ist das Bundesstatistikgesetz von 1987 (BStatG 1987), in welchem u.a. auch die Geheimhaltungspflicht von Einzelangaben durch die amtliche Statistik verlangt wird. Andererseits unterliegen die Befragten der Auskunftspflicht, die amtlichen Fragen wahrheitsgemäß, fristgerecht, vollständig und unentgeltlich zu beantworten.

2.2 Grundgesamtheit, Merkmal, Merkmalsträger

Zu Beginn einer statistischen Untersuchung muß zunächst das Ziel der Untersuchung festgelegt werden.

Beispiel 2.2: Es soll geprüft werden, ob die Neueröffnung eines Hamburger-Restaurants in der Kleinstadt K. (1500 Haushalte) erfolgversprechend ist. Ein Marktforschungsinstitut wird im April 2006 beauftragt, eine lokal begrenzte Bevölkerungsumfrage durchzuführen. Gefragt wird u. a. nach den durchschnittlichen Ausgaben für Fastfood pro Monat, nach der Haushaltsgröße, dem Haushaltseinkommen, dem Beruf des Haushaltsvorstandes, nach der Pkw-Marke des Erstwagens und der Anzahl der Kinder bzw. Jugendlichen.

Personen, Objekte oder Ereignisse, die einer statistischen Untersuchung zugrunde liegen und durch bestimmte Eigenschaften gekennzeichnet sind, heißen *statistische Einheiten* (*Untersuchungseinheiten, Merkmalsträger*).

Die Menge aller statistischen Einheiten, die in sachlicher, örtlicher und zeitlicher Form abgegrenzt ist, heißt *Grundgesamtheit (Gesamtheit)* der Untersuchung. Die Anzahl n der Einheiten in der Grundgesamtheit wird auch als Umfang der Grundgesamtheit bezeichnet.

Beispiel 2.3 (vgl. B. 2.2): Die statistischen Einheiten in der Untersuchung des Marktforschungsinstitutes sind die einzelnen Haushalte, die befragt werden sollen. Weiterhin wäre die örtliche Abgrenzung (wo?) die Kleinstadt K., die zeitliche Abgrenzung (wann?) ist durch April 2006 gegeben, und die sachliche Abgrenzung (was?) sind die Haushalte. Damit ist die Grundgesamtheit durch die n=1500 Haushalte in K. festgelegt.

Bei der zeitlichen Abgrenzung der Grundgesamtheit werden häufig zwei Fälle unterschieden:

    (a) Angabe eines Zeitpunktes
    (b) Angabe eines Zeitraumes.

Dies führt zu einer Klassifizierung einer Grundgesamtheit in zwei verschiedene Typen:

(a) *Bestandsmassen* sind Massen, deren Elemente eine bestimmte Verweildauer haben. Der Bestand wird zu einem festen Zeitpunkt ermittelt.

(b) *Bewegungsmassen* sind Massen, deren Elemente Ereignisse sind, die also einem bestimmten Zeitpunkt zugeordnet sind. Die zeitliche Abgrenzung erfolgt durch die Angabe eines Zeitraumes.

Beispiel 2.4: '*Haushalte in einer Stadt*', '*Bevölkerung*', '*Lagerbestand*' zählen zu den Bestandsmassen, während '*Ausgaben pro Monat*', '*Lagerzugang*', '*Lagerabgang*', '*Geburten*', '*Todesfälle*', '*Verkehrsunfälle*' den Bewegungsmassen zugeordnet werden müssen.

Bei der statistischen Erfassung einer Bestandsmasse wird zu einem festen Zeitpunkt (Stichtag) der Bestand ermittelt (z.B. der Lagerbestand einer Firma am 31.12.2006). Die zeitliche Abgrenzung einer Bewegungsmasse erfolgt durch die Festlegung eines bestimmten Zeitraumes (z.B. die Anzahl der Geburten in einer Stadt im Jahre 2006).

> Hinsichtlich des Untersuchungszieles sollen an den statistischen Einheiten bestimmte Eigenschaften festgelegt werden. Diese Eigenschaften werden als ***Merkmale*** bezeichnet.

Beispiel 2.5:
(a) vgl. B. 2.1.(a)
     In diesem Beispiel sind die befragten '*Personen*' die statistischen Einheiten und '*Familienstand*', '*Alter*',... die beobachteten Merkmale.
(b) vgl. B. 2.1.(c)
     In diesem Beispiel ist die statistische Einheit das '*Wertpapier*' und die beobachteten Merkmale sind die '*Kurse*' und '*Umsätze*' zu einem bestimmten Zeitpunkt.
(c) vgl. B. 2.2
     In diesem Beispiel sind die statistischen Einheiten die '*Haushalte*' in der Kleinstadt. Es werden bei dieser Untersuchung Merkmale wie '*Haushaltsgröße*', '*Ausgaben für Fastfood*',... beobachtet.

> Bei der Erfassung von Merkmalen an statistischen Einheiten stellt man die ***Merkmalsausprägung*** jedes Merkmals an jeder statistischen Einheit fest.

Die gesamten Merkmalsausprägungen sind dann identisch mit dem gewonnenen Datenmaterial.

Beispiel 2.6:
(a) vgl. B. 2.1.(a)
     Die Ausprägungen des Merkmals 'Alter' sind verschiedene Zahlen von Jahren *z.B. 20, 75, 4, 16, ... Jahre;* als Ausprägungen des Merkmals 'Familienstand' werden '*ledig*', '*verheiratet*', '*geschieden*', '*verwitwet*' betrachtet.
(b) vgl. B. 2.2
     Die Ausprägungen des Merkmals 'Ausgaben für Fastfood' sind verschiedene Geldbeträge *z.B. 12,50 €, 5,80 €, 0 €* ,..., während als Ausprägungen für das Merkmal 'Haushaltsgröße', die die Anzahl der im Haushalt lebenden Personen angibt, *z.B. 1, 2, 3, ... Personen*, möglich sind. Bei dem Merkmal 'Pkw-Typ des Erstwagens' kommen dann als Ausprägungen *z.B. BMW, Mercedes, VW, Ford, Fiat,...* in Frage.

2.3 Charakterisierung von Merkmalen

Wie in Beispiel 2.6 bereits deutlich wird, sind Merkmalsausprägungen von sehr unterschiedlicher Art. Ausgehend von solchen Unterschieden der Ausprägungen werden die zugehörigen Merkmale verschiedenen Gruppen zugeordnet. Eine Möglichkeit der Klassifizierung ist die Einteilung in quantitative und qualitative Merkmale.

Die Ausprägungen *quantitativer* Merkmale unterscheiden sich durch ihre Größe, die Ausprägungen *qualitativer* Merkmale durch ihre Art.

Beispiel 2.7:
(a) Quantitative Merkmale sind etwa *Alter, Gewicht, Einkommen, Temperatur, Lebensdauer,...* Für qualitative Merkmale stehen z.B. *Geschlecht, Beruf, Haarfarbe, Schulabschluß, Schulnoten,... .*
(b) vgl. B. 2.2
Bei der Bevölkerungsumfrage durch ein Marktforschungsinstitut sind *Ausgaben für Fastfood, Haushaltsgröße, Haushaltseinkommen, die Anzahl der Kinder bzw. Jugendlichen* quantitative Merkmale; zu den qualitativen gehören *Beruf des Haushaltsvorstandes, Pkw-Marke.*

Um die Ausprägung eines Merkmals beobachten zu können, ist es oft sinnvoll, sich zunächst eine Skala, auf der alle möglichen Ausprägungen eines Merkmals zusammengestellt sind, anzuschauen. Eine weitere Klassifizierungsmöglichkeit von Merkmalen läßt sich dann aus den unterschiedlichen Niveaus der Skalen ableiten:

(1) Nominalskala

Die Werte einer Nominalskala unterliegen keiner Rangfolge und sind nicht vergleichbar. Merkmale, deren Ausprägungen einer solchen Skala genügen, heißen *nominale Merkmale*.

(2) Ordinalskala

Die Werte einer Ordinalskala unterliegen einer Rangfolge, aber die Abstände zwischen den Werten der Skala lassen sich nicht interpretieren. Merkmale, deren Ausprägungen einer Ordinalskala genügen, heißen *ordinale Merkmale*.

(3) Kardinalskala (metrische Skala)

Die Werte einer Kardinalskala unterliegen einer Rangfolge, und die Abstände zwischen den Werten der Skala lassen sich interpretieren. Merkmale, deren Ausprägungen einer Kardinalskala genügen, heißen *kardinale (metrische) Merkmale*. Die Kardinalskala kann weiter untergliedert werden, und zwar in die

- Intervallskala: Es können nur die Abstände interpretiert werden (Temperatur in °C).

- Verhältnisskala: Abstände und Verhältnisse können interpretiert werden, da ein Nullpunkt vorhanden ist (Einkommen).

Beispiel 2.8: Bei den Merkmalen *Beruf, Augenfarbe, Konfession, Geschlecht* etc. handelt es sich um nominale Merkmale, denn z. B. die Ausprägungen des Merkmals 'Augenfarbe' *blau, braun, grün* sind nicht vergleichbar und unterliegen keiner Rangfolge (z.B. ist grün nicht besser als blau).

Die Intelligenz, der soziale Status, die Schulnoten etc. sind Beispiele für ordinale Merkmale, denn die Ausprägungen unterliegen einer Rangfolge, aber die Abstände sind nicht interpretierbar. So ist die Schulnote 2 besser als die Note 4, aber $4 - 2 = 2$ läßt sich nicht interpretieren.

Zu den metrischen Merkmalen gehören *Gewicht, Lebensdauer, Größe* etc., denn ein Gewicht von 70 kg ist mehr als ein Gewicht von 50 kg, und auch der Abstand der Gewichte läßt sich interpretieren, denn 70 kg sind 20 kg mehr als 50 kg.

Die Ausprägungen kardinaler Merkmale stellen immer Zahlen dar. Es lassen sich aber auch nominale bzw. ordinale Merkmalsausprägungen in Zahlen umwandeln (**verschlüsseln**). Jedoch haben diese Zahlen nur symbolischen Charakter.

Beispiel 2.9: Bei einer statistischen Untersuchung wird das Merkmal 'Schulabschluß' z.B. durch Hauptschulabschluß=1, Realschulabschluß=2, Abitur=3, sonstiger Abschluß=4 verschlüsselt.

Für kardinal skalierte Merkmale besteht eine weitere Klassifizierungsmöglichkeit, je nachdem wie viele Ausprägungen ein Merkmal annehmen kann.

> Ein Merkmal heißt **diskret**, wenn es endlich oder höchstens abzählbar unendlich viele Ausprägungen besitzt.
>
> Ein Merkmal heißt **stetig**, wenn es überabzählbar unendlich viele Ausprägungen besitzt.

Beispiel 2.10: Diskrete Merkmale sind z.B. die *Haushaltsgröße*, die *Einwohnerzahl einer Stadt*, die *Anzahl der Fehler in einer Klausur*, die *Kinderzahl*, also alle Merkmale, denen ein Zählvorgang zugeordnet wird.

Dagegen sind die Merkmale *Temperatur, Lebensdauer, Wartezeit* etc. stetig, denn diese können beliebige Werte in einem gewissen Bereich annehmen.

Häufig wird auch ein diskretes Merkmal, das sehr viele Werte annehmen kann, wie ein stetiges Merkmal behandelt.

> Ein Merkmal heißt *quasistetig*, wenn ein diskretes Merkmal, das sehr viele Ausprägungen besitzt, als stetiges Merkmal angenommen wird.

Beispiel 2.11: Der *Preis* einer Ware, der, wenn er auf zwei Nachkommastellen angegeben wird (z.B. 1,99 €), eigentlich ein diskretes Merkmal verkörpert, wird bei der Auswertung einer statistischen Untersuchung als (quasi-)stetig angenommen. Weitere Beispiele sind der *Umsatz* oder das *Haushaltseinkommen*.

Umgekehrt wird ein stetiges Merkmal sehr oft *klassiert (gruppiert)*, d.h. die Ausprägungen eines Merkmals werden in Intervalle (Klassen) eingeteilt, und es wird registriert, wie viele Beobachtungen in welches Intervall fallen. Dadurch wird das eigentlich stetige Merkmal für die statistische Behandlung zu einem diskreten Merkmal.

Beispiel 2.12: Bei der Untersuchung der Lebensdauer von 100 Kühlschränken wird die *Lebensdauer* in rechts offene Klassen zusammengefaßt, z.B. [0,5), [5,10), [10,20) Jahre und es wird beobachtet, wie viele der 100 Kühlschränke in den verschiedenen Lebensdauerintervallen liegen. Bei der Bildung von rechts offenen Klassen fällt beispielsweise die Merkmalsausprägung '5 Jahre' in die Klasse [5;10), d.h. in die Klasse von exakt 5 bis unter 10 Jahre, während die Merkmalsausprägung '4,99 Jahre' in die Klasse [0;5), d.h. in die Klasse von exakt 0 bis unter 5 Jahre fällt.

Kardinale Merkmale werden gelegentlich auch in **extensive** und in **intensive** Merkmale eingeteilt. Bei extensiven Merkmalen macht die Summenbildung einen Sinn (z.B. Einkommen), während bei intensiven Merkmalen nur Mittelwerte interpretierbar sind (z. B. Preis). Es gibt jedoch Merkmale, die sowohl intensiv als auch extensiv sind (z. B. Lohn).

Übungen: *Bearbeiten Sie die Aufgabe 1.*

3 HÄUFIGKEITSVERTEILUNGEN

3.1 Eindimensionale Häufigkeitsverteilungen

Eine wichtige Aufgabe der Datenaufbereitung ist es, für jedes Merkmal eine Häufigkeitsverteilung zu erstellen, in der die Datenstruktur übersichtlich dargestellt ist. Eine Häufigkeitsverteilung erlaubt, einen Sachverhalt auf einfache Weise zu analysieren. Beispielsweise kann mit einer Häufigkeitsverteilung der Aktienrenditen der Ertrag und das Risiko einer Aktienanlage beurteilt werden. Falls jeweils nur ein einziges Merkmal aufbereitet wird, spricht man von einer eindimensionalen Häufigkeitsverteilung.

Bei einer statistischen Erhebung wird an n statistischen Einheiten ein Merkmal X beobachtet. Die resultierenden Daten (Merkmalsausprägungen, Merkmalswerte, Beobachtungswerte)

$$x_1, x_2, ..., x_n$$

heißen auch *Beobachtungsreihe* oder *Urliste*.

Beispiel 3.1: Bei n = 20 Reisen einer Reisegesellschaft in die Dominikanische Republik wird die Anzahl X der eingegangenen Beschwerden bzw. Reklamationen pro Reise festgehalten. Als Urliste ergab sich $x_1,...,x_{20}$:

$$3, 4, 3, 0, 4, 2, 2, 3, 4, 7, 1, 4, 4, 3, 2, 3, 7, 4, 1, 2,$$

d.h. bei der ersten Reise gab es 3 Reklamationen, bei der zweiten 4 usw.

3.1.1 Häufigkeitsbegriff

Ein Merkmal X, das in k verschiedenen Ausprägungen $a_1, a_2, ... , a_k$ vorkommt, wird an n statistischen Einheiten beobachtet.

Es bezeichne

$n(a_i) = n_i$ = Anzahl der Merkmalswerte in der Urliste, die mit Ausprägung a_i übereinstimmen,

die *absolute Häufigkeit* von a_i , i=1,...,k.

Es gilt natürlich

$$n_1 + n_2 + \ldots + n_k = \sum_{i=1}^{k} n_i = n \, .$$

Der Anteilswert

$$h(a_i) = h_i = \frac{n_i}{n} \quad , i=1,\ldots,k,$$

heißt *relative Häufigkeit* von a_i, $i=1,\ldots,k$.

Die relative Häufigkeit h_i gibt den Anteil der statistischen Einheiten an, die die Ausprägung a_i tragen, $i=1,\ldots,k$. Für die relative Häufigkeit gilt:

(1) $0 \le h_i \le 1$, $i=1,\ldots,k$,

(2) $h_1 + h_2 + \ldots + h_k = \sum_{i=1}^{k} h_i = \frac{1}{n} \sum_{i=1}^{k} n_i = 1.$

Beispiel 3.2 (vgl. B. 3.1): Das Merkmal X = 'Anzahl der Reklamationen' besitzt 6 verschiedene Ausprägungen

$$a_1 = 0, \; a_2 = 1, \; a_3 = 2, \; a_4 = 3, \; a_5 = 4, \; a_6 = 7.$$

In **Tab. 3.1** sind deren absolute (wie oft kommen die einzelnen Ausprägungen vor?) und relative (wie groß ist der Anteil der Ausprägung an der Gesamtzahl der Beobachtungen?) Häufigkeiten zusammengestellt.

Tab. 3.1: Absolute und relative Häufigkeiten der Reklamationen

i	Merkmalsaus-prägungen a_i	absolute Häufig-keit $n(a_i) = n_i$	relative Häufig-keit $h(a_i) = h_i$	prozentuale Anteile $h_i \cdot 100\%$
1	0	1	0,05	5
2	1	2	0,10	10
3	2	4	0,20	20
4	3	5	0,25	25
5	4	6	0,30	30
6	7	2	0,10	10
$\sum$		20	1	100

Aus **Tab. 3.1** läßt sich beispielsweise ersehen, daß 4 Reklamationen bei 6 Reisen beobachtet wurden. Die zugehörige relative Häufigkeit liegt also bei $6/20 = 0,3$, d.h. bei 30%.

Die Zuordnung von (absoluten, relativen) Häufigkeiten zu den Merkmalsaus-prägungen heißt *Häufigkeitsverteilung*.

Aus einer Häufigkeitsverteilung ist direkt zu erkennen, wie sich die statistischen Einheiten auf die Merkmalsausprägungen verteilen.

3.1.2 Graphische Darstellung von Häufigkeitsverteilungen

Tabellarische Darstellungen von Häufigkeitsverteilungen lassen sich auf vielfältige Weisen graphisch aufbereiten. Im folgenden wird eine Auswahl verschiedener graphischer Darstellungen vorgestellt, die es ermöglichen, die wesentlichen Informationen, die eine Häufigkeitstabelle enthält, anschaulich zu machen. Außerdem lassen sich die Ergebnisse einer tabellarischen Auflistung oftmals durch eine Graphik besser und einprägsamer vermitteln.

Folgende Möglichkeiten bieten sich an:

Im **Kreisdiagramm** werden die relativen Häufigkeiten als Kreissektoren dargestellt, so daß die Sektorenflächen proportional zu den relativen Häufigkeiten sind. Um dies zu erreichen, wird der Gesamtwinkel im Kreis, 360°, den relativen Häufigkeiten entsprechend eingeteilt. Die Umrechnung von h_i in einen Winkel α_i erfolgt damit durch: $\alpha_i = h_i \cdot 360°$, i=1,...,k. Bei der Darstellung mehrerer Kreisdiagramme ist zu beachten, daß die Kreisflächen, nicht die Kreisradien, proportional zu der Anzahl der Einheiten in den Grundgesamtheiten sind. Ist n_I die Anzahl der Einheiten in der Grundgesamtheit I und n_{II} die Anzahl der Elemente in der Grundgesamtheit II, dann gilt für das Verhältnis der Radien r_I und r_{II} der Kreisdiagramme

$$\frac{r_I}{r_{II}} = \sqrt{\frac{n_I}{n_{II}}} \; .$$

Für ein **Stabdiagramm** (Säulendiagramm) werden in einem Koordinatensystem über jeder Ausprägung auf der Abszisse die zugehörigen absoluten bzw. relativen Häufigkeiten als senkrechte Stäbe (Säulen) abgetragen.

Bei einem **Häufigkeitspolygon** werden in einem Koordinatensystem die Punkte (a_i, n_i) bzw. (a_i, h_i), i=1,...,k, linear miteinander verbunden.

Sowohl das Kreis- als auch das Stabdiagramm dienen vornehmlich der Veranschaulichung der Häufigkeitsverteilung nominaler, ordinaler bzw. diskreter Merkmale mit nicht zu vielen Ausprägungen. Das Häufigkeitspolygon hingegen ist für nominale Merkmale nicht geeignet. Es läßt sich aber sehr gut heranziehen, um verschiedene Häufigkeitsverteilungen miteinander zu vergleichen.

Beispiel 3.3 (vgl. B.3.1, B. 3.2): In **Abb. 3.1**, **Abb. 3.2** und **Abb. 3.3** sind für die Häufigkeitsverteilung der Reklamationen das Kreisdiagramm (mit $\alpha_1 = 0{,}05 \cdot 360° = 18°$, $\alpha_2 = 36°$, $\alpha_3 = 72°$, $\alpha_4 = 90°$, $\alpha_5 = 108°$, $\alpha_6 = 36°$), das Säulendiagramm und das Häufigkeitspolygon dargestellt.

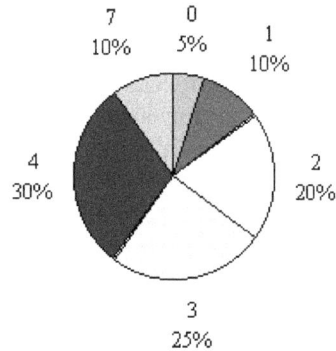

Abb. 3.1: Kreisdiagramm der Reklamationen

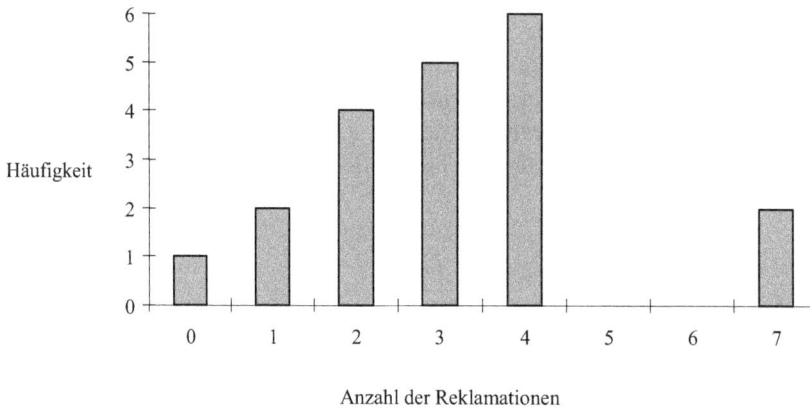

Abb. 3.2: Säulendiagramm der Reklamationen

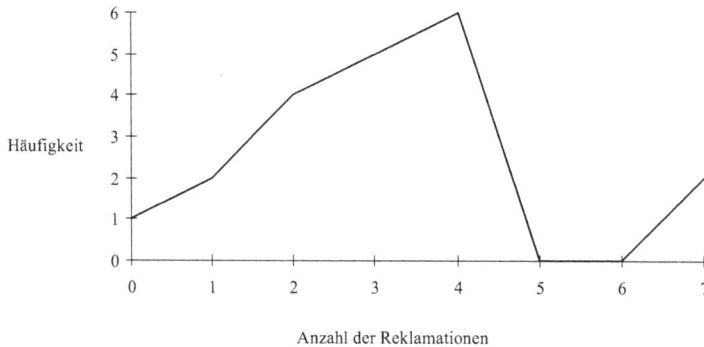

Abb. 3.3: Häufigkeitspolygon der Reklamationen

3.1.3 Empirische Verteilungsfunktion

Oft ist man nicht nur daran interessiert, wie viele statistische Einheiten eine Merkmalsausprägung besitzen, sondern auch, wieviel Prozent aller statistischen Einheiten einen bestimmten Wert erreichen.

Für ein ordinal oder kardinal skaliertes Merkmal seien dazu die Ausprägungen a_1, a_2 ,..., a_k der Größe nach geordnet $a_1 < a_2 < .... < a_k$.

Die *absolute Summenhäufigkeit* von a_j ist gegeben als

$$n_1 + n_2 + ... + n_j = \sum_{i=1}^{j} n_i \quad , j=1,...,k.$$

Entsprechend heißt

$$h_1 + h_2 + ... + h_j = \sum_{i=1}^{j} h_i \quad , j=1,...,k,$$

relative Summenhäufigkeit von a_j.

Beispiel 3.4 (vgl. B. 3.1): Es ist die
absolute Summenhäufigkeit von a_j = **Anzahl** der Reisen, an denen höchstens a_j Reklamationen eingehen, und die
relative Summenhäufigkeit von a_j = **Anteil** der Reisen, an denen höchstens a_j Reklamationen eingehen, $j=1,...,6$.

Die graphische Veranschaulichung der relativen Summenhäufigkeiten erfolgt über die empirische Verteilungsfunktion.

Die Funktion

$$F_n(x) = \begin{cases} 0 & x < a_1 \\[2mm] F_j = \sum_{i=1}^{j} h_i \ , \text{ falls } \ a_j \le x < a_{j+1}, \quad j=1,...,k-1, \\[2mm] 1 & x \ge a_k \end{cases}$$

heißt *empirische Verteilungsfunktion* eines Merkmals X.

Der Wert der empirischen Verteilungsfunktion an der Stelle x ist der Anteil der Merkmalsausprägungen, die kleiner oder höchstens gleich x sind.

Beispiel 3.5 (vgl. B. 3.1): Ausgehend von **Tab. 3.1** soll die empirische Verteilungsfunktion der Anzahl der Reklamationen bestimmt werden. Dazu werden in **Tab. 3.2** die relativen Summenhäufigkeiten der einzelnen Ausprägungen ermittelt. Zusätzlich werden dort auch die Werte der absoluten Summenhäufigkeiten angegeben.

Tab. 3.2: Arbeitstabelle zur Erstellung der empirischen Verteilungsfunktion

j	Merkmals-ausprägung a_j	absolute Häufigkeit n_j	absolute Summen-häufigkeit $\sum_{i=1}^{j} n_i$	relative Häufigkeit h_j	relative Summen-häufigkeit $F_j = \sum_{i=1}^{j} h_i$
1	0	1	1	0,05	0,05
2	1	2	3	0,10	0,15
3	2	4	7	0,20	0,35
4	3	5	12	0,25	0,60
5	4	6	18	0,30	0,90
6	7	2	20	0,10	1,00

Eine relative Summenhäufigkeit von $F_4 = 0{,}60$ etwa besagt, daß bei 60% der Reisen höchstens 3 Reklamationen eingingen. Es läßt sich auch ablesen, daß $1 - F_5 = 1 - 0{,}90 = 0{,}10$, d.h. daß 10% der Reisen mehr als 4 Reklamationen hatten.

Damit ist

$$
F_{20}(x) = \begin{cases}
0 & x < 0 \\
0{,}05 & 0 \leq x < 1 \\
0{,}15 & 1 \leq x < 2 \\
0{,}35 & 2 \leq x < 3 \\
0{,}60 & 3 \leq x < 4 \\
0{,}90 & 4 \leq x < 7 \\
1{,}00 & x \geq 7
\end{cases}
$$

die empirische Verteilungsfunktion der Anzahl der Reklamationen, die in **Abb. 3.4** auch graphisch dargestellt ist.

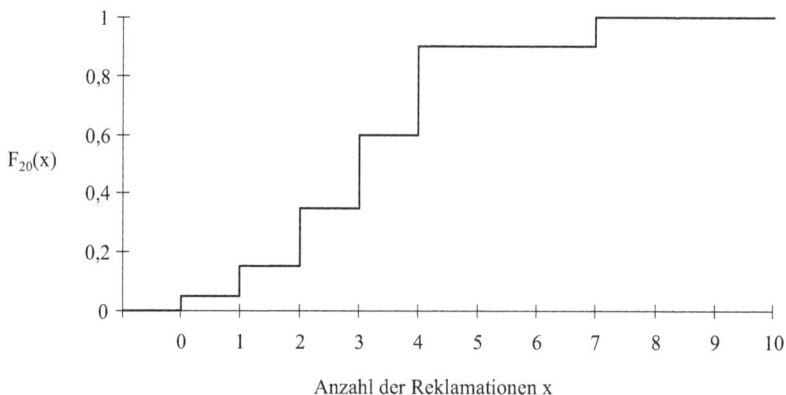

Abb. 3.4: Empirische Verteilungsfunktion der Anzahl der Reklamationen

Anhand von **Abb. 3.4** lassen sich auch die nachfolgend angegebenen Eigenschaften der empirischen Verteilungsfunktion deutlich erkennen:

(a) $F_n(x)$ ist eine monoton wachsende Treppenfunktion; ihre Werte sind konstant auf jedem Intervall $[a_j, a_{j+1})$.

(b) $F_n(x)$ besitzt Sprungstellen an den Ausprägungen a_j mit der Sprunghöhe h_j, $j=1,\ldots,k$.

(c) $0 \leq F_n(x) \leq 1$.

3.2 Häufigkeitsbegriff bei Klassenbildung

Tritt ein Merkmal in sehr vielen verschiedenen Ausprägungen auf, wie dies etwa bei stetigen Merkmalen der Fall ist, dann wird die diskrete Häufigkeitsverteilung sehr unübersichtlich. Denn stetige Merkmale können in einem Bereich jede beliebige Zahl als Ausprägung annehmen, so daß nur selten gleiche Ausprägungen beobachtet werden. Da einige Ausprägungen aber oftmals eng beieinander liegen, bietet es sich an, diese in Klassen zusammenzufassen.

Beispiel 3.6: In einem Wertpapierdepot befinden sich n = 16 Obligationen mit folgenden Restlaufzeiten (in Jahren):

0,14	0,81	2,38	3,99	0,27	1,14	2,53	4,51
0,45	1,45	2,90	5,68	0,68	1,82	3,45	7,84

Es wurden 16 verschiedene Ausprägungen beobachtet, d.h. jede Ausprägung besitzt die absolute Häufigkeit 1.

3.2.1 Klassenbildung und Häufigkeiten

Zunächst wird der Wertebereich eines Merkmals in k rechts offene Intervalle (von ... bis unter ...) K_i, $i=1,\ldots,k$, eingeteilt. Eine solche Klasse K_i ist eindeutig bestimmt durch

(a) untere und obere Klassengrenze u_i und o_i oder

(b) Klassenmitte $m_i = (u_i + o_i)/2$ und Klassenbreite $b_i = o_i - u_i$, $i=1,\ldots,k$.

Die Klassen K_i heißen äquidistant, falls $b_i = $ const., $i=1,\ldots,k$.

Bei der Klassenbildung sollte folgendes beachtet werden:

(a) Es sollten möglichst gleich breite Intervalle gewählt werden, da dadurch die Interpretation der Häufigkeitsverteilung erleichtert wird.

(b) Für die Anzahl der Intervalle gilt: Zu viele Intervalle führen zur Unübersichtlichkeit, zu wenige lassen Informationen verloren gehen. Heiler/Michels (1994, S. 47) stellen einige Faustregeln zusammen, die in der Literatur zur Wahl der Anzahl der Klassen vorgeschlagen werden. Die bekannteste Faustregel ist dabei die $\sqrt{n}$ -Regel, d.h. Anzahl der Klassen = k = $\sqrt{n}$, wobei n die Anzahl der Elemente in der Grundgesamtheit angibt.

Die Anzahl der Merkmalswerte, die in der Klasse K_i liegen, heißt *absolute Häufigkeit* von K_i und wird mit $n(K_i) = n_i$, i=1,...,k, bezeichnet.
Der Anteilswert

$$h(K_i) = \frac{1}{n} \cdot n_i = h_i$$

heißt *relative Häufigkeit* von K_i, i=1,...,k.

Beispiel 3.7 (vgl. B. 3.6): Für die n = 16 Restlaufzeiten werden Klassen der Breite 2 Jahre gebildet:

$$K_1 = [0,00; 2,00), K_2 = [2,00; 4,00), K_3 = [4,00; 6,00), K_4 = [6,00; 8,00).$$

Die zugehörigen absoluten und relativen Häufigkeiten sind in **Tab. 3.3** angegeben.

Tab. 3.3: Häufigkeitsverteilung der Restlaufzeiten

i	Restlaufzeit von... bis unter ... Jahre	Klasse K_i $[u_i ; o_i)$	Klassen- breite $b_i = o_i - u_i$	absolute Häufigkeit n_i	relative Häufigkeit h_i
1	0 – 2	[0 ; 2)	2	8	8/16
2	2 – 4	[2 ; 4)	2	5	5/16
3	4 – 6	[4 ; 6)	2	2	2/16
4	6 – 8	[6 ; 8)	2	1	1/16
Σ				16	1

Somit besitzen also 8 Obligationen, d.h. 50%, eine Restlaufzeit von 0 bis unter 2 Jahren, was sich direkt aus Tab. 3.3 ablesen läßt.

3.2.2 Graphische Darstellung von Häufigkeiten bei Klassenbildung

Die graphische Repräsentation von Häufigkeiten bei Klassenbildung erfolgt im allgemeinen durch ein Histogramm.

Die Veranschaulichung der relativen Klassenhäufigkeiten h_i als Fläche eines Rechtecks über der Klasse K_i, i=1,...,k, in einem Koordinatensystem heißt **Histogramm**.

Die Flächen der Rechtecke beschreiben also die Häufigkeit einer Klasse, d.h. die Rechtecksflächen sind proportional zu den relativen Klassenhäufigkeiten. Die Höhe h_i^* des Rechtecks über der i-ten Klasse ergibt sich damit zu (vgl. **Abb. 3.5**)

$$h_i^* = \frac{n_i}{n \cdot b_i} = \frac{h_i}{b_i} \quad , i=1,...,k.$$

Da die relativen Häufigkeiten sich zu Eins addieren, ist die Fläche unterhalb des Histogramms ebenfalls Eins. Bei äquidistanter Klassenbreite sind die relativen Häufigkeiten h_i proportional zu den Histogrammhöhen h_i^*, i=1,...,k. Dies gilt aber nicht bei ungleicher Klassenbreite.

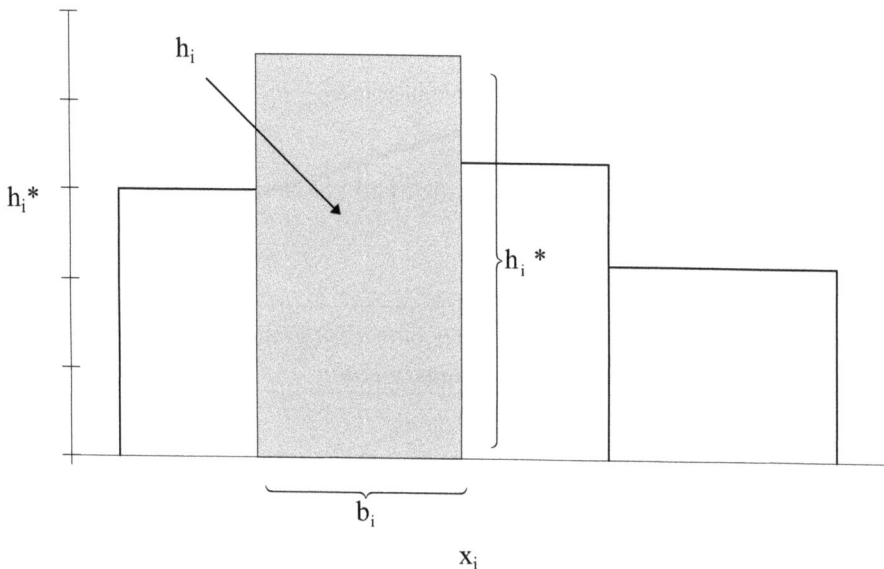

Abb. 3.5: Schema zur Bestimmung der Histogrammhöhe h_i^*

Beispiel 3.8 (vgl. B. 3.7): Die relativen Häufigkeiten für die in Klassen eingeteilten Restlaufzeiten von Obligationen, vgl. Tab. 3.3, sollen als Histogramm veranschaulicht werden, vgl. **Abb. 3.6**. Die nötigen Hilfsgrößen, die Klassenbreiten und die Rechteckshöhen, werden in **Tab. 3.4** berechnet.

Tab. 3.4:   Arbeitstabelle zur Erstellung eines Histogramms

i	Klasse K_i	relative Häufig-keit h_i	Klassen-breite b_i	Histogramm-höhe h_i^*
1	[0,2)	8/16	2	8/32
2	[2,4)	5/16	2	5/32
3	[4,6)	2/16	2	2/32
4	[6,8)	1/16	2	1/32

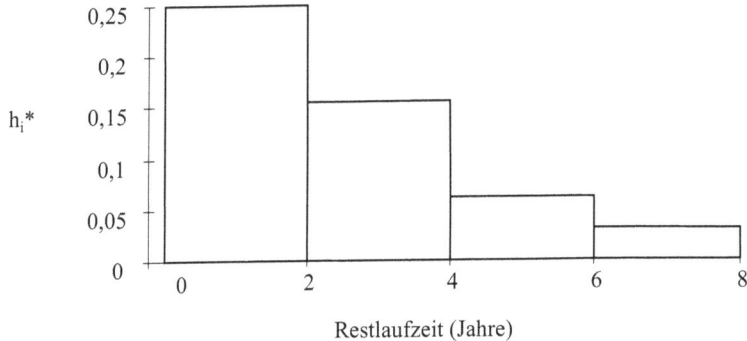

Abb. 3.6: Histogramm der Restlaufzeiten von 16 Obligationen

Analog zu Abschnitt 3.1.3 soll auch für den Fall klassierter Daten die empirische Verteilungsfunktion betrachtet werden.

> Die Funktion $F_n^*(x)$, die die Fläche unter dem Histogramm bis zu einem Wert x angibt, heißt *stetige empirische Verteilungsfunktion*.

Der Wert von F_n^* an der Stelle x ist der linear approximierte Anteil der Merkmalswerte, die kleiner oder höchstens gleich x sind.

Beispiel 3.9 (vgl. B. 3.7): In **Tab. 3.5** sind die Hilfsgrößen, relative Häufigkeiten und relative Summenhäufigkeiten, der Restlaufzeiten berechnet worden, die zur Erstellung der empirischen Verteilungsfunktion benötigt werden.

Die stetige empirische Verteilungsfunktion, vgl. **Abb. 3.7**, wird konstruiert, indem die Koordinaten $(u_i,0)$ sowie (o_i,F_i), i=1,...,k, durch Geraden verbunden werden. Für $x<u_1$ ist dann $F_n^*(x) = 0$ und für $x \geq o_k$ gilt $F_n^*(x) = 1$.

Tab. 3.5: Arbeitstabelle zur Erstellung der empirischen Verteilungsfunktion

i	Klasse K_i	relative Häufigkeit h_i	relative Summen-häufigkeit $F_i = \sum_{j=1}^{i} h_j$
1	[0,2)	8/16	8/16
2	[2,4)	5/16	13/16
3	[4,6)	2/16	15/16
4	[6,8)	1/16	1

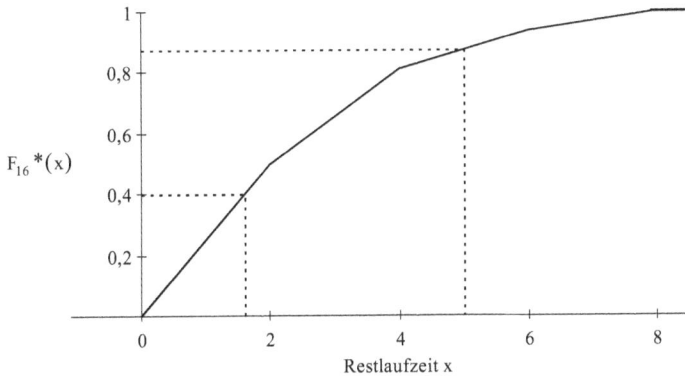

Abb. 3.7: Stetige empirische Verteilungsfunktion der Restlaufzeit von Obligationen

Aus der Graphik ist beispielsweise abzulesen, daß 40 % der Obligationen eine Restlaufzeit von maximal 1,6 Jahren aufweisen. Eine längere Laufzeit als 5 Jahre haben nur etwa 12,5 % der Obligationen.

Eine halbgraphische Darstellung von Häufigkeiten ist das sogenannte *Stamm-Blatt-Diagramm* (Stem-Leaf-Diagram). Dabei werden analog zum Histogramm zunächst Klassen gebildet. Diese Klassen werden als Stamm untereinander notiert. Neben jeder Klasse werden dann als Blätter die der Größe nach geordneten Beobachtungswerte eingetragen.

Ebenso wie das Histogramm liefert das Stamm-Blatt-Diagramm Informationen über die Verteilung eines Merkmals; zusätzlich wird jedoch noch die Verteilung innerhalb einer Gruppe ersichtlich. Das Stamm-Blatt-Diagramm ist vergleichbar mit einer Strichliste. Zerlegt man den Datenbereich in gleich große zusammenhängende Intervalle, so erhält man eine Strichliste wie auf einem Bierdeckel, wenn man anstelle der Ziffern (Blätter) Striche macht. Dreht man das Stamm-Blatt-Diagramm um 90° nach links, dann kann es als Histogramm interpretiert werden.

Beispiel 3.10 (vgl. B. 3.6): Aus der Urliste der Restlaufzeiten der Obligationen ergibt sich folgendes Stamm-Blatt-Diagramm, vgl. **Abb. 3.8**, wobei die Klassenbreite 1 Jahr beträgt.

STAMM	BLÄTTER
0	12468
1	148
2	359
3	49
4	5
5	6
6	
7	8

(hier sind die Beobachtungen $1,14 \; \hat{=} \; 11$; $1,45 \; \hat{=} \; 14$ und $1,82 \; \hat{=} \; 18$ aufgelistet, wobei die zweite Stelle nach dem Komma vernachlässigt wurde))

Abb. 3.8: Stamm-Blatt-Diagramm der Restlaufzeiten von 16 Obligationen; (0 1 entspricht 0,1 Jahre)

Beispiel 3.11: Das folgende Stamm-Blatt-Diagramm zeigt die Häufigkeitsverteilung der monatlichen Renditen des DAX zwischen Januar 1960 und Juli 1996. Die Renditen wurden als logarithmische Differenzen der monatlichen Schlußkurse des DAX berechnet. Sogenannte **Ausreißer**, also in diesem Fall Renditen, die extrem von den übrigen Beobachtungen abweichen, sind in diesem Stamm-Blatt-Diagramm am Anfang (LO=Low) bzw. am Ende (HI=High) gemeinsam aufgelistet worden. In der ersten Spalte des Diagramms stehen die aufsummierten Häufigkeiten, wobei die Summation auf der einen Seite mit den kleinsten Werten und auf der anderen Seite mit den größten Werten beginnt.

```
    STAMM BLÄTTER
        LO    -0.242,-0.199,-0.163,-0.140,-0.139
     7  -11   50
     9  -10   10
    13  -9    8522
    19  -8    975321
    25  -7    973321
    36  -6    87766664411
    51  -5    665554433322221
    74  -4    99988776655554311000000
   102  -3    98888764444433333222111110000
   133  -2    9988887666555443333332221111100
   166  -1    99888776655555554444443322211111111
   198  -0    998888888776665555444421000000000
   (39) 0     00000111122223334444455556666677788899
   200  1     000000001111222333334445555666667777777889999
   155  2     000112222334455555666667777778999
   121  3     000123344445556677779999
    96  4     011111234455556666678999
    73  5     011122333345567899
    55  6     00001223456788899
    38  7     0012356779
    28  8     023456778899
    16  9     22236
    11  10    5
    10  11    07
     8  12    56
        HI    0.138,0.139,0.142,0.143,0.144,0.150
```

Abb. 3.9: Stamm-Blatt-Diagramm der DAX-Renditen;
437 Fälle, (-11 5 entspricht -0,115 bzw. -11,5%)

Anhand des nachfolgenden komplexen Beispiels über die Einkommensverteilung in der Bundesrepublik Deutschland werden einige spezielle Probleme bei der Analyse von Zahlenmaterial vornehmlich aus dem sekundärstatistischen Bereich demonstriert. Es zeigt aber auch, welche Interpretationen und Schlußfolgerungen bereits aus einer guten graphischen Aufbereitung der Daten möglich sind.

Beispiel 3.12: Um die Einkommensverteilung im April 1994 untersuchen zu können, wird das monatlich verfügbare Haushaltsnettoeinkommen in Deutschland (West) herangezogen, vgl. **Tab. 3.6** (Quelle: Stichprobe des Statistischen Bundesamtes).

Bei der ersten und bei der letzten Klasse handelt es sich um sogenannte offene Klassen, die in der Praxis oft zu beobachten sind. Ohne zusätzliche Informationen über die Merkmale in diesen Klassen kann kein vollständiges Histogramm erstellt werden. Daher werde angenommen, daß die Klassenuntergrenze in der ersten Klasse 600 sei, und daß das Klassenmittel in der letzten Klasse sich auf 20000 DM belaufe. Unterstellt man die Gleichheit von Klassenmittel (vgl. Kap.4) und Klassenmitte, dann errechnet sich die Klassenobergrenze zu 32500. Mit diesen Angaben können nun die Histogrammhöhen ausgerechnet und das Histogramm gezeichnet werden, vgl. **Abb. 3.10**.

Aus dem Histogramm wird ersichtlich, daß die Haushaltseinkommen ungleich verteilt sind. Kleinere Einkommen sind häufiger vorhanden. In dem nächsten Kapitel werden wir das Histogramm durch geeignete Kennzahlen beschreiben, die die Lage, Streuung, Schiefe und Konzentration der Einkommensverteilung widerspiegeln.

Tab. 3.6: Häufigkeitsverteilung des im April 1994 verfügbaren Haushaltseinkommens in Deutschland (West)

Haushaltsnetto-einkommen von...bis unter... DM	relative Häufigkeit h_i	relative Summen-häufigkeit F_i	Histogramm-höhe h_i^*
unter 1000	0,056	0,056	0,000140
1000 - 1800	0,143	0,199	0,000179
1800 - 2500	0,184	0,383	0,000263
2500 - 3000	0,113	0,496	0,000226
3000 - 4000	0,182	0,678	0,000182
4000 - 5000	0,129	0,807	0,000129
5000 - 6000	0,078	0,885	0,000078
6000 - 7500	0,059	0,944	0,000039
7500 und mehr	0,056	1	0,0000022

Aus der Verteilungsfunktion, vgl. **Abb. 3.10**, ist beispielsweise sofort zu erkennen, daß etwa 50% der Haushalte über ein Nettoeinkommen von weniger als 3000 DM verfügen. Dieses Einkommen nennt man Medianeinkommen.

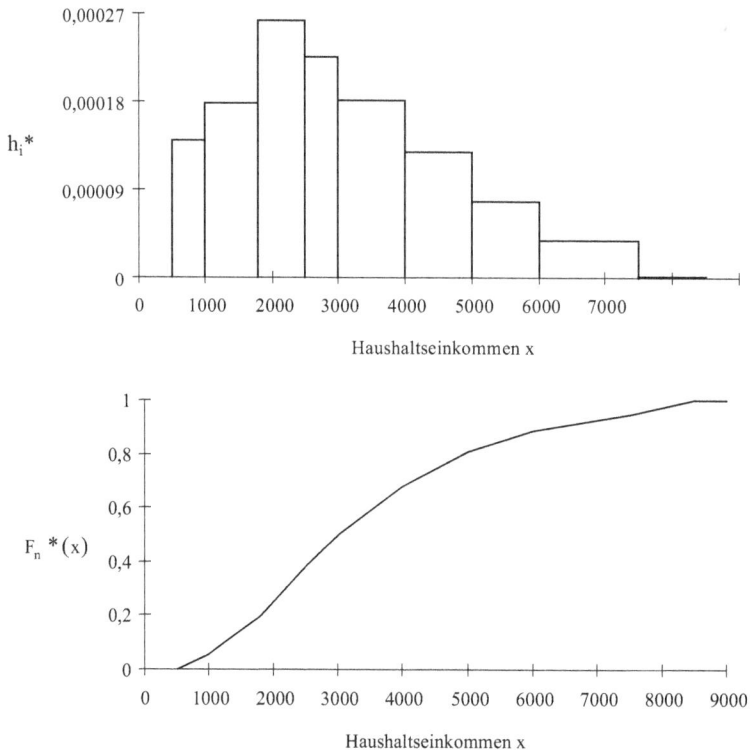

Abb. 3.10: Histogramm und Verteilungsfunktion der Einkommensverteilung Deutschlands (West) im Jahr 1994

Übungen: *Bearbeiten Sie die Aufgaben 2a; 4a und 5a,b.*

4 STATISTISCHE KENNZAHLEN

Eine statistische Kennzahl (Maßzahl, Parameter) ist eine Realisation, mit der typische Eigenschaften von Häufigkeitsverteilungen beschrieben bzw. bestimmte Sachverhalte charakterisiert werden. Man unterscheidet

- Lageparameter,
- Streuungsparameter,
- Schiefeparameter und Wölbungsparameter (Formparameter).

4.1 Lageparameter

Es sollen Kennzahlen betrachtet werden, die in geeigneter Weise ein 'Zentrum' der Beobachtungswerte $x_1, ..., x_n$ angeben.

(1) MODALWERT (MODUS)

> Der *Modalwert* (Modus, häufigster Wert) x_d gibt die Ausprägung an, die die größte Häufigkeit in der Beobachtungsreihe besitzt:
>
> $$h(x_d) \geq h_i \text{ für alle } i=1,...,k.$$

Erfüllen mehrere Ausprägungen die oben genannte Bedingung, so ist der Modalwert nicht eindeutig. In diesem Fall ist es nicht sinnvoll, ihn als Lagemaß zu verwenden. Der Modalwert kann nicht nur bei metrisch und ordinal skalierten Merkmalen, sondern auch schon bei nominal skalierten Merkmalen berechnet werden.

Beispiel 4.1: Die Verbraucherberatungsstelle einer Stadt stellt an einem Stichtag die Preise für Normalbenzin bei 20 örtlichen Tankstellen fest. Es ergaben sich folgende Preise:

1,54	1,54	1,56	1,56	1,56
1,58	1,58	1,58	1,58	1,58
1,60	1,60	1,60	1,61	1,62
1,62	1,62	1,63	1,63	1,63

In **Tab. 4.1** sind die verschiedenen Ausprägungen des Merkmals 'Preis für Normalbenzin' sowie deren absolute und relative Häufigkeiten berechnet worden.

Tab. 4.1: Berechnung des Modalwertes

i	a_i	n_i	h_i
1	1,54	2	2/20
2	1,56	3	3/20
3	1,58	5	5/20
4	1,60	3	3/20
5	1,61	1	1/20
6	1,62	3	3/20
7	1,63	3	3/20
Σ		20	1

Die Ausprägung, die am häufigsten vorkommt, ist wegen

$$h(1,58) = \frac{5}{20} \geq h_i \quad \text{für alle Ausprägungen } a_1,...,a_7$$

gerade $x_d = 1,58$ €.

(2) MEDIAN

Der Median einer Beobachtungsreihe ist dadurch charakterisiert, daß (mindestens) 50 % der Beobachtungen größer oder gleich diesem Wert und (mindestens) 50 % der Beobachtungen kleiner oder gleich diesem Wert sind.

Bezeichnen $x_{(1)} \leq x_{(2)} \leq ... \leq x_{(n)}$ die der Größe nach geordneten Beobachtungswerte $x_1,...,x_n$, so ist der *Median* (Zentralwert) $x_{0,5}$ gegeben durch

$$x_{0,5} = \begin{cases} x_{\left(\frac{n+1}{2}\right)} & \text{,falls n ungerade} \\ \frac{1}{2}\left(x_{\left(\frac{n}{2}\right)} + x_{\left(\frac{n+2}{2}\right)}\right) & \text{,falls n gerade} \end{cases}.$$

Bei einer ungeraden Anzahl von Beobachtungen ist der Median also der Wert in der Mitte der geordneten Reihe, bei einer geraden Anzahl ist er gerade der Mittelwert der beiden mittleren Beobachtungswerte in der geordneten Reihe.

Der Median ist nicht nur für metrisch skalierte, sondern auch für ordinal skalierte Merkmale sinnvoll. Außerdem ist der Median weniger empfindlich gegenüber Ausreißern in der Beobachtungsreihe, d.h. Beobachtungswerte, die weit von allen übrigen entfernt liegen, beeinflussen den Wert des Medians kaum.

Beispiel 4.2:
(a) Für die Beobachtungswerte $x_1 = 3$, $x_2 = 6$, $x_3 = 8$, $x_4 = 1$, $x_5 = 7$ gilt: $x_{(1)} = 1$, $x_{(2)} = 3$, $x_{(3)} = 6$,
     $x_{(4)} = 7$, $x_{(5)} = 8$ und wegen n = 5 (ungerade Zahl) und (n+1)/2 = 3 ist

$$x_{0,5} = x_{(3)} = 6.$$

(b) Vgl. B. 4.1
     Der Median der n = 20 (gerade Zahl) Benzinpreise liegt bei

$$x_{0,5} = 0,5(x_{(10)} + x_{(11)}) = 0,5(1,58+1,60) = 1,59 \text{ €},$$

d.h. 50 % der Benzinpreise liegen unter 1,59 € und 50 % darüber.

(3) p-QUANTIL

Häufig ist man nicht nur an der Mitte, dem Zentrum einer Häufigkeitsverteilung interessiert, sondern möchte weitere charakteristische Größen einer Häufigkeitsverteilung benennen.

Ist $x_{(1)} \leq x_{(2)} \leq \ldots \leq x_{(n)}$ die geordnete Beobachtungsreihe, so bezeichnet man als
p-Quantil x_p, 0<p<1,

$$x_p = \begin{cases} x_{(k)} & \text{, falls } n \cdot p \text{ keine ganze Zahl: k ist} \\ & \text{die auf } n \cdot p \text{ folgende ganze Zahl} \\ \frac{1}{2}(x_{(k)} + x_{(k+1)}) & \text{, falls } n \cdot p \text{ eine ganze Zahl: } k = n \cdot p \end{cases}.$$

Für das p-Quantil gilt, daß (mindestens) 100·p % der Beobachtungswerte kleiner oder gleich x_p und (mindestens) 100·(1-p) % der Beobachtungswerte größer oder gleich x_p sind.

Das 0,5-Quantil entspricht dem Median; das 0,25-Quantil heißt unteres Quartil (1. Quartil), das 0,75-Quantil oberes Quartil (3. Quartil).

Beispiel 4.3:
(a) Vgl. B. 4.2
     Für die geordnete Beobachtungsreihe $x_{(1)} = 1$, $x_{(2)} = 3$, $x_{(3)} = 6$, $x_{(4)} = 7$, $x_{(5)} = 8$ liegt das
     untere Quartil $x_{0,25}$ wegen n·p = 5·0,25 = 1,25, d.h. k=2, bei
$$x_{0,25} = x_{(2)} = 3.$$

(b) Vgl. B.4.1
     Für die n=20 Benzinpreise soll das 0,8-Quantil bestimmt werden. Wegen $n \cdot p = 20 \cdot 0,8 = 16$
     ist k=16 und
$$x_{0,80} = 0,5(x_{(16)} + x_{(17)}) = 0,5(1,62+1,62) = 1,62,$$

d.h. 80% der Benzinpreise betragen höchstens 1,62 € und 20% mindestens 1,62 €.

(4) ARITHMETISCHES MITTEL

Das am häufigsten verwendete und auch bekannteste Lagemaß ist das arithmetische Mittel, das auch als Mittelwert oder Durchschnittswert bezeichnet wird.

Das *arithmetische Mittel* $\bar{x}$ der beobachteten Werte $x_1,...,x_n$ eines Merkmals X mit den Ausprägungen $a_1,...,a_k$ ist gegeben durch

$$\bar{x} = \frac{1}{n} \sum_{i=1}^{n} x_i \quad \text{(einfaches a. M.) bzw.}$$

$$\bar{x} = \frac{1}{n} \sum_{i=1}^{k} a_i n_i = \sum_{i=1}^{k} a_i h_i \quad \text{(gewogenes a. M.).}$$

Liegen die Daten als Urliste vor, so wird das einfache arithmetische Mittel zur Durchschnittsbildung herangezogen. Sind die Daten jedoch schon in einer Häufigkeitstabelle aufbereitet worden, so verwendet man das gewogene arithmetische Mittel, wodurch sich die Berechnung vereinfacht. Anstatt jeden Wert einzeln zu addieren, werden die Merkmalsausprägungen mit den jeweiligen Häufigkeiten gewichtet und anschließend addiert. Beide Berechnungsarten führen natürlich zum gleichen Ergebnis.

Beispiel 4.4 (vgl. B. 4.1): Der durchschnittliche Benzinpreis beträgt bei Verwendung des einfachen arithmetischen Mittels

$$\bar{x} = \frac{1}{20} \sum_{i=1}^{20} x_i = \frac{1}{20}\left(1,54 + 1,54 + 1,56 + 1,56 + 1,56 + ... + 1,63\right) = \frac{31,82}{20} = 1,591 \; €$$

bzw. bei Verwendung des gewogenen arithmetischen Mittels

$$\bar{x} = \frac{1}{20} \sum_{i=1}^{7} a_i n_i = \frac{1}{20}\left(1,54 \cdot 2 + 1,56 \cdot 3 + 1,58 \cdot 5 + 1,60 \cdot 3 + 1,61 \cdot 1 + 1,62 \cdot 3 + 1,63 \cdot 3\right)$$

$$= \frac{31,82}{20} = 1,591 \; €.$$

Das arithmetische Mittel ist vor allem bei metrisch skalierten Merkmalen ein sinnvolles Lagemaß. Es ist eine Beziehungszahl (vgl. Kap. 6), welche die Merkmalssumme Σx_i bzw. $\Sigma a_i \cdot n_i$ gleichmäßig auf die Anzahl der statistischen Einheiten aufteilt. Hätten alle statistischen Einheiten einer Häufigkeitsverteilung die gleiche Ausprägung, dann wäre diese Ausprägung gerade das arithmetische Mittel.

Bei vielen Merkmalen tendieren die Beobachtungen dazu, in der Nähe ihres arithmetischen Mittels zu liegen. Damit repräsentiert das arithmetische Mittel den typischen Wert eines Merkmals. Schon in der Mitte des vorigen Jahrhunderts nutzte der Belgier A. Quetelet das arithmetische Mittel zur Beschreibung der wahren mittleren Gestalt und der wahren mittleren Größe von Menschen ("l'homme moyen" bzw. "Durchschnittsmensch"). Anhand von Daten zeigte er, daß die meisten Menschen eng um diesen Mittelwert streuen, d.h. die Mehrheit der Menschen ist einander weitgehend ähnlich. Je weiter die Abweichung von dem Mittelwert ist, um so weniger Menschen werden gefunden. Eine Neuauflage des "l'homme moyen" findet man in der Zeitschrift "Für Sie" (März 1998). So liest man dort, daß der deutsche Durchschnittsmann genannt 'Christian' 38,7 Jahre alt ist, dunkelblonde Haare hat und 81 Kilo wiegt. Er ist 1,80 Meter groß und hat 13,4 Hemden und 4,9 Jeans im Kleiderschrank hängen.

Im Gegensatz zum Median wird das arithmetische Mittel von extrem kleinen und von extrem großen Werten, den sogenannten Ausreißern, beeinflußt. Je extremer diese Ausreißer sind, um so größer ist ihr Einfluß auf das arithmetische Mittel. Dies kann so weit gehen, daß das arithmetische Mittel nicht mehr sinnvoll ist. Die Angabe eines arithmetischen Mittels ist um so aussagekräftiger, je enger die Beobachtungswerte um das arithmetische Mittel streuen.

Beispiel 4.5 : Für die Mitarbeiter in einer Filiale eines Restaurants werden folgende Stundenlöhne bezahlt (in €):

$$13,80; \ 14,10; \ 14,80; \ 14,80; \ 15,70; \ 15,80;$$
$$51,00 \ (\text{Stundenlohn des Restaurantmanagers}).$$

Das arithmetische Mittel $\bar{x} = 20$ € ist weder für die sechs niedrigeren Stundenlöhne noch für den einzelnen höheren Stundenlohn typisch. Der Median hingegen beträgt $x_{0,5} = 14,80$ €. Er wird von dem Ausreißerwert 51,00 € nicht beeinflußt.

Dennoch kann aber, abhängig von der Betrachtungsweise, auch in diesem Fall die Angabe des arithmetischen Mittels sinnvoller als die des Median sein. Denn da es sich bei den Stundenlöhnen um Kosten handelt, ist bei einem anstehenden Kostenvergleich das arithmetische Mittel und nicht der Median die relevante Kenngröße. Die Gesamtkosten pro Stunde belaufen sich nämlich auf $n \cdot \bar{x}$ $= 7 \cdot 20,00 = 140$ € und nicht auf $n \cdot x_{0,5} = 7 \cdot 14,80 = 103,60$ €. Beträgt in einer weiteren Filiale mit ebenfalls sieben Mitarbeitern das arithmetische Mittel der Stundenlöhne $\bar{x} = 25,00$ € und der Median $x_{0,5} = 14,00$ €, so sind in dieser Filiale trotz des niedrigeren Medians die Gesamtlohnkosten pro Stunde mit $n \cdot \bar{x} = 7 \cdot 25,00 = 175,00$ € insgesamt höher.

Die Sensitivität des arithmetischen Mittels gegenüber Ausreißer- bzw. Extremwerten kann vermindert werden, wenn $\alpha \cdot 100\%$ der größten und $\alpha \cdot 100\%$ der kleinsten Werte eines Datensatzes weggelassen werden. Dieses Mittel nennt man dann das **α-getrimmte Mittel**. Läßt man im obigen Beispiel von den sieben Stundenlöhnen den niedrigsten und den höchsten Wert weg und mittelt die restlichen, so erhält man das 1/7 -getrimmte Mittel $\bar{x}_{1/7} = \dfrac{75,20 \ €}{5} = 15,04$ €.

Das α-getrimmte Mittel so wie weitere ausreißerresistente Mittelwerte werden vor allem im Rahmen der in den letzten Jahren entstandenen explorativen Datenanalyse, die wie die deskriptive Statistik den datenanalytischen Aspekt der

Statistik in den Vordergrund stellt, behandelt (vgl. u.a. Tukey (1977), Heiler (1994) und Hartung/Elpelt/Klösener (2005)). Jedoch ist die Idee getrimmter Mittel nicht neu. Schon G. v. Mayr (1895) berichtete von der Praxis, Mittelwerte unter Auslassung des Minimums und des Maximums zu berechnen. Diese Vorgehensweise war beispielsweise bei der Ermittlung von zehnjährigen Durchschnittspreisen üblich.

(5) GEOMETRISCHES MITTEL

Mit Hilfe des geometrischen Mittels ist es möglich, die durchschnittliche prozentuale Entwicklung einer Größe genau anzugeben.

Das *geometrische Mittel* G für Beobachtungswerte $x_1,...,x_n$ mit $x_i > 0$, $i=1,...,n$, eines Merkmals X mit Ausprägungen $a_1,...,a_k$ ist gegeben durch

$$G = \sqrt[n]{x_1 \cdot x_2 \cdots x_n} \qquad \text{(einfaches g. M.) bzw.}$$

$$G = \sqrt[n]{a_1^{n_1} \cdot a_2^{n_2} \cdots a_k^{n_k}} \qquad \text{(gewogenes g. M.).}$$

Das geometrische Mittel wird vor allem bei der Berechnung von durchschnittlichen Wachstumsraten

$$\overline{p} = (G - 1) \cdot 100\% = (\sqrt[n]{x_1 \cdot x_2 \cdots x_n} - 1) \cdot 100\%$$

verwendet, wobei dann der Wachstumsfaktor x_i durch $x_i = 1 + \dfrac{p_i}{100}$ mit der Wachstumsrate p_i, $i=1,...,n$, gegeben ist (vgl. H. Ihrig / P. Pflaumer, Finanzmathematik, 11. Aufl., München 2009, Kapitel B 5.1).

Beispiel 4.6: Die jährlichen Umsatzsteigerungen eines Betriebes liegen von

2005 bis 2006	bei	2%	($x_1 = 1{,}02$),
2006 bis 2007	bei	11%	($x_2 = 1{,}11$),
2007 bis 2008	bei	4%	($x_3 = 1{,}04$),
2008 bis 2009	bei	5%	($x_4 = 1{,}05$).

Aus dem geometrischen Mittel der Wachstumsfaktoren

$$G = \sqrt[4]{1{,}02 \cdot 1{,}11 \cdot 1{,}04 \cdot 1{,}05} = \sqrt[4]{1{,}2364} = 1{,}0545$$

läßt sich die durchschnittliche jährliche Umsatzsteigerung

$$\overline{p} = (G - 1) \cdot 100\% = 5,45\%$$

berechnen. Lag beispielsweise der Umsatz 2005 bei 2 Mio. €, dann ist er in vier Jahren auf

$$2 \text{ Mio. } € \cdot 1,0545^4 = 2 \text{ Mio. } € \cdot 1,02 \cdot 1,11 \cdot 1,04 \cdot 1,05 = 2,473 \text{ Mio. } €$$

angewachsen.

Da $\dfrac{2,473}{2} = 1,02 \cdot 1,11 \cdot 1,04 \cdot 1,05$ ist, kann man für die durchschnittliche Wachstumsrate alternativ

$$\overline{p} = \left(\sqrt[4]{\frac{2,473}{2}} - 1 \right) \cdot 100\% = 5,45\%$$

schreiben.

Die durchschnittliche Wachstumsrate kann also auch dann berechnet werden, wenn nur der Merkmalswert K_0 zum Zeitpunkt 0 (z.B. $K_0 = 2$) und der Merkmalswert K_n zum Zeitpunkt n (z.B. $K_4 = 2,473$) gegeben sind:

$$\overline{p} = \left(\sqrt[n]{\frac{K_n}{K_0}} - 1 \right) \cdot 100\% .$$

Bei der Berechnung von durchschnittlichen Wachstumsraten ist die Verwendung des arithmetischen Mittels falsch. Folgendes Beispiel verdeutlicht dies besonders.

Beispiel 4.7: Ein Anleger kauft eine Aktie im Wert von 100 €. Im ersten Jahr steigt der Kurs der Aktie um 50%, im zweiten sinkt er um 50%. Die durchschnittliche jährliche Wachstumsrate ist nicht

$$\overline{x} = \frac{1}{2}(50\% + (-50\%)) = 0\% .$$

Aus dem geometrischen Mittel der Wachstumsfaktoren

$$G = \sqrt[2]{1,5 \cdot 0,5} = 0,866$$

berechnet man eine durchschnittliche jährliche Wachstumsrate von

$$\overline{p} = (G - 1) \cdot 100\% = -13,4\% .$$

Der Wert der Aktie ist nach zwei Jahren auf

$$100 \text{ € } \cdot 1,5 \cdot 0,5 = 100 \text{ € } \cdot 0,866^2 = 75 \text{ €}$$

gesunken.

Bei kleinen Wachstumsraten wird durch das arithmetische Mittel allerdings ein guter Näherungswert beschrieben.

Liegt jedoch stetiges Wachstum vor, d.h. für den Wachstumsfaktor gilt $x_i = e^{p_i/100}$, i=1,...,n, so berechnet man die durchschnittliche Wachstumsrate als gewogenes arithmetisches Mittel der Wachstumsraten.

Beispiel 4.8: Eine Bevölkerung wuchs 5 Jahre lang um 2,5 % jährlich, 10 Jahre lang um 1,5 % jährlich und 20 Jahre lang um 1 % jährlich. Ist P_0 die Bevölkerung zum Zeitpunkt 0, dann ist sie nach 35 Jahren auf

$$P_{35} = P_0 \cdot e^{0,025 \cdot 5} \cdot e^{0,015 \cdot 10} \cdot e^{0,01 \cdot 20} = P_0 \cdot e^{0,475}$$

angewachsen. Da

$$\frac{P_{35}}{P_0} = e^{0,475} = e^{\frac{\overline{x}}{100} \cdot 35},$$

ergibt sich für die durchschnittliche Wachstumsrate

$$\overline{x} = \frac{0,475}{35} \cdot 100\% = \frac{0,025 \cdot 5 + 0,015 \cdot 10 + 0,01 \cdot 20}{35} \cdot 100\% = 1,36\% .$$

(6) HARMONISCHES MITTEL

Wenn das betrachtete Merkmal einen Quotienten darstellt wie zum Beispiel Geschwindigkeit (km/h) oder Preis pro Mengeneinheit (€/Stück) und sich der Zähler des Quotienten und die beobachteten Häufigkeiten auf dieselbe Größe beziehen, so erfolgt die Berechnung des Durchschnittswertes nicht über das arithmetische, sondern über das harmonische Mittel.

Das *harmonisches Mittel* H für Beobachtungswerte $x_1,...,x_n$, $x_i > 0$, i=1,...,n, eines Merkmals X mit Ausprägungen $a_1,...,a_k$, $a_i > 0$, i=1,...,k, ist gegeben durch

$$H = \frac{n}{\sum\limits_{i=1}^{n} \frac{1}{x_i}} \quad \text{(einfaches h. M.) bzw.}$$

$$H = \frac{n}{\sum\limits_{i=1}^{k} \frac{n_i}{a_i}} \quad \text{(gewogenes h. M.)} \quad .$$

Beispiel 4.9: Ein Mopedfahrer fährt die Strecke von Kempten nach Bad Waldsee (60 km) mit einer Geschwindigkeit von 30 km/h und die Strecke von Bad Waldsee nach Riedlingen (30 km) mit einer Geschwindigkeit von 60 km/h. Auf der Gesamtstrecke von Kempten nach Riedlingen fährt er also mit einer Durchschnittsgeschwindigkeit von

$$H = \frac{90\,\text{km}}{\dfrac{60\,\text{km}}{30\,\text{km}/\text{h}} + \dfrac{30\,\text{km}}{60\,\text{km}/\text{h}}} = \frac{90}{2 + \dfrac{1}{2}}\,\frac{\text{km}}{\text{h}} = 36\ \text{km/h,}$$

denn es ist $n_1 = 60$ km, $n_2 = 30$ km, $n = n_1 + n_2$, $a_1 = 30$ km/h und $a_2 = 60$ km/h.

Aus den Geschwindigkeitsangaben und der gefahrenen Strecke kann natürlich auch die benötigte Zeit für die Einzelstrecken berechnet werden:

Mit

$$n_1 = \frac{60\ \text{km}}{30\,\text{km}/\text{h}} = 2\ \text{h} \quad \text{und} \quad n_2 = \frac{30\ \text{km}}{60\,\text{km}/\text{h}} = 0{,}5\ \text{h}$$

kann die gesuchte Durchschnittsgeschwindigkeit auch durch

$$\overline{x} = \frac{30\,\text{km}/\text{h} \cdot 2\text{h} + 60\,\text{km}/\text{h} \cdot 0{,}5\text{h}}{2{,}5\text{h}} = \frac{a_1 \cdot n_1 + a_2 \cdot n_2}{n} = 36\ \text{km/h,}$$

d.h. als arithmetisches Mittel der Geschwindigkeiten, gewichtet mit der gefahrenen Zeit, berechnet werden.

Wie in Beispiel 4.9 bereits gezeigt wurde, kann der Durchschnittswert eines Merkmals, das als Quotient vorliegt, auch durch das arithmetische Mittel bestimmt werden, wenn sich dabei der Nenner des Quotienten und die Häufigkeiten auf dieselbe Größe beziehen.

Beispiel 4.10: Die Verschuldungsgrade (Fremdkapital/Eigenkapital) zweier Unternehmen A und B betragen 2 und 4. Wie groß ist der Verschuldungsgrad nach einem Zusammenschluß der Unternehmen, wenn bei beiden Unternehmen

(a) das Eigenkapital
(b) das Fremdkapital

gleich hoch ist?

(a) Da sich sowohl der Nenner des Quotienten (Verschuldungsgrad) als auch die Häufigkeiten auf das Eigenkapital beziehen, ist hier das arithmetische Mittel der Verschuldungsgrade zu berechnen:

$$\overline{x} = \frac{2 + 4}{2} = 3.$$

Das gleiche Ergebnis erhält man natürlich auch, wenn man ausnutzt, daß zum Beispiel bei einem Eigenkapital von $EK_A = 100000$ € von A bzw. $EK_B = 100000$ € von B das zugehörige Fremdkapital $FK_A = 10000 \cdot 2 = 200000$ € bzw. $FK_B = 100000 \cdot 4 = 400000$ € beträgt. Damit liegt der Verschuldungsgrad nach dem Zusammenschluß der beiden Unternehmen bei

$$\frac{FK_A + FK_B}{EK_A + EK_B} = \frac{600000}{200000} = 3.$$

(b) In diesem Fall beziehen sich der Zähler des Quotienten (Fremdkapital) und die Häufigkeiten auf das Fremdkapital; daher muß hier der durchschnittliche Verschuldungsgrad als harmonisches Mittel berechnet werden:

$$H = \frac{2}{\frac{1}{2} + \frac{1}{4}} = 2{,}667,$$

d.h. nach dem Zusammenschluß liegt der Verschuldungsgrad bei 2,667.

Zum gleichen Ergebnis gelangt man, wenn man beispielsweise bei einem Fremdkapital von $FK_A =$ 100000 € bzw. $FK_B =$ 100000 € für die Unternehmen A bzw. B benutzt, daß dann das Eigenkapital jeweils bei $EK_A =$ 100000/2 = 50000 € bzw. $EK_B =$ 100000/4 = 25000 € liegt. Damit beträgt der Verschuldungsgrad nach dem Zusammenschluß also

$$\frac{FK_A + FK_B}{EK_A + EK_B} = \frac{200000}{75000} = 2{,}667.$$

Beispiel 4.11: Die Aufräumzeit für ein Hotelzimmer beträgt bei Zimmermädchen A 9 Minuten je Zimmer, bei Zimmermädchen B 12 Minuten je Zimmer und bei Zimmermädchen C 18 Minuten je Zimmer. Wenn jedes Zimmermädchen täglich 3 Stunden Zimmer aufräumt, dann beträgt die durchschnittliche Aufräumzeit

$$H = \frac{540}{\frac{180}{9} + \frac{180}{12} + \frac{180}{18}} = \frac{3}{\frac{1}{9} + \frac{1}{12} + \frac{1}{18}} = 12$$

Minuten pro Zimmer.

Die gleiche Lösung ergibt sich auch durch folgende Überlegungen:

In 180 Minuten schafft A 20 Zimmer.
In 180 Minuten schafft B 15 Zimmer.
In 180 Minuten schafft C 10 Zimmer.

Folglich werden in 540 Minuten 45 Zimmer aufgeräumt; dies entspricht einer durchschnittlichen Aufräumzeit von

$$\frac{540 \text{ Minuten}}{45 \text{ Zimmer}} = 12 \text{ Minuten / Zimmer}.$$

In einigen seltenen Fällen muß das sogenannte kontraharmonische Mittel (vgl. Keyfitz (1977), S. 325, Senders (1958), S. 385) zur Mittelwertbildung herangezogen werden.

Das **kontraharmonische Mittel** ist gegeben durch

$$C = \frac{\frac{1}{n} \sum_{i=1}^{k} a_i^2 \cdot n_i}{\overline{x}}.$$

Es wird immer dann verwendet, wenn die Merkmalssumme $a_i \cdot n_i$ als Häufigkeit interpretiert wird.

Beispiel 4.11a: Bei 3 Walbeobachtungsfahrten wurden jeweils 2 Belugawale, bei 2 Fahrten jeweils 4 Belugawale und bei 1 Fahrt sogar 6 Belugawale gesichtet. Insgesamt wurden also 20 Wale gezählt (vgl. auch Kingsley (1998), der das kontraharmonische Mittel im Zusammenhang mit tatsächlichen Walbeobachtungen gebraucht).

Pro Fahrt wurden im Durchschnitt $\overline{x} = \dfrac{1}{6}\left(2 \cdot 3 + 4 \cdot 2 + 6 \cdot 1\right) = \dfrac{20}{6} = 3,33$ Wale gesichtet.

Die durchschnittliche Größe der Gruppe, in der die 20 Wale leben, ist jedoch

$$C = \frac{1}{20}\left(2 \cdot (2 \cdot 3) + 4 \cdot (4 \cdot 2) + 6 \cdot (6 \cdot 1)\right) = \frac{\frac{1}{6}\left(2^2 \cdot 3 + 4^2 \cdot 2 + 6^2 \cdot 1\right)}{20 / 6} = 4 \,.$$

4.2 Lageparameter bei Klassenbildung

Grundsätzlich sollten alle Lage-, Streuungs-, Schiefe- und Wölbungsparameter aus den Daten der Urliste berechnet werden. Nur wenn die Daten schon aufbereitet in Klassen vorliegen - und die Urliste ist nicht mehr verfügbar - sind die Parameter über die klassierten Verteilungen zu bestimmen. Im allgemeinen erhält man dann nur noch Näherungswerte für die Parameter.

(1) MODALWERT

> Bei klassierten Daten ist der **Modalwert** im allgemeinen definiert als Klassenmitte der am dichtesten besetzten Klasse, d.h. der Klasse K_i mit größter Histogramm-höhe h_i^*.

Beispiel 4.12: Der Chef eines Unternehmens möchte sich über die täglich anfallenden Anfahrts-wege seiner Mitarbeiter zum Arbeitsplatz informieren. Vom Personalbüro erhält er folgende Tabelle **Tab. 4.2**:

Tab. 4.2: Anfahrtswege zum Arbeitsplatz

km von...bis unter...	Anzahl der Beschäftigten
0 - 1	7
1 - 5	24
5 - 15	35
15 - 30	18
30 - 50	16

In der Arbeitstabelle **Tab. 4.3** sind die wichtigsten Hilfsgrößen zur Bestimmung der Rechteckshöhen h_i^*, i=1,...,5, zusammengestellt.

Die am dichtesten besetzte Klasse ist die Klasse K_1, denn $h_1^* > h_i^*$, i=2,...,5, d.h. für den Modalwert ergibt sich

$$x_d = m_1 = 0,5 \text{ km.}$$

Tab. 4.3: Arbeitstabelle

i	K_i	n_i	h_i	m_i	b_i	h_i^*
1	0-1	7	0,07	0,5	1	0,070
2	1-5	24	0,24	3,0	4	0,060
3	5-15	35	0,35	10,0	10	0,035
4	15-30	18	0,18	22,5	15	0,012
5	30-50	16	0,16	40,0	20	0,008
Σ		100	1,00			

(2) p-QUANTIL

Das p-Quantil x_p wird bei klassierten Daten so bestimmt, daß die Fläche unterhalb des Histogramms links von x_p den Wert p hat (vgl. Abb. 4.2 für p=0,5).

Dabei liegt dann das ***p-Quantil*** in der i-ten Klasse K_i, falls gilt:

$$F_{i-1} = \sum_{j=1}^{i-1} h_j \le p \qquad \text{und} \qquad F_i = \sum_{j=1}^{i} h_j \ge p \qquad (F_0 = \sum_{j=1}^{0} h_j = 0).$$

Ist u_i die untere Grenze dieser Klasse und b_i die Klassenbreite, so ist das p-Quantil gegeben als

$$x_p = u_i + \frac{p - \sum_{j=1}^{i-1} h_j}{h_i} \cdot b_i = u_i + \frac{p - F_{i-1}}{h_i} \cdot b_i.$$

Die Ableitung der Formel für x_p kann anhand der Verteilungsfunktion mit Hilfe des Strahlensatzes leicht nachvollzogen werden, da

$$\frac{x_p - u_i}{b_i} = \frac{p - \sum_{j=1}^{i-1} h_j}{h_i}$$

gilt (vgl. **Abb. 4.1**).

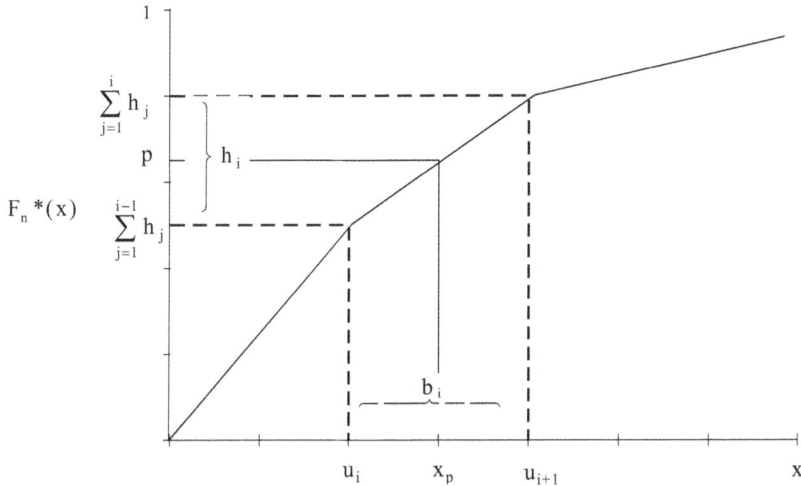

Abb. 4.1: Schema zur Ableitung der Formel für das p-Quantil x_p

Beispiel 4.13 (vgl. B. 4.12): Der Median, das 0,5-Quantil, der Verteilung der Anfahrtswege muß in der Klasse K_3 liegen , denn, vgl. **Tab. 4.3**,

$$\sum_{j=1}^{2} h_j = 0,31 < 0,5 \qquad \text{und} \qquad \sum_{j=1}^{3} h_j = 0,66 \geq 0,5 \,.$$

Somit ist der Median

$$x_{0,5} = u_3 + \frac{0,5 - (h_1 + h_2)}{h_3} \cdot b_3 = 5 + \frac{0,5 - 0,31}{0,35} \cdot 10 = 10,4286,$$

d.h. 50% der Mitarbeiter haben Anfahrtswege von mehr als 10,4 km.

In **Abb. 4.2** wird der Median über die Verteilungsfunktion graphisch bestimmt. Zuvor wird aber auch gezeigt, daß der Median die gesamte Histogrammfläche in zwei gleich große Flächen (der Größe 0,5) zerteilt.

Fläche F =

h_i^*

$x_{0,5}$

x

$F_n^*(x)$

$F_n^*(x_{0,5}) = 0,5$

$x_{0,5}$

x

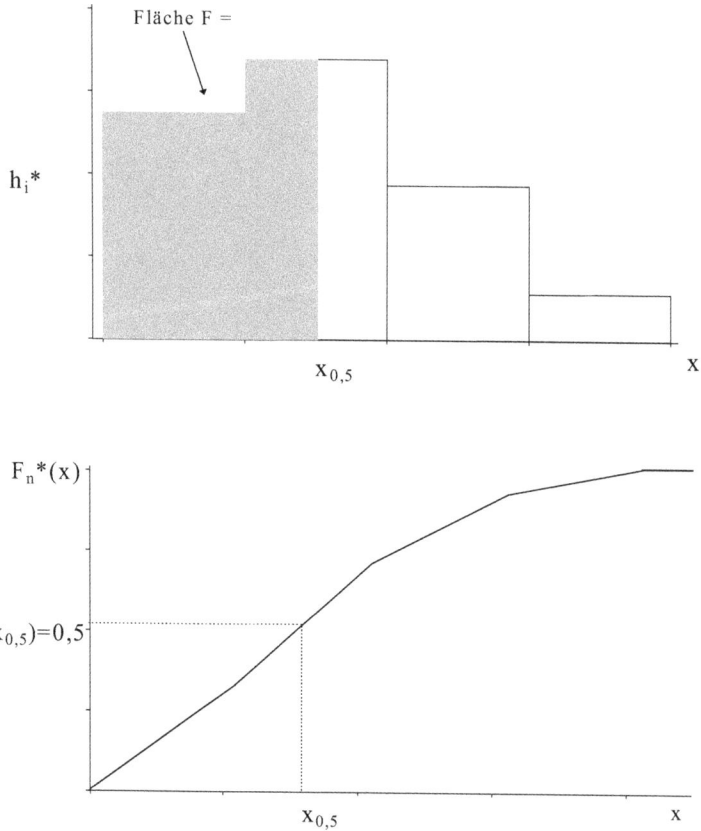

Abb. 4.2: Bestimmung des Medians $x_{0,5}$ über das Histogramm bzw. über die Verteilungsfunktion

(3) ARITHMETISCHES MITTEL

Sind bei einer klassierten Häufigkeitsverteilung neben der Klasseneinteilung nur die entsprechenden Häufigkeiten gegeben, so läßt sich das arithmetische Mittel näherungsweise bestimmen.

Ausgehend von den Klassenmitten $m_1, ..., m_k$ läßt sich das **arithmetische Mittel** bei klassierten Daten durch

$$\overline{x}_M = \frac{1}{n} \sum_{i=1}^{k} m_i n_i = \sum_{i=1}^{k} m_i \cdot \frac{n_i}{n} = \sum_{i=1}^{k} m_i h_i$$

näherungsweise berechnen.

Beispiel 4.14 (vgl. B. 4.12): Aus der Arbeitstabelle in Beispiel 4.12 läßt sich das arithmetische Mittel der Anfahrtswege zum Arbeitsplatz ermitteln. Es ergibt sich

$$\overline{x}_M = \frac{1}{100} \sum_{i=1}^{5} m_i n_i = \frac{1}{100} \cdot 1470{,}5 = 14{,}705 \, \text{km}.$$

Der durchschnittliche Anfahrtsweg der Mitarbeiter liegt bei 14,705 km.

Sind die arithmetischen Mittel $\overline{x}_1$, $\overline{x}_2$, ..., $\overline{x}_k$ in den Klassen bekannt, so läßt sich das *arithmetische Mittel* durch

$$\overline{x} = \frac{1}{n} \sum_{i=1}^{k} \overline{x}_i \cdot n_i = \sum_{i=1}^{k} \overline{x}_i \cdot h_i$$

exakt berechnen.

Beispiel 4.15 (vgl. B. 3.6, B. 3.7): Die Restlaufzeiten von Obligationen liegen in Klassen eingeteilt vor. Aus der Urliste lassen sich die Klassenmittelwerte $\overline{x}_i$, i=1,...,4, berechnen. Es ergibt sich etwa für

$$\overline{x}_1 = \frac{1}{8}(0{,}14+0{,}81+0{,}27+1{,}14+0{,}45+1{,}45+0{,}68+1{,}82) = 0{,}845,$$

d.h. die Obligationen in der Klasse von 0 bis unter 2 Jahren haben eine mittlere Restlaufzeit von 0,845 Jahre. Die übrigen Mittelwerte sind in **Tab.4.4** zusammengestellt.

Tab.4.4: Häufigkeitsverteilung der Restlaufzeiten von Obligationen

Restlaufzeit von ... bis unter ... Jahre	Anzahl n_i	Klassenmittelwerte $\overline{x}_i$ (Jahre)
0 - 2	8	0,845
2 - 4	5	3,05
4 - 6	2	5,095
6 - 8	1	7,84

Als arithmetisches Mittel der Restlaufzeit berechnet man

$$\overline{x} = \frac{0{,}845 \cdot 8 + 3{,}05 \cdot 5 + 5{,}095 \cdot 2 + 7{,}84 \cdot 1}{16} = 2{,}5025,$$

d.h. die Obligationen besitzen eine durchschnittliche Restlaufzeit von 2,5025 Jahren.

Die Berechnung des arithmetischen Mittels mit den Einzelwerten aus der Urliste führt natürlich zum gleichen Ergebnis:

$$\overline{x} = \frac{1}{16} \cdot (0{,}14 + 0{,}27 + ... + 5{,}68 + 7{,}84) = 2{,}5025.$$

Das aus den Klassenmitten berechnete arithmetische Mittel

$$\overline{x}_M = \frac{1}{n}\sum_{i=1}^{4} m_i n_i = \frac{1\cdot 8 + 3\cdot 5 + 5\cdot 2 + 7\cdot 1}{16} = 2,5$$

unterschätzt im vorliegenden Fall den wirklichen Durchschnittswert $\overline{x}$ geringfügig.

Bei mehrgipfligen oder U-förmigen Häufigkeitsverteilungen sind im Gegensatz zu eingipfligen Verteilungen die Lagemaße oft nicht charakteristisch für die Häufigkeitsverteilungen. Mehrgipflige Häufigkeitsverteilungen sind oft das Ergebnis einer unzulässigen Datenvermischung. Werden beispielsweise bei einer Erhebung über die Körpergröße von Studierenden die Häufigkeitsverteilungen der Körpergröße nicht getrennt nach Geschlecht ausgewiesen, dann erhält man eine zweigipflige Häufigkeitsverteilung, da der Modus der Körpergröße der Studentinnen kleiner ist als der der Studenten. Lagemaße können zwar berechnet, aber offensichtlich nicht vernünftig gedeutet werden.

Beispiel 4.16: Die Lebensdauer der Menschen im Mittelalter hatte eine U-förmige Häufigkeitsverteilung: Die Säuglingssterblichkeit war sehr hoch, hatte man jedoch die ersten Jahre überlebt, so war die Chance, ein höheres Alter zu erreichen, groß. Der Satz "Im Mittelalter wurden die Menschen nur 25 Jahre alt" gibt daher eine falsche Vorstellung von der damaligen Lebenserwartung.

Bevor also zur Charakterisierung einer nicht eingipfligen Häufigkeitsverteilung ein Lagemaß bestimmt wird, muß man überprüfen, ob dieses sinnvoll zu interpretieren ist.

4.3 Verteilungstypen

Bei der Interpretation von Daten ist es oft wichtig zu wissen, ob kleine oder große Merkmalsausprägungen relativ häufiger auftreten. Mit dem Konzept der Schiefe kann diese Frage beantwortet werden, wobei man eine Verteilung als schief bezeichnet, wenn sie nicht symmetrisch ist.

Bei einer **symmetrischen** Häufigkeitsverteilung kommen mittelgroße Merkmalsausprägungen am häufigsten vor. Je größer bzw. je kleiner eine Merkmalsausprägung ist, um so weniger ist sie zu beobachten. Ein typisches Beispiel für eine symmetrische Häufigkeitsverteilung ist die Verteilung des Intelligenzquotienten, der den Mittelwert 100 besitzt. Die meisten Menschen haben eine durchschnittliche Intelligenz. Extremwerte nach oben (hochintelligent) bzw. nach unten (schwachsinnig) kommen relativ selten vor.

Bei einer **rechtsschiefen** Häufigkeitsverteilung treten Beobachtungen mit kleinen oder mittleren Merkmalsausprägungen relativ häufig auf. Beispielsweise ist die Einkommensverteilung in Deutschland (vgl. Abb. 3.10) rechtsschief. Die meisten

Haushalte in Deutschland verfügen über ein geringes bzw. mittleres Einkommen. Nur relativ wenige Haushalte haben ein hohes Einkommen.

Eine **linksschiefe** Häufigkeitsverteilung ist durch relativ viele mittlere und große Merkmalsausprägungen charakterisiert. Kleine Merkmalsausprägungen werden selten beobachtet. Das Sterbealter von Menschen in Industriestaaten ist extrem linksschief. Da Säuglings- Kinder- und Jugendsterblichkeit gering sind, sterben die meisten Menschen im hohen Erwachsenenalter. Beispielsweise liegt das Mediansterbealter der Frauen in Deutschland bei über 80 Jahren.

Eingipflige bzw. unimodale Verteilungen lassen sich formal in der folgenden Art und Weise charakterisieren, vgl. **Abb. 4.3**:

Eine eingipflige (unimodale) Häufigkeitsverteilung heißt

rechtsschief (linkssteil),	falls	$\overline{x} > x_{0.5} > x_d$;
linksschief (rechtssteil),	falls	$\overline{x} < x_{0.5} < x_d$;
symmetrisch,	falls	$\overline{x} = x_{0.5} = x_d$.

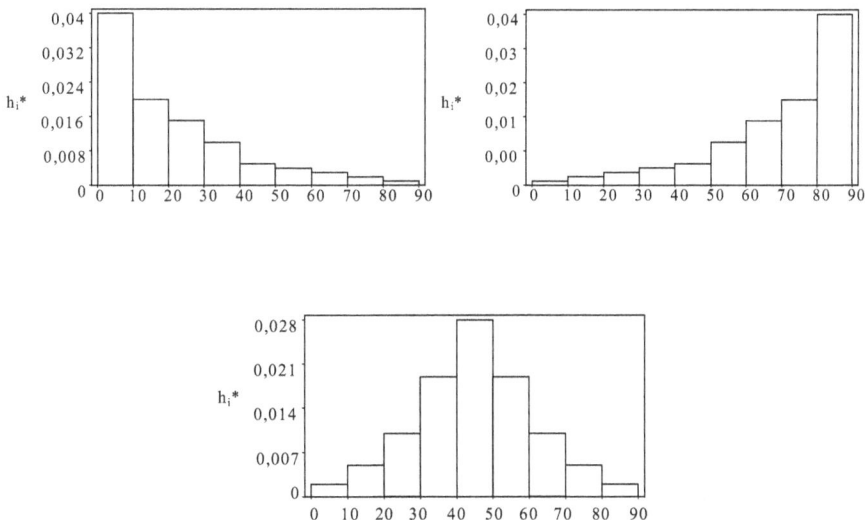

Abb. 4.3: Rechtsschiefe, linksschiefe und symmetrische Häufigkeitsverteilungen

Beispiel 4.17: In **Tab. 4.5** werden Beispiele für die verschiedenen Typen von eingipfligen Häufigkeitsverteilungen genannt.

Tab. 4.5: Beispiele für verschiedene eingipflige Verteilungstypen

Verteilungstyp	Beispiel
rechtsschief (linkssteil)	Einkommensverteilung Vermögensverteilung Umsatzverteilung Lebensdauerverteilung (i.a. sind wirtschaftliche Größen rechtsschief)
symmetrisch	Körpergröße von Männern Körpergewicht von Frauen Intelligenzquotient Aktienrenditen
linksschief (rechtssteil)	Sterbealter in Industrieländern Statistikklausurvorbereitungszeit

4.4 Streuungsparameter

Lageparameter geben allein wenig Auskunft über eine Häufigkeitsverteilung. Es liegen keinerlei Angaben darüber vor, ob die Beobachtungswerte in der Nähe des Lageparameters liegen oder weiter davon entfernt. Zur Beschreibung der Variabilität einer Häufigkeitsverteilung werden sogenannte Streuungsparameter herangezogen. Einige dieser Streuungsparameter für kardinal skalierte Merkmale werden im folgenden vorgestellt.

(1) SPANNWEITE

Bezeichnen $x_{(1)} \leq x_{(2)}, \ldots \leq x_{(n)}$ die der Größe nach sortierten Beobachtungswerte, so ist der Streubereich einer Häufigkeitsverteilung der Wertebereich, in dem alle Merkmalswerte einer Beobachtungsreihe liegen: $[x_{(1)}, x_{(n)}]$.

Die Breite des Streubereichs

$$R = x_{(n)} - x_{(1)}$$

heißt *Spannweite* (range) der Häufigkeitsverteilung.

Beispiel 4.18 (vgl. B. 4.1): Der kleinste ermittelte Benzinpreis liegt bei $x_{(1)} = 1{,}54$ €, der größte bei $x_{(20)} = 1{,}63$ €. Damit ist die Spannweite

$$R = x_{(20)} - x_{(1)} = 1{,}63 - 1{,}54 = 0{,}09.$$

Die Benzinpreise streuen also in einem Bereich von 0,09 €.

Da die Spannweite nur ein einfaches Streuungsmaß darstellt, das von zwei Werten, dem größten und dem kleinsten Beobachtungswert abhängt, ist sie allein zur Charakterisierung der Streuung einer Häufigkeitsverteilung oft nicht geeignet.

(2) QUARTILSABSTAND

Wenn etwa der kleinste Wert einer Beobachtungsreihe sehr stark von den übrigen Werten abweicht, d.h. ein sogenannter Ausreißer ist, dann beeinflußt dieser den Wert der Spannweite sehr stark. Ein Streuungsparameter, der weniger stark von Ausreißern abhängig ist, ist der Quartilsabstand.

Der Quartilsabstand Q ist definiert durch

$$Q = x_{0.75} - x_{0.25}.$$

Er gibt die Größe des Bereichs zwischen oberem und unterem Quartil der Beobachtungsreihe an, d.h. der Quantile, die jeweils 25% der Beobachtungen unten bzw. oben abtrennen. Zwischen $x_{0,75}$ und $x_{0,25}$ liegen also gerade die mittleren 50% der Beobachtungswerte.

Beispiel 4.19 (vgl. B. 4.1): Zur Berechnung des Quartilsabstandes müssen zunächst das untere und das obere Quartil bestimmt werden: Mit $n = 20$, $n \cdot 0{,}25 = 20 \cdot 0{,}25 = 5$, $n \cdot 0{,}75 = 20 \cdot 0{,}75 = 15$ gilt

$$x_{0,25} = (x_{(5)} + x_{(6)})/2 = (1{,}56 + 1{,}58)/2 = 1{,}57,$$
$$x_{0,75} = (x_{(15)} + x_{(16)})/2 = (1{,}62 + 1{,}62)/2 = 1{,}62$$

und

$$Q = x_{0,75} - x_{0,25} = 1{,}62 - 1{,}57 = 0{,}05.$$

Die mittleren 50% der Benzinpreise streuen in einem Bereich von 0,05 €.

Ein anschauliches graphisches Hilfsmittel zur Charakterisierung eines Datensatzes ist der (einfache) **Boxplot** (Schachteldiagramm), der horizontal oder vertikal gezeichnet werden kann. Minimum, unteres Quartil, Median, oberes Quartil und Maximum eines Datensatzes werden dargestellt. Die untere Begrenzung der Box repräsentiert das untere Quartil, die obere Begrenzung das obere Quartil. Minimum und Maximum werden durch Linien mit der Box verbunden. Der Median wird durch eine vertikale bzw. horizontale Linie in der Box wiedergegeben. Der Boxplot charakterisiert auf einfache Weise einen Datensatz durch die Angabe wichtiger Lage- und Streuungsparameter (Spannweite, Quartilsabstand). Boxplots eignen sich vor allem beim Vergleich mehrerer Verteilungen.

Beispiel 4.20 (vgl. B. 4.1): Der folgende Boxplot, vgl. **Abb. 4.4**, stellt die Verteilung der Preise für Normalbenzin aus Beispiel 4.1 dar. Mit den Resultaten aus Beispiel 4.2 und 4.18 ist dabei $x_{0,5} = 1{,}59$, $x_{0,75} = 1{,}62$, $x_{0,25} = 1{,}57$. Das Minimum liegt bei $x_{(1)} = 1{,}54$ und das Maximum der Beobachtungsreihe bei $x_{(20)} = 1{,}63$.

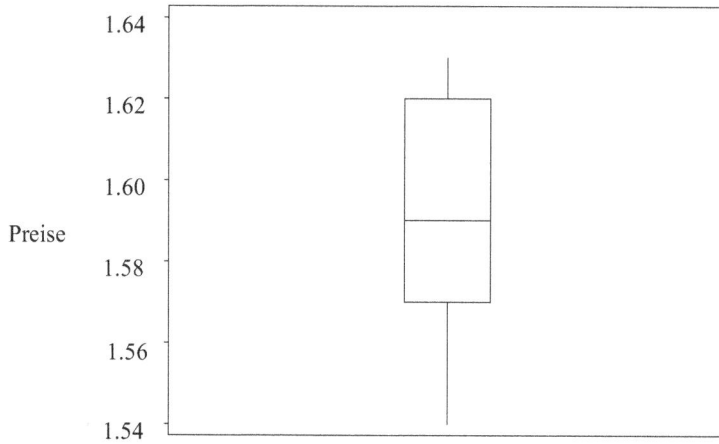

Abb. 4.4: Boxplot der Benzinpreise

(3) MITTLERE ABSOLUTE ABWEICHUNG VOM MEDIAN

Als Streuungsparameter lassen sich auch solche Größen verwenden, die eine durchschnittliche Abweichung der Beobachtungswerte von einem festen Wert messen. Eine Möglichkeit besteht darin, als Bezugsgröße den Median zu wählen.

Die *mittlere absolute Abweichung vom Median* d ist definiert als

$$d = \frac{1}{n}\sum_{i=1}^{n}\left|x_i - x_{0,5}\right| \quad \text{bzw.} \quad d = \frac{1}{n}\sum_{i=1}^{k}\left|a_i - x_{0,5}\right|\cdot n_i$$

Die mittlere absolute Abweichung vom Median gibt also die durchschnittliche Entfernung der Beobachtungswerte vom Median an.

Beispiel 4.21 (vgl. B. 4.1): Mit $x_{0,5} = 1,59$, vgl. Beispiel 4.2, ergibt sich für die mittlere absolute Abweichung vom Median

$$d = \frac{1}{20} \sum_{i=1}^{7} |a_i - 1,59| \cdot n_i = \frac{1}{20} \left(|1,54 - 1,59| \cdot 2 + \ldots + |1,63 - 1,59| \cdot 3 \right)$$

$$= 0,05 \cdot 2 + \ldots + 0,04 \cdot 3 = 0,025,$$

d.h. im Durchschnitt weichen die Benzinpreise um 0,025 € vom Median 1,59 € ab.

(4) VARIANZ, STANDARDABWEICHUNG, VARIATIONS-KOEFFIZIENT, VOLATILITÄT

Das wohl am häufigsten verwendete Streuungsmaß ist die Varianz.

Die Varianz wird durch

$$s^2 = \frac{1}{n-1} \sum_{i=1}^{n} (x_i - \overline{x})^2 = \frac{1}{n-1} \left(\sum_{i=1}^{n} x_i^2 - n \cdot \overline{x}^2 \right)$$

bzw.

$$s^2 = \frac{1}{n-1} \sum_{i=1}^{k} (a_i - \overline{x})^2 n_i = \frac{1}{n-1} \left(\sum_{i=1}^{k} a_i^2 \cdot n_i - n \cdot \overline{x}^2 \right)$$

definiert.

Da die Varianz nicht die gleiche Dimension wie die Beobachtungswerte besitzt, geht man über zur sogenannten *Standardabweichung*

$$s = \sqrt{s^2} \, .$$

Im Gegensatz zur mittleren Abweichung vom Median wird hier als Bezugsgröße das arithmetische Mittel verwendet. Außerdem wird der quadratische Abstand zwischen den Beobachtungswerten und dieser Bezugsgröße hergestellt.

Ist das arithmetische Mittel einer Verteilung beispielsweise 1000, so wird man eine Standardabweichung von 10 als relativ klein interpretieren, dagegen ist diese Standardabweichung als relativ groß anzusehen, wenn das arithmetische Mittel 1 ist. Daher erweist es sich als sinnvoll, die Standardabweichung auf das arithmetische Mittel ($\overline{x} \neq 0$) zu beziehen.

Diese Verhältniszahl (Beziehungszahl) ergibt den ***Variationskoeffizienten***

$$V = \frac{s}{\overline{x}} \, .$$

Er eignet sich insbesondere zum Vergleich der Streuungen verschiedener Verteilungen. Bei negativem Mittelwert verwendet man den Absolutwert des Variationskoeffizienten. Bei Vorhandensein von positiven und negativen Beobachtungen in der Urliste ist der Variationskoeffizient nicht immer aussagekräftig.

Beispiel 4.22 (vgl. B.4.1): Für die n=20 Preise für Normalbenzin bzw. die in **Tab. 4.1** gegebene Häufigkeitsverteilung ergibt sich mit $\overline{x} = 1{,}591$ und der Arbeitstabelle, vgl. **Tab. 4.6**, eine Varianz von

$$s^2 = \frac{1}{19} \sum_{i=1}^{7} (a_i - \overline{x})^2 \cdot n_i \ = \ \frac{1}{19} \left(\sum_{i=1}^{7} a_i^2 \cdot n_i - 20\overline{x}^2 \right) = (50{,}642 - 20 \cdot 1{,}591^2)/19 = 0{,}00086211$$

bzw. eine Standardabweichung von

$$s = \sqrt{0{,}00086211} \ = 0{,}02936 .$$

Der Variationskoeffizient ist

$$V = \frac{0{,}02936}{1{,}591} = 0{,}0185 .$$

Tab. 4.6: Arbeitstabelle zur Berechnung der Varianz

i	a_i	n_i	a_i^2	$a_i^2 n_i$
1	1,54	2	2,3716	4,7432
2	1,56	3	2,4336	7,3008
3	1,58	5	2,4964	12,482
4	1,60	3	2,5600	7,6800
5	1,61	1	2,5921	2,5921
6	1,62	3	2,6244	7,8732
7	1,63	3	2,6569	7,9707
Σ		20		50,6420

Häufig wird in der deskriptiven Statistik anstelle von s^2 auch

$$s_0^2 = \frac{1}{n} \sum_{i=1}^{n} (x_i - \overline{x})^2 \quad \text{bzw.} \quad s_0^2 = \frac{1}{n} \sum_{i=1}^{k} (a_i - \overline{x})^2 \cdot n_i = \sum_{i=1}^{k} (a_i - \overline{x})^2 \cdot h_i$$

für die Berechnung der Varianz verwendet; statt durch n-1 wird durch n dividiert. Zwischen s_0^2 und s^2 besteht folgender Zusammenhang:

$$s_0^2 = \frac{n-1}{n} \cdot s^2 .$$

Für große n ist der Unterschied vernachlässigbar. Die Varianzformel s^2 führt bei Zufallsstichproben zu wünschenswerten theoretischen Eigenschaften, die im Rahmen der induktiven Statistik behandelt werden. Zur einfacheren Berechnung von s_0^2 gilt

$$s_0^2 = \frac{1}{n} \sum_{i=1}^{k} a_i^2 n_i - \overline{x}^2 .$$

Oft ist man als Anwender der Statistik daran interessiert, welcher Anteil der Beobachtungen einer Häufigkeitsverteilung in das Intervall

$$[\overline{x} - s, \overline{x} + s]$$

oder allgemein in das Intervall

$$[\overline{x} - ks, \overline{x} + ks], k > 0,$$

fällt. Der Anteil hängt offensichtlich von der Form der Verteilung ab. Ist diese bekannt - wie beispielsweise bei der Normalverteilung (eine Verteilung, die in der induktiven Statistik ausführlich behandelt wird) - so kann der Anteil exakt bestimmt werden. In der deskriptiven Statistik kann die Graphik der Verteilungs-funktion verwendet werden, um diesen Anteil (näherungsweise) zu ermitteln. Auf der Abszisse trägt man das Intervall ab, und der Anteil kann auf der Ordinate als Differenz zweier aufsummierter Häufigkeiten abgelesen werden.

Ist die Form der Verteilung nicht bekannt, so kann dieser Anteil zwar nicht exakt bestimmt werden, aber es können (über die Ungleichungen von Gauß und Tsche-byscheff) Aussagen gemacht werden, wie groß dieser Anteil mindestens ist. Diese Tatsache erklärt die Bedeutung der Standardabweichung als wichtigstes Streu-ungsmaß in der Statistik.

In der Tabelle **Tab. 4.7** sind die Anteile für verschiedene Verteilungstypen und Intervalle zusammengestellt.

Da die meisten Verteilungen mit wirtschaftlichem Bezug unimodal sind, kann aus Tab. 4.7 gefolgert werden, daß mindestens 90% der Beobachtungen der Häufigkeitsverteilung eines ökonomischen Merkmals in einen Bereich fallen, dessen Grenzen maximal zwei Standardabweichungen vom arithmetischen Mittel entfernt sind.

Tab. 4.7: Anteile von Beobachtungen, die im Intervall $[\bar{x} - ks, \bar{x} + ks]$, k=1,2,3, liegen für verschiedene Typen von Verteilungen

Intervall	Anteil (%)			
	Normal-verteilung	Unimodale symmetrische Verteilung	Unimodale[*] Verteilung	beliebige Verteilung
$[\bar{x} - s, \bar{x} + s]$	= 68,26	≥ 55,56	≥ 0	≥ 0
$[\bar{x} - 2s, \bar{x} + 2s]$	= 95,44	≥ 88,89	≥ 88,89	≥ 75
$[\bar{x} - 3s, \bar{x} + 3s]$	= 99,74	≥ 95,06	≥ 95,06	≥ 88,89

[*] vgl. Vysochanskii / Petunin (1982)

Beispiel 4.23: Die Renditeverteilung einer Aktie hat ein arithmetisches Mittel von 10% und eine Standardabweichung von 20%. Aus der Kenntnis dieser zwei Parameter läßt sich bei Vorliegen einer unimodalen symmetrischen Verteilung aussagen, daß mindestens 55,56% der Renditen zwischen -10% (10% - 20%) und 30% (10% + 20%) bzw. mindestens 88,89% zwischen -30% (10% - 2 · 20%) und 50% (10% + 2 · 20%) liegen.

Bei ökonomischen Problemen ist es oft erforderlich, die Varianz von Funktionen zu berechnen. Beispielsweise soll die Varianz der Kosten K bei gegebener Varianz der Produktionsmenge x einer Kostenfunktion K = f(x) ermittelt werden. Im Falle einer linearen Funktion ist die Varianzberechnung relativ einfach, wie die Ausführungen in Abschnitt 7.2.6 verdeutlichen. Liegen dagegen nichtlineare Funktionen vor, so kann die Varianz i.a. nur näherungsweise unter Anwendung des Gauß-schen Fehlerfortpflanzungsgesetzes bestimmt werden (vgl. z.B. Hartung/Elpelt/Klösener (2005), S. 326f.).

Im Wertpapiermanagement ist die **Volatilität** ein Maß für das Kursrisiko einer Aktie. Je volatiler eine Aktie ist, um so größer ist die Schwankungsbreite ihrer Kurse, und um so wahrscheinlicher ist es, daß ein bestimmter Kurs (z.B. Basiskurs bei Optionen) überschritten wird. Die Volatilität wird definiert als die auf ein Jahr bezogene Standardabweichug der logarithmierten relativen Aktienkursverände-rungen (Renditen) in einer Zeiteinheit. In der Regel wird die Volatilität aus histo-rischen Aktienkursen berechnet.

Aus den logarithmischen Wachstumsraten der letzten n Perioden (Tag, Woche, Monat, Quartal) wird die Periodenvarianz s_p^2 wie folgt berechnet:

$$s_p^2 = \frac{1}{n-1} \sum_{i=1}^{n} (r_i - \bar{r})^2$$

mit

r_t = ln (A_t/A_{t-1}) $\cong$ (A_t-A_{t-1})/A_{t-1} (logarithmische bzw. stetige Wachstumsrate der Aktienkurse pro Periode)

A_t = Aktienkurs zu Zeitpunkt t

$\bar{r}$ = $\dfrac{1}{n}\sum\limits_{i=1}^{n} r_i$ (durchschnittliche Wachstumsrate der Aktienkurse)

n = Anzahl der Beobachtungen

s_p^2 = Varianz der Wachstumsraten pro Periode.

Die sich ergebende Standardabweichung s_p wird auf Jahresbasis bezogen, und man erhält als Wert für die jährliche *Volatilität*

$$s = \sqrt{T} \cdot s_p \ ,$$

wobei T die Anzahl der Perioden eines Jahres ist (T = 12 bei monatlichen Beobachtungen, T = 52 bei wöchentlichen Beobachtungen, T = 365 Kalendertage oder T = 250 Börsentage bei täglichen Beobachtungen).

Beispiel 4.24: Aus den vierteljährlichen Kursen einer Aktie, vgl. **Tab. 4.8**, soll die Volatilität ermittelt werden.

Tab. 4.8: Vierteljährliche Kurse einer Aktie und logarithmische Wachstumsraten

Quartal t	Aktienkurs A_t	logarithmische Wachstumsrate r_t
1	100	
2	110,5	0,1
3	135	0,2
4	116,2	-0,15
5	100	-0,15

Da die durchschnittliche Wachstumsrate Null ist, vgl. Abschnitt 4.1 (5), berechnet sich die Varianz der vierteljährlichen Wachstumsraten zu

$$s_p^2 = \frac{1}{3}\left(0,1^2 + 0,2^2 + (-0,15)^2 + (-0,15)^2\right) = 0,03167 \ .$$

Die Standardabweichung der vierteljährlichen Wachstumsraten beträgt

$$s_p = 0,178.$$

Da bei Quartalswerten T = 4 ist, erhält man für die Volatilität

$$s = \sqrt{4} \cdot 0,178 = 0,356 \ .$$

4.5 Streuungsparameter bei Klassenbildung

(1) MITTLERE ABSOLUTE ABWEICHUNG VOM MEDIAN

Auch bei klassierten Beobachtungswerten wird die mittlere absolute Abweichung vom Median als Streuungsparameter verwendet.

Werden k Klassen, die mit absoluten Häufigkeiten $n_1,...,n_k$ auftreten und Klassenmitten $m_1,...,m_k$ besitzen, gebildet, so ist die **mittlere absolute Abweichung vom Median** näherungsweise

$$d_M = \frac{1}{n} \sum_{i=1}^{k} |m_i - x_{0,5}| \cdot n_i \, .$$

Beispiel 4.25: Aus der Häufigkeitstabelle, vgl. **Tab. 4.2** in Beispiel 4.12, und dem in Beispiel 4.13 bereits berechneten Median $x_{0,5} = 10,4286$ läßt sich die absolute Abweichung vom Median durch

$$d = \frac{1}{100} \sum_{i=1}^{5} |m_i - 10,4286| \cdot n_i = \frac{1}{100} \big(|0,5 - 10,4286| \cdot 7 + ... + |40 - 10,4286| \cdot 16 \big) = 9,53$$

ermitteln.

(2) VARIANZ, STANDARDABWEICHUNG, VOLATILITÄT

Ausgehend von den Klassenmitten läßt sich die Varianz bei klassierten Daten näherungsweise durch

$$s_M^2 = \frac{1}{n-1} \cdot \sum_{i=1}^{k} (m_i - \overline{x}_M)^2 \cdot n_i = \frac{1}{n-1} \cdot \left(\sum_{i=1}^{k} m_i^2 \cdot n_i - n \cdot \overline{x}_M^2 \right)$$

berechnen (**Varianz aus Klassenmitten**).

Wird durch n statt (n-1) dividiert, so erhält man s_0^2 bei klassierten Daten.

Beispiel 4.26 (vgl. B. 4.12): Für die Anfahrtswege zum Arbeitsplatz wurde bereits das arithmetische Mittel berechnet. Mit $\overline{x}_M = 14,705$ und den Werten aus **Tab. 4.9** ergibt sich

Tab. 4.9: Arbeitstabelle zur Berechnung der Varianz

i	K_i	n_i	m_i	m_i^2	$m_i^2 n_i$
1	0-1	7	0,5	0,25	1,75
2	1-5	24	3,0	9,00	216,0
3	5-15	35	10,0	100,00	3500,0
4	15-30	18	22,5	506,25	9112,5
5	30-50	16	40,0	1600,0	25600,0
Σ		100			38430,25

$$s_M^2 = \frac{1}{99} \sum_{i=1}^{5} (m_i - \overline{x}_M)^2 n_i = \frac{1}{99} (\sum_{i=1}^{k} m_i^2 n_i - n\overline{x}_M{}^2) = \frac{38430,25 - 100 \cdot 14,705^2}{99} = 169,76 \,,$$

bzw. als Standardabweichung erhält man

$$s_M = 13,03.$$

Sind die arithmetischen Mittel $\overline{x}_i$, i=1,2,...,k, in den Klassen bekannt, so läßt sich die Varianz durch

$$s_*^2 = \frac{1}{n-1} \cdot \sum_{i=1}^{k} (\overline{x}_i - \overline{x})^2 \cdot n_i = \frac{1}{n-1} \cdot \left(\sum_{i=1}^{k} \overline{x}_i^2 \cdot n_i - n \cdot \overline{x}^2 \right)$$

näherungsweise berechnen (***Varianz aus Klassenmittelwerten***).

Beispiel 4.27: Die Varianz der Restlaufzeit der Obligationen (vgl. B 3.6 und 4.15) beträgt

$$s_*^2 = \frac{(0,845 - 2,5025)^2 \cdot 8 + (3,05 - 2,5025)^2 \cdot 5 + (5,095 - 2,5025)^2 \cdot 2 + (7,84 - 2,5025)^2 \cdot 1}{15}$$

$$= \frac{65,4083}{15} = 4,3606 \,.$$

Die Berechnung der Varianz der Einzelwerte ergibt:

$$s^2 = \frac{1}{15} \cdot \left((0,14 - 2,5025)^2 + (0,27 - 2,5025)^2 + ... + (7,84 - 2,5025)^2 \right) = 4,6863 \,.$$

In diesem Beispiel sieht man, daß die aus der Urliste berechnete Varianz durch die Varianz der klassierten Daten unterschätzt wird. Dies ist immer der Fall, denn bei der Berechnung aus Klassenmittelwerten wird die Varianz innerhalb der Klassen vernachlässigt.

Allgemein gilt:

$$s^2 = \underbrace{\frac{1}{n-1} \cdot \sum_{i=1}^{k} \left(\overline{x}_i - \overline{x}\right)^2 \cdot n_i}_{\substack{\text{Varianz zwischen den Klassen} \\ \text{bzw.} \\ \text{Varianz aus den Klassenmitteln}}} + \underbrace{\frac{1}{n-1} \cdot \sum_{i=1}^{k} s_i^2 \cdot \left(n_i - 1\right)}_{\substack{\text{Varianz innerhalb} \\ \text{der Klassen}}} \geq s_*^2 ,$$

wobei $s_i^2 = \dfrac{1}{n_i - 1} \sum_{x_j \in K_i} (x_j - \overline{x}_i)^2$, i=1,...,k, die Varianz innerhalb der i-ten

Klasse bezeichnet, vgl. Hartung/Elpelt/Klösener (2005).

Beispiel 4.28 (vgl. B. 3.6): Die Varianzen innerhalb der Klassen s_i^2 ,i=1,...,4, der Restlaufzeiten der Obligationen, die aus der Urliste berechnet werden müssen, betragen, vgl. auch Beispiel 4.15,

$$s_1^2 = \frac{1}{n_1 - 1} \sum_{x_j \in K_1} (x_j - \overline{x}_1)^2 = \frac{1}{8-1} \sum_{x_j \in K_1} (x_j - 0{,}845)^2$$

$$= \frac{1}{7} \left(\left((0{,}14 - 0{,}845)^2 + ... + (1{,}82 - 0{,}845)^2 \right) = 0{,}3451 , \right.$$

$$s_2^2 = 0{,}4464 , (n_2 = 5)$$

$$s_3^2 = 0{,}6845 , (n_3 = 2)$$

$$s_4^2 = 0 , (n_4 = 1).$$

Die (exakte) Varianz der Restlaufzeiten ist damit die Summe der Varianz berechnet aus den Klassenmittelwerten, vgl. Beispiel 4.27, und der Varianz innerhalb der Klassen: Mit n = 16 ist also

$$s^2 = s_*^2 + \frac{1}{n-1} \sum_{i=1}^{4} s_i^2 (n_i - 1) = 4{,}3605 + \frac{1}{15}(0{,}3451 \cdot 1 + 0{,}4464 \cdot 4 + 0{,}6845 \cdot 1) = 4{,}6863.$$

Verwendet man bei symmetrischen unimodalen Verteilungen zur Varianzberechnung der klassierten Daten die Klassenmitten, so wird man die Varianz aus der Urliste i.a. überschätzen, falls die Zahl der Klassen klein im Verhältnis zur Zahl der Beobachtungswerte ist. Das liegt daran, daß dann die Verteilung in den Klassen meist unsymmetrisch ist. Die Klassenmitten sind in diesem Fall von dem arithmetischen Mittel der Verteilung weiter entfernt als die Klassenmittel. Je symmetrischer die Verteilung in den Klassen ist, um so geringer ist der Unterschied zwischen den Varianzen.

Haben alle Klassen die gleiche Klassenbreite $b_1 = b_2 = ... = b_n = b$, so wird gelegentlich vorgeschlagen, die aus den Klassenmitten berechnete Varianz um den Wert $\frac{b^2}{12}$, der sogenannten **Sheppardschen Korrektur**, zu vermindern, um eine gute Näherung für die Varianz aus den Einzelwerten zu finden.

Zusammenfassend ist bei der Berechnung der Varianz folgendes festzuhalten: Grundsätzlich sollte die Varianz aus den Einzelwerten, d. h. aus der Urliste berechnet werden. Ist dies nicht möglich, so kann die Varianz näherungsweise aus der klassierten Verteilung bestimmt werden, wobei bei Verwendung der Klassenmittel $\bar{x}_i$ die Varianz immer unterschätzt und bei Verwendung der Klassenmitten m_i die Varianz bei symmetrischen unimodalen Verteilungen i. a. überschätzt wird.

4.6 Schiefe und Wölbung

Im Abschnitt 4.3 sind schon die Begriffe rechtsschiefe, linksschiefe und symmetrische Häufigkeitsverteilung erläutert worden. Die Schiefe ist eine Maßzahl, die die Abweichung der untersuchten Verteilung von einer symmetrischen Verteilung mißt. Man zählt sie zu den Formparametern einer Verteilung.

Die *Schiefe* einer Häufigkeitsverteilung ist definiert durch

$$g_1 = \frac{\frac{1}{n}\sum_{i=1}^{n}\left(x_i - \bar{x}\right)^3}{\sqrt{\left(\frac{1}{n}\sum_{i=1}^{n}\left(x_i - \bar{x}\right)^2\right)^3}} = \frac{m_3}{s_0^3} \quad \text{bzw.}$$

$$g_1 = \frac{\frac{1}{n}\sum_{i=1}^{k}\left(a_i - \bar{x}\right)^3 n_i}{\sqrt{\left(\frac{1}{n}\sum_{i=1}^{k}\left(a_i - \bar{x}\right)^2 n_i\right)^3}} = \frac{m_3}{s_0^3},$$

wobei man mit $m_r = \frac{1}{n}\sum_{i=1}^{n}\left(x_i - \bar{x}\right)^r$ bzw. $m_r = \frac{1}{n}\sum_{i=1}^{k}\left(a_i - \bar{x}\right)^r n_i$ das sogenannte r-te zentrale Moment bezeichnet. Das 1. zentrale Moment ist Null, das 2. zentrale Moment ist s_0^2. Das 3. zentrale Moment wird zur Berechnung der Schiefe, während das 4. zentrale Moment - wie weiter unten erklärt- zur Berechnung der Wölbung verwendet wird.

Da die Abweichungen der Daten vom arithmetischen Mittel im Zähler von g_1 in die 3. Potenz erhoben werden, bleiben die Vorzeichen erhalten. Bei einer linksschiefen Verteilung ist g_1 negativ - die Summe der negativen Abweichungen ist größer als die der positiven, wie man leicht anhand einer Graphik veranschaulichen kann -, während bei einer rechtsschiefen Verteilung g_1 positiv ist - die Summe der positiven Abweichungen ist größer als die der negativen -. Bei einer symmetrischen Verteilung nimmt der Schiefeparameter den Wert Null an, da die Summe der positiven Abweichungen der der negativen entspricht. Die Division des Zählers von g_1 durch s_0^3 erleichtert den Vergleich der Schiefe bei Verteilungen mit unterschiedlichen Varianzen. Weitere Schiefeparameter, die durch die Lageregel von Median, Modus und Mittelwert motiviert werden können, sollen hier nur kurz erwähnt werden. Zur Berechnung dieser Schiefemaße verwendet man die Differenzen zwischen arithmetischem Mittel und Modus bzw. zwischen arithmetischem Mittel und Median. Diese Schiefemaße sind wie g_1 bei einer symmetrischen Häufigkeitsverteilung Null, bei einer rechtsschiefen positiv und bei einer linksschiefen negativ.

Beispiel 4.29: Es soll das Schiefemaß für die Restlaufzeiten der 16 Obligationen aus Beispiel 3.6 berechnet werden. Da

$$\sum_{i=1}^{16}\left(x_i - \overline{x}\right)^3 = 148{,}56$$

und

$$\sum_{i=1}^{16}\left(x_i - \overline{x}\right)^2 = 70{,}294$$

ist, berechnet sich das Schiefemaß zu

$$g_1 = \frac{\dfrac{148{,}56}{16}}{\sqrt{\left(\dfrac{70{,}294}{16}\right)^3}} = 1{,}008 \, .$$

Das Schiefemaß ist positiv, welches eine rechtsschiefe Verteilung der Restlaufzeit bedeutet, d.h. kurze Restlaufzeiten sind häufiger zu beobachten als lange.

Die Schiefe läßt sich durch entsprechende Modifikationen (Berechnung mit Hilfe der Klassenmitten bzw. der Klassenmittelwerte) der obigen Formel auch für klassierte Daten berechnen.

Wie die Schiefe gehört auch die **Wölbung** (Exzeß, Kurtosis) g_2 zu den Formparametern einer Verteilung. Die Wölbung gibt an, ob (bei gleicher Varianz) das absolute Maximum der Häufigkeitsverteilung größer oder kleiner als das der Normalverteilung ist. Die Normalverteilung ist eine wichtige symmetrische Verteilung, die in der induktiven Statistik ausführlich behandelt wird.

Die **Wölbung** wird berechnet durch

$$g_2 = \frac{\frac{1}{n}\sum\limits_{i=1}^{n}\left(x_i - \overline{x}\right)^4}{\left(\frac{1}{n}\sum\limits_{i=1}^{n}\left(x_i - \overline{x}\right)^2\right)^2} - 3 = \frac{m_4}{s_0^4} - 3 \quad \text{bzw.}$$

$$g_2 = \frac{\frac{1}{n}\sum\limits_{i=1}^{k}\left(a_i - \overline{x}\right)^4 n_i}{\left(\frac{1}{n}\sum\limits_{i=1}^{k}\left(a_i - \overline{x}\right)^2 n_i\right)^2} - 3 = \frac{m_4}{s_0^4} - 3$$

Bei einer Normalverteilung ist $m_4 / s_0^4 = 3$, so daß die Wölbung immer Null ist. Ist g_2 positiv, so ist das absolute Maximum der Häufigkeitsverteilung größer als das der entsprechenden Normalverteilung; ist g_2 negativ, so ist es kleiner. Man spricht bei positiver Wölbung auch von einer leptokurtischen (spitzen) Verteilung und bei negativer Wölbung von einer platykurtischen (abgeflachten) Verteilung. Eine mesokurtische Verteilung liegt vor, wenn die Wölbung Null ist.

Beispiel 4.30: Für die monatlichen Renditen des Deutschen Aktienindex zwischen 1960 und 1996 wurden neben wichtigen Lage- und Streuungsparameter auch Schiefe und Wölbung berechnet. Das Histogramm der Renditen, vgl. **Abb. 4.5**, ist durch eine Normalverteilung überlagert, die den Mittelwert und die Varianz der Ursprungsdaten besitzt. Aus der Graphik ist zu erkennen, daß das Maximum der Verteilung größer als das der Normalverteilung ist; daher ist die Wölbung positiv ($g_2 = 1,7876$). Positive Wölbungen bei Aktienrenditen lassen sich häufig empirisch beobachten (vgl. Vakil (1995), S. 305). Diese Tatsache widerspricht der in der Finanzierungstheorie oft aufgestellten Hypothese der Normalverteilung von Aktienrenditen. In der Realität weichen Aktienrenditen von der Normalverteilung mehr oder minder ab, weil Extremwerte (starke Kurssteigerungen, starke Kursrückgänge) wesentlich häufiger zu beobachten sind, als es die Normalverteilung annimmt. Die Verteilung der Renditen ist leicht linksschief ($g_1 < 0$).Die Linksschiefe erklärt sich hauptsächlich durch die extremen negativen Renditen (Ausreißer).

Kennzahlen der monatlichen Renditen berechnet aus der Urliste:

n	437
arithmetisches Mittel	0,00415
Standardabweichung	0,0509
Minimum	-0,2423
1. Quartil	-0,0269
Median	0,00491
3. Quartil	0,0354
Maximum	0,1502
Schiefe	-0,2919
Wölbung	1,7867

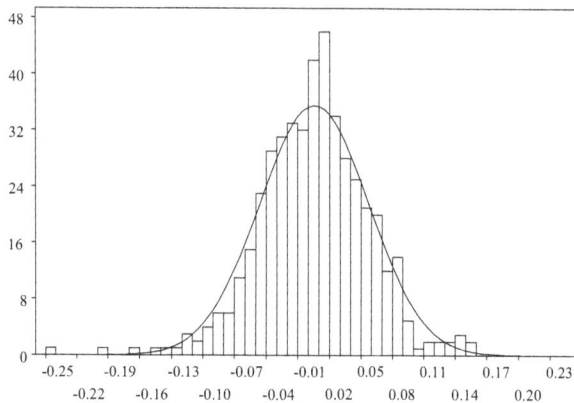

Abb. 4.5: Histogramm der DAX-Renditen

Beispiel 4.31 (zusammenfassendes Beispiel): Für die Einkommensverteilung des monatlichen verfügbaren Haushaltseinkommens (vgl. Beispiel 3.12) werden die relevanten Lage-, Streuungs- und Schiefeparameter berechnet.

Kennzahlen der Einkommensverteilung

Modus	2150
Median	3021,98
unteres Quartil	1994,02
oberes Quartil	4558,14
arithmetisches Mittel	4116,10
Quartilsabstand	2564,12
Mittlere absolute Abweichung	2189,2
Standardabweichung s_0	4167,5
Variationskoeffizient	1,0125
Schiefe	3,03

Anmerkung: $m_3 = 2,19078 \cdot 10^{11}$

Obwohl das durchschnittliche Haushaltseinkommen mit über 4100 DM recht hoch ist, verfügen 50% der Haushalte nur über ein Einkommen von maximal etwa 3000 DM. Ein Viertel der Haushalte haben sogar ein Einkommen, das unter 2000 DM liegt. Die ungleiche Verteilung des Einkommens wird durch die verhältnismäßig große Standardabweichung widergespiegelt; der Variationskoeffizient ist größer als Eins. Die positive Schiefe weist auf eine rechtsschiefe Verteilung hin, d.h. viele Haushalte haben ein geringes oder mittleres Einkommen. Nur wenige Haushalte verfügen über ein hohes Einkommen. Die rechtsschiefe Verteilung ist der Grund für das relativ hohe Durchschnittseinkommen.

Übungen: ***Bearbeiten Sie die Aufgaben 2 b,c,f; 3; 4 b,c,d; 7 a,b,c; 9; 10; 14.***

5 KONZENTRATIONSMESSUNG

Bei der Messung der Konzentration wird untersucht, wie sich die Gesamtmerkmalssumme (z. B. Vermögen) auf die Merkmalsträger (z. B. Haushalte) verteilt. Ein Extremfall ist die gleichmäßige Verteilung auf die Merkmalsträger (alle Haushalte haben ein gleich hohes Vermögen), der andere Extremfall liegt vor, wenn sich die Gesamtmerkmalssumme auf wenige Merkmalsträger aufteilt bzw. konzentriert (nur wenige Haushalte verfügen über ein Vermögen).

Daher versteht man unter wirtschaftlicher *Konzentration* die Anhäufung bzw. Verteilung wirtschaftlicher Macht auf wenige Merkmalsträger. Beispiele wirtschaftlicher Konzentration sind Einkommens- und Vermögenskonzentration (Merkmalssumme: Einkommen bzw. Vermögen, Merkmalsträger: Haushalte) sowie Unternehmenskonzentration (Merkmalssumme: Umsatz, Beschäftigte oder Marktanteil, Merkmalsträger: Unternehmen). Voraussetzung für die Konzentrationsmessung ist das Vorliegen eines Merkmals mit nicht negativen Merkmalsausprägungen, bei welchem die Summenbildung sinnvoll ist.

Beispiel 5.1:
(a) Wie verteilt bzw. konzentriert sich der Gesamtumsatz einer Industrie auf die einzelnen Unternehmen?
(b) Wie verteilt bzw. konzentriert sich das Vermögen auf die Haushalte?
(c) Wie verteilt bzw. konzentriert sich der Bierausstoß auf die einzelnen Brauereien?

In einer Volkswirtschaft wird man immer dann von hoher Konzentration sprechen, wenn entweder ein geringer Anteil der Unternehmen oder wenige Unternehmen Marktmacht ausüben bzw. den Markt weitgehend beherrschen. Daher unterscheidet man:

(a) **Relative Konzentration** (Disparität): Auf einen geringen <u>Anteil</u> von Merkmalsträgern fällt ein hoher Anteil der gesamten Merkmalssumme.

(b) **Absolute Konzentration**: Auf eine geringe <u>Anzahl</u> von Merkmalsträgern fällt ein hoher Anteil der gesamten Merkmalssumme.

Beispiel 5.2:
(a) Sechs PKW-Hersteller besitzen den größten Anteil am Gesamtumsatz: → absolute Konzentration.
(b) 60% des Gesamtumsatzes in der Filmindustrie werden von 5% der Produzenten bestritten: → relative Konzentration.
(c) Fünf Mineralölgesellschaften teilen sich den Markt, wobei jede Gesellschaft in etwa den gleichen Marktanteil besitzt: → absolute, aber keine relative Konzentration.
(d) 1800 Brauereien versorgen den Verbraucher mit Bier, wobei 40% des gesamten Bierausstoßes von 5% der Brauereien getätigt wird: → relative, aber keine absolute Konzentration.

(e) Mehrere Tausend Schreibwarengeschäfte mit etwa gleichem Jahresumsatz bieten Waren an:
→ weder absolute noch relative Konzentration, d.h. vollständige Nichtkonzentration.

Die beiden folgenden Abschnitte beschäftigen sich zunächst ausschließlich mit der relativen Konzentration.

5.1 Lorenzkurve

Das wichtigste graphische Darstellungsmittel zur Veranschaulichung der relativen Konzentration (Disparität) ist die Lorenzkurve. Dabei werden wir davon ausgehen, daß die Merkmalsausprägungen $a_1,...,a_k$, die mit absoluten Häufigkeiten $n_1,...,n_k$ auftreten, der Größe nach geordnet sind $a_1<...<a_k$. Um feststellen zu können, welcher Anteil der Merkmalssumme auf welchen Anteil der Merkmalsträger entfällt, werden die relativen Häufigkeiten $h_i = n_i/n$, $i=1,...,k$, und aus der Gesamtmerkmalssumme deren entsprechende relativen Häufigkeiten

$$l_i = \frac{a_i n_i}{\sum_{j=1}^{k} a_j n_j}, \ i=1,...,k,$$

ermittelt. In der Lorenzkurve werden dann die aufsummierten relativen Häufigkeiten

$$F_i = \sum_{j=1}^{i} h_j \quad \text{und} \quad L_i = \sum_{j=1}^{i} l_j$$

gegenübergestellt.

Werden in einem Koordinatensystem die Punkte (F_i, L_i) mit

$$F_i = \sum_{j=1}^{i} h_j, \quad L_i = \sum_{j=1}^{i} l_j, \ i=1,...,k,$$

eingetragen und die Punkte

$$(0;0) = (F_0;L_0), (F_1;L_1),..., (F_k;L_k) = (1;1)$$

linear miteinander verbunden, so heißt die entstandene Kurve *Lorenzkurve*.

Der Punkt $(F_i; L_i)$ der Lorenzkurve läßt sich wie folgt interpretieren: Auf $100 \cdot F_i$ % der (wertniedrigsten) Merkmalsträger entfallen $100 \cdot L_i$ % der Merkmalssumme, $i=1,...,k$.

Die Konstruktion und Interpretation der Lorenzkurve wird zunächst an einem Beispiel für eine Häufigkeitsverteilung mit einem diskreten Merkmal erläutert.

Beispiel 5.3: Es soll die relative Konzentration der Anzahl der Beschäftigten in n=100 Handwerks-betrieben in einer Region festgestellt werden. Eine Erhebung lieferte das in **Tab. 5.1** zusammen-gefaßte Ergebnis.

Tab. 5.1: Anzahl der Beschäftigten in 100 Betrieben

Anzahl der Beschäftigten a_i	Anzahl der Betriebe n_i
1	40
2	30
3	20
4	10
Σ	100

Mit Hilfe der Lorenzkurve soll veranschaulicht werden, wieviel Prozent der Merkmalssumme, d.h. der Gesamtzahl der Beschäftigten, auf wieviel Prozent der Betriebe entfallen. Insgesamt haben die 100 Betriebe

$$\sum_{i=1}^{4} a_i n_i = 1 \cdot 40 + 2 \cdot 30 + 3 \cdot 20 + 4 \cdot 10 = 200$$

Beschäftigte. Für die Betriebe und die Beschäftigtenzahl sind in **Tab. 5.2** die relativen Häufig-keiten h_i und l_i, $i=1,...,4$, angegeben. So ist etwa $h_2 = 30/100 = 0,3$ (d.h. 30% der Betriebe haben 2 Beschäftigte) und $l_2 = a_2 \cdot n_2 / 200 = 60/200 = 0,3$ (d.h. 30% der Beschäftigten arbeiten in Betrie-ben mit 2 Beschäftigten).

Im nächsten Schritt werden die entsprechenden aufsummierten relativen Häufigkeiten F_i und L_i, $i=1,...,4$, berechnet. Für F_2 und L_2 ergibt sich

$$F_2 = \sum_{j=1}^{2} h_j = 0,4 + 0,3 = 0,7,$$

d.h. 70% der Betriebe haben höchstens 2 Beschäftigte und

$$L_2 = \sum_{j=1}^{2} l_j = 0,2 + 0,3 = 0,5,$$

d.h. 50% der Beschäftigten sind in Betrieben mit höchstens 2 Beschäftigten angestellt.

Tab. 5.2: Arbeitstabelle zur Erstellung einer Lorenzkurve

a_i	n_i	$a_i\,n_i$	h_i	l_i	F_i	L_i
1	40	40	0,4	0,2	0,4	0,2
2	30	60	0,3	0,3	0,7	0,5
3	20	60	0,2	0,3	0,9	0,8
4	10	40	0,1	0,2	1,0	1,0
Σ	100	200	1	1		

Die sich ergebende Lorenzkurve, bei der in einem Koordinatensystem die Punkte (0,0), (F_1,L_1), (F_2,L_2), (F_3,L_3), (1,1) linear verbunden wurden, ist in **Abb. 5.1** dargestellt. In die Graphik der Lorenzkurve wird auch stets die Diagonale, d.h. die Gerade die durch die Punkte (0,0) und (1,1) verläuft, eingezeichnet.

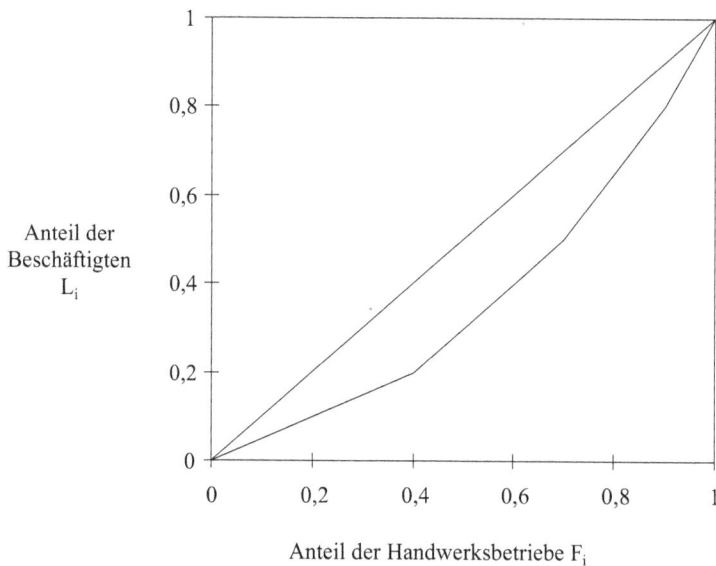

Abb. 5.1: Lorenzkurve zur Konzentration der Beschäftigten in Handwerksbetrieben

Aus **Abb. 5.1** läßt sich beispielsweise direkt ablesen, daß, wenn der Punkt (F_2,L_2) betrachtet wird, in den 70% kleinsten Betrieben 50% der Beschäftigten tätig sind.

In einigen Fällen sind die einzelnen Merkmalssummen bekannt und werden dann anstelle von $a_i n_i$, i=1,...,k, bei der Berechnung der relativen Summenhäufigkeiten eingesetzt.

Beispiel 5.4: Es soll die relative Konzentration bei der Aufteilung von 1000 ha Nutzfläche einer Region auf n = 50 landwirtschaftliche Betriebe dargestellt werden, vgl. **Tab. 5.3**.

Tab. 5.3: Landwirtschaftlich genutzte Fläche einer Region

Betriebs-größe	Anzahl der Betriebe	Fläche pro Gruppe
klein	32	164
mittel	14	316
groß	4	520
Σ	50	1000

In **Tab. 5.4** sind die Hilfsgrößen zur Ermittlung der Lorenzkurve zusammengestellt.

Tab. 5.4: Arbeitstabelle zur Erstellung einer Lorenzkurve

i	Anz. der Betriebe n_i	Fläche pro Gruppe $a_i \cdot n_i$	h_i	F_i	l_i	L_i
1	32	164	0,64	0,64	0,164	0,164
2	14	316	0,28	0,92	0,316	0,480
3	4	520	0,08	1,00	0,520	1,000
Σ	50	1000	1,00		1,000	

Die Lorenzkurve für das obige Beispiel ist in **Abb. 5.2** wiedergegeben.

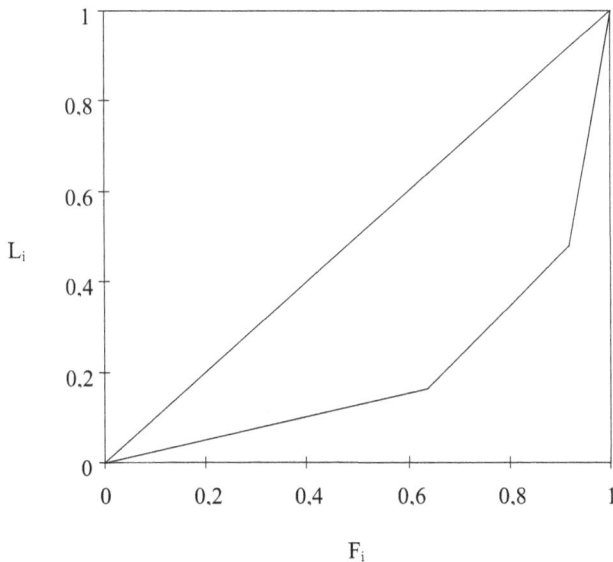

Abb. 5.2: Lorenzkurve zur Konzentration landwirtschaftlicher Betriebe

Der Punkt $(F_1,L_1)=(0,64;0,164)$ auf der Lorenzkurve besagt, daß auf 64% der landwirtschaftlichen Betriebe nur 16,4% der Fläche entfallen.

Für die Erstellung einer Lorenzkurve bei klassierten Daten ist folgendes zu beachten:

(a) Sind neben den Klassenhäufigkeiten die auf die einzelnen Klassen entfallenden Merkmalssummen bekannt, so geht man analog zu der oben in Beispiel 5.2 beschriebenen Weise vor. Allerdings ist dann zu berücksichtigen, daß die Lorenzkurve i.a. eine geringere Konzentration vortäuscht als in Wirklichkeit vorhanden ist, da bei Klassenbildung Gleichverteilung innerhalb der Klassen angenommen wird.

(b) Sind nur die Klassenhäufigkeiten und die Klassengrenzen bekannt, dann beträgt die Merkmalssumme in der i-ten Klasse angenähert $m_i \cdot n_i$, i=1,...,k. Die Addition der Merkmalssummen in den einzelnen Klassen führt dann zu einer Näherung der gesamten Merkmalssumme $\sum\limits_{i=1}^{k} m_i n_i$.

Beispiel 5.5: In **Tab. 5.5** sind die Umsätze von n = 200 Unternehmen gegeben. Deren Konzentration bei vorgegebener Klasseneinteilung soll bestimmt werden.

Wären die Merkmalssummen (Umsätze in der Klasse i) nicht vorgegeben, so müßte man sie als Produkt aus Klassenmitte und absoluter Häufigkeit schätzen. Beispielsweise wäre dann als Gesamtumsatz der 30 Unternehmen in der 1. Klasse nicht 16 Mio. €, sondern 12 Mio. € (400000·30) bei der Ermittlung der Lorenzkurve zu berücksichtigen.

Tab. 5.5: Umsatzverteilung von 200 Unternehmen, Arbeitstabelle zur Lorenzkurve

i	Umsatzklasse K_i (in 100000 €)	n_i	Umsatz in i-ter Klasse (100000 €)	h_i	F_i	l_i	L_i
1	2 - 6	30	160	0,15	0,15	0,08	0,08
2	6 - 8	50	380	0,25	0,40	0,19	0,27
3	8 - 10	70	660	0,35	0,75	0,33	0,60
4	10 - 15	30	360	0,15	0,90	0,18	0,78
5	15 - 20	10	180	0,05	0,95	0,09	0,87
6	20 - 30	10	260	0,05	1,00	0,13	1,00
Σ		200	2000	1,00		1,00	

In **Abb. 5.3** ist die zugehörige Lorenzkurve graphisch dargestellt.

Lorenzkurven eignen sich besonders beim zeitlichen und beim geographischen Vergleich von Konzentrationen. In diesem Fall werden wie oben mehrere Lorenzkurven in ein Koordinatensystem eingezeichnet.

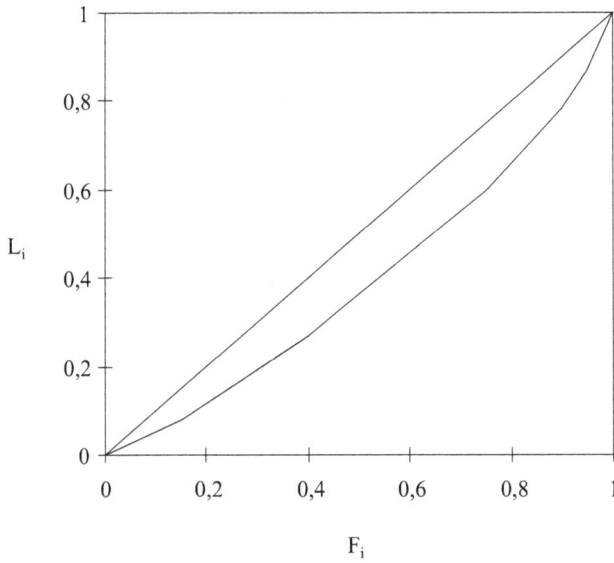

Abb. 5.3: Lorenzkurve der Umsatzkonzentration

Beispiel 5.6: Zur Veranschaulichung der Einkommenskonzentration in Deutschland (West) wurde aus den Verteilungen der Haushaltseinkommen von 1994 (vgl. Tab. 3.6) und 1974 (vgl. Daten im Stat. Jahrbuch für die Bundesrepublik Deutschland 1974) Lorenzkurven erstellt vgl. **Abb. 5.4**.

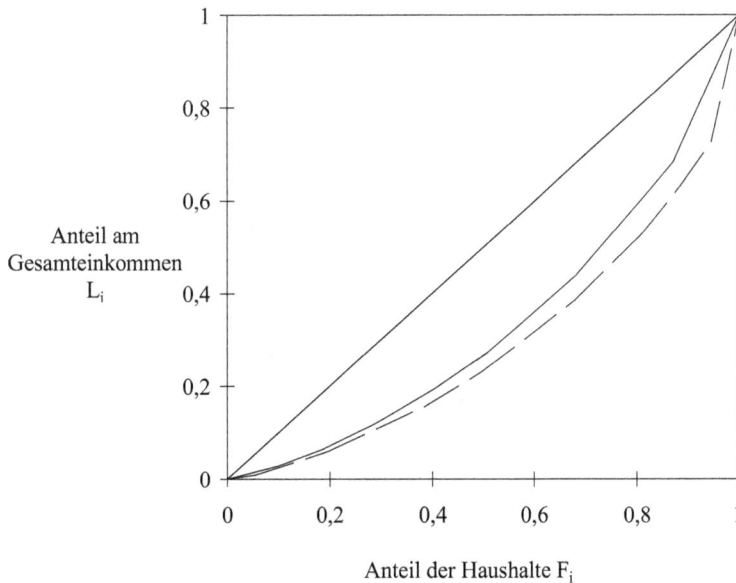

Abb. 5.4: Lorenzkurven der Einkommenskonzentration in Deutschland (West) 1974 (——) und 1994 (---)

Man kann beispielsweise auf der Lorenzkurve für 1994 ablesen, daß auf 50% der Haushalte ca. 23 % des gesamten Einkommens entfallen. Weiter kann man erkennen, daß die 10% Haushalte mit den höchsten Einkommen über ca. 32 % des gesamten Einkommens verfügen. 1974 verdienten 50% der Haushalte noch ca. 27% des Gesamteinkommens; auf die 10% Haushalte mit den größten Einkommen entfielen 1974 ca. 25%. Die Disparität oder relative Konzentration hat in den letzten 20 Jahren zugenommen. Die Lorenzkurve hat sich von der Linie der Gleichverteilung weiter entfernt.

Betrachten wir die obigen Lorenzkurven genauer, so können zwei Extremfälle auftreten:

(a) **Keine Konzentration**: Alle Merkmalsträger haben den gleichen Anteil an der Merkmalssumme, d.h. auf $z \cdot 100\%$ der statistischen Einheiten entfallen $z \cdot 100\%$ der Merkmalssumme ($0 \leq z \leq 1$). In diesem Fall ist die Lorenzkurve also die Diagonale. Beispielsweise würden auf 10%, 20%, ..., 100% der Haushalte 10%, 20%, ..., 100% des Vermögens entfallen.

(b) **Vollständige Konzentration**: Ein Merkmalsträger vereinigt auf sich die gesamte Merkmalssumme; alle übrigen haben keinen Anteil. In diesem Fall verläuft die Lorenzkurve bis zum Punkt ((n-1)/n,0) auf der Abszisse und steigt dann fast senkrecht auf bis zum Punkt (1,1). Beispielsweise würde dann nur ein einziger Haushalt über ein Vermögen verfügen; alle anderen Haushalte hätten kein Vermögen.

Je näher also die Lorenzkurve an der Diagonalen liegt, um so geringer ist die Konzentration, je weiter sie sich davon entfernt, um so größer ist die Konzentration.

5.2 Lorenzsches Konzentrationsmaß (Gini-Koeffizient)

Bei der Interpretation der Lorenzkurve möchte man eine Maßzahl für die Konzentration haben, die bei Nichtkonzentration den Wert 0 und bei vollständiger Konzentration den Wert 1 annimmt. Als Maßzahl für die relative Konzentration wird die Fläche zwischen der Lorenzkurve und der Diagonalen verwendet. Bei hoher Konzentration verläuft die Lorenzkurve weit unterhalb der Diagonalen und die Fläche ist groß, bei geringer Konzentration verläuft die Lorenzkurve nahe der Diagonalen, und die Fläche ist klein.

F sei die Fläche zwischen der Linie der Nichtkonzentration (Diagonale) und der Lorenzkurve. Dann heißt

$$LKM = 2F$$

das *Lorenzsche Konzentrationsmaß* (Gini-Koeffizient).

<u>Beispiel 5.7</u>: In **Abb. 5.5** ist eine Lorenzkurve aufgezeichnet, die durch die Punkte (0;0), $(F_1,L_1) =$ (0,4;0,1), $(F_2,L_2) = (0,7;0,3)$, und (1;1) verläuft.

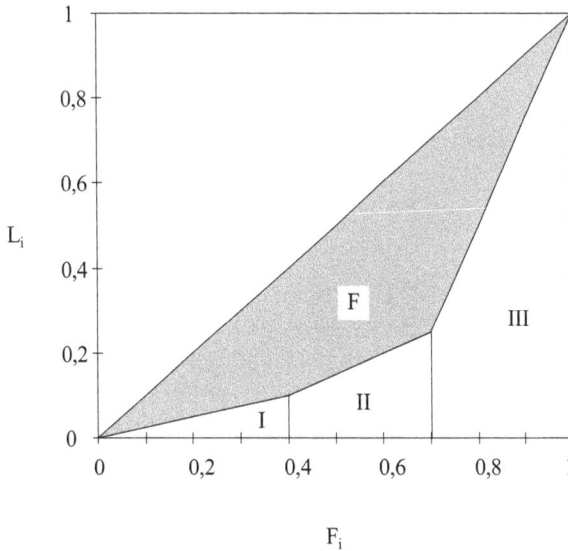

Abb. 5.5: Lorenzkurve und LKM

Zur Berechnung des LKM wird die Größe der Fläche F benötigt. Da die Fläche des Dreiecks unterhalb der Diagonalen gerade die Größe 0,5 hat, müssen von dieser nur noch die drei Einzelflächen (Trapeze I, II, III) unterhalb der Lorenzkurve abgezogen werden. Es ergibt sich somit

$$F = 0,5 - \left(0,4 \cdot \frac{0,1}{2} + 0,3 \cdot \frac{0,1 + 0,3}{2} + 0,3 \cdot \frac{0,3 + 1}{2} \right) = 0,225$$

bzw.

$$LKM = 2 \cdot F = 1 - \left(0,4 \cdot 0,1 + 0,3 \cdot (0,1 + 0,3) + 0,3 \cdot (0,3 + 1) \right) = 0,45 \,.$$

Allgemein läßt sich das **_LKM_** berechnen durch

$$LKM = 1 - \sum_{i=1}^{k} (F_i - F_{i-1})(L_i + L_{i-1}) = 1 - \sum_{i=1}^{k} h_i (L_i + L_{i-1}) \quad , L_0 = 0, F_0 = 0.$$

Das LKM kann Werte zwischen Null (keine Konzentration) und $(n-1)/n < 1$ (vollständige Konzentration) annehmen. Ein Konzentrationsmaß, das bei vollständiger Konzentration auch wirklich den Wert 1 annehmen kann, ist das normierte Lorenzkonzentrationsmaß

$$LKM^* = n/(n-1) \, LKM.$$

Beispiel 5.8 (vgl. B. 5.4 und B 5.5):
(a) Für die Aufteilung der landwirtschaftlichen Nutzfläche ergibt sich

$$LKM = 0{,}59632.$$

(b) Das Konzentrationsmaß der Umsatzverteilung der 200 Unternehmer beträgt

$$LKM = 0{,}213.$$

Unterschiedliche Sachverhalte können zum gleichen Lorenzkonzentrationsmaß führen, wie die Lorenzkurven in der **Abb. 5.6** verdeutlichen. Bei der Lorenzkurve A besitzen 40% der (kleinsten) Merkmalsträger 10% der Merkmalssumme; dagegen besitzen bei der Lorenzkurve B 10% der (größten) Merkmalsträger 40% der Merkmalssumme. In beiden Fällen ist das Konzentrationsmaß aber $LKM = 0{,}3$.

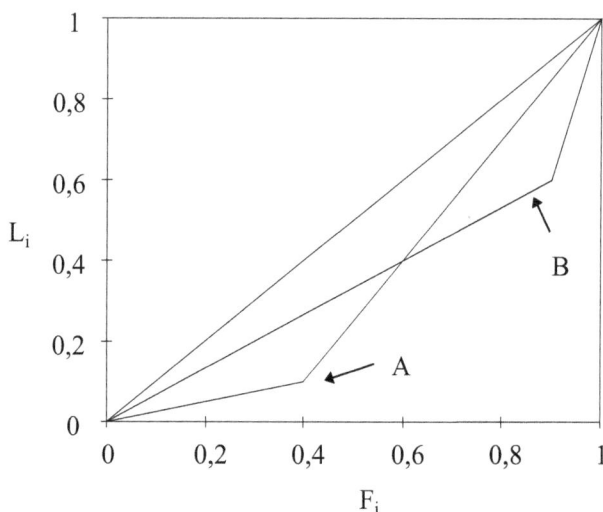

Abb. 5.6: Lorenzkurven mit gleichem LKM

5.3 Absolute Konzentration

In Anlehnung an Kellerer (1968) soll anhand eines bewußt extrem gehaltenen Beispiels gezeigt werden, daß das Konzept der relativen Konzentration zu unbefriedigenden Ergebnissen führen kann. In einer Region gebe es 100 Brauereien, wobei 90% des Bierausstoßes auf 2% der Brauereien (=2 Brauereien) entfallen. Lorenzkurve und Lorenzkonzentrationsmaß zeigen eine nahezu vollständige

Konzentration an. Im Laufe der Zeit erfolge die Übernahme der kleinen Brauereien durch die beiden großen Unternehmen, die jeweils die Hälfte des Bierausstoßes erzeugen sollen. Obwohl die Konzentration in der Brauwirtschaft dieser
Region offensichtlich größer geworden ist, fällt die Lorenzkurve jetzt mit der
Diagonalen zusammen, und das Lorenzkonzentrationsmaß nimmt den Wert Null
an. In diesen Fällen ist eine Berechnung der relativen Konzentration nicht mehr
aussagekräftig, sondern es ist sinnvoller, die Anzahl der Unternehmen anzugeben,
auf die ein hoher Anteil des Bierausstoßes bzw. der Merkmalssumme entfällt.

Bei der Darstellung der absoluten Konzentration, bei der auf eine geringe Anzahl
von Merkmalsträgern ein hoher Anteil der Merkmalssumme fällt, werden die
Merkmalsausprägungen eines extensiven Merkmals nach abnehmender Größe
geordnet:

$$x_1 \geq x_2 \geq x_3 \geq \ldots \geq x_n .$$

Ausgehend von dem relativen Merkmalswert

$$l_i = \frac{x_i}{\sum\limits_{i=1}^{n} x_i} = \frac{x_i}{n \cdot \overline{x}} ,$$

der den Anteil des i-ten Merkmalsträgers an der Merkmalssumme beschreibt, wird
die i-te Konzentrationsrate C_i wie folgt definiert:

$$C_i = \sum\limits_{j=1}^{i} l_j = \frac{\sum\limits_{j=1}^{i} x_j}{\sum\limits_{j=1}^{n} x_j} = \frac{\sum\limits_{j=1}^{i} x_j}{n \cdot \overline{x}} , \quad i=1,\ldots,n.$$

Die **i-te Konzentrationsrate** C_i gibt an, wie groß der Anteil der i größten Merkmalsträger an der gesamten Merkmalssumme ist.

Trägt man die Werte C_i in Abhängigkeit des Merkmalsträgers i für i=1,...,n in
einem Koordinatensystem ab, beginnend mit dem Punkt (0,0), und verbindet die
Punkte durch Geraden, so erhält man die Konzentrationskurve. Bei vollständiger
absoluter Konzentration verläuft die Konzentrationskurve durch die Punkte (0,0)
und (1,1), d.h. auf einen einzigen Merkmalsträger konzentriert sich die gesamte
Merkmalssumme. Weisen dagegen alle Merkmalsträger die gleiche Merkmalsausprägung x > 0 auf, dann entspricht die Konzentrationskurve einer Diagonalen
durch die Punkte (0,0) und (n,1). Da gleich hohe Merkmalsausprägungen einer
großen Anzahl von Merkmalsträgern Nichtkonzentration bedeutet (vgl. die mehr-
ren Tausend Schreibwarengeschäfte mit etwa gleichem Jahresumsatz in

Beispiel 5.2), fällt bei vollständiger Nichtkonzentration die Konzentrationskurve mit der Diagonalen zusammen.

Wichtig ist jedoch zu beachten, daß die Umkehrung dieser Aussage nicht gilt. Verläuft die Konzentrationskurve bei wenigen Merkmalsträgern auf der Diagonalen, so liegt hohe absolute, aber keine relative Konzentration vor (vgl. die 5 Mineralölgesellschaften, die sich den Markt gleichmäßig aufteilen). Die absolute Konzentration ist um so größer, je kleiner n und je weiter die Konzentrationskurve von der Diagonalen entfernt ist.

Beispiel 5.9: Die nachfolgende **Tab. 5.6** zeigt die Studentenzahlen und die Anzahl der Studenten im 1. Hochschulsemester an den bayerischen Universitäten im WS 1995/96.

Tab. 5.6: Studentenzahlen und Studenten im 1. Semester

Universität	Studenten insgesamt	Studenten im 1. Hochschulsemester
Augsburg	14392	1926
Bamberg	8053	1317
Bayreuth	8158	1317
Eichstätt	3723	671
Erlangen-Nürnberg	24926	3207
München	58504	6010
TU München	18289	2247
Uni. d. Bundeswehr M.	2390	559
HS f. Politik München	677	95
Passau	8279	1213
Regensburg	16378	2649
Würzburg	19923	2633
Insgesamt	183692	23844

Zuerst werden die Merkmalsausprägungen des Merkmals „Studenten insgesamt" der Größe nach geordnet. Dann werden die relativen Merkmalswerte l_i und die Konzentrationsraten C_i berechnet. Die Ergebnisse stehen in der folgenden **Tab. 5.7**. Die Werte in der letzten Spalte dienen der Berechnung eines noch zu erklärenden Konzentrationsmaßes. Beispielsweise ist aus der Tabelle abzulesen, daß rund 75% der Studenten an den fünf größten Universitäten des Landes studieren.

Tab. 5.7: Arbeitstabelle zur Ermittlung der Konzentrationsraten für die Studenten insgesamt

i	Universität	Studenten insgesamt	l_i	C_i	l_i^2
1	München	58504	0,3185	0,3185	0,1014
2	Erlangen-Nürnberg	24926	0,1357	0,4542	0,0184
3	Würzburg	19923	0,1085	0,5626	0,0118
4	TU München	18289	0,0996	0,6622	0,0099
5	Regensburg	16378	0,0892	0,7514	0,0079
6	Augsburg	14392	0,0783	0,8297	0,0061
7	Passau	8279	0,0451	0,8748	0,0020
8	Bayreuth	8158	0,0444	0,9192	0,0020
9	Bamberg	8053	0,0438	0,9630	0,0019
10	Eichstätt	3723	0,0203	0,9833	0,0004
11	Uni. d Bundeswehr M.	2390	0,0130	0,9963	0,0002
12	HS f. Politik München	677	0,0037	1,0000	0,00001

Entsprechend lassen sich die Konzentrationsraten C_i, i=1,...,12, für die Studentenzahlen im 1. Hochschulsemester berechnen. Die Konzentrationskurven für die beiden Merkmale sind in der **Abb. 5.7** dargestellt. Die Diagonale zeigt die Linie der Gleichverteilung an. Die durchgezogene Kurve ist die Konzentrationskurve des Merkmals „Studenten insgesamt". Die gestrichelte Kurve ist die Konzentrationskurve des Merkmals „Studenten im 1. Hochschulsemester".

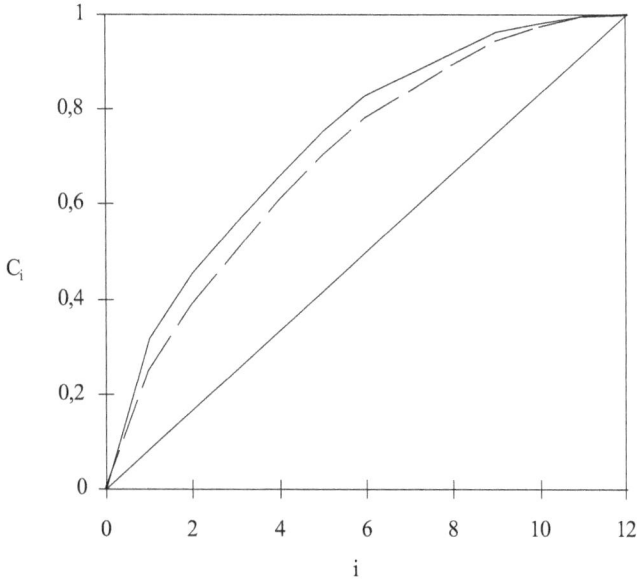

Abb. 5.7: Konzentrationskurven für Studenten insgesamt (—) und Studenten im 1. Hochschulsemester (---) an bayerischen Hochschulen

Analog zum Lorenzschen Konzentrationsmaß, welches die relative Konzentration kennzeichnet, möchte man auch die absolute Konzentration durch eine Kennzahl messen.

Die bekannteste Kennzahl der absoluten Konzentration ist der *Herfindahl-Index*

$$HI = \sum_{i=1}^{n} l_i^2 = \sum_{i=1}^{n} \left(\frac{x_i}{n \cdot \overline{x}} \right)^2 = \frac{\sum_{i=1}^{n} x_i^2}{n^2 \cdot \overline{x}^2} .$$

Er kann als gewogenes arithmetisches Mittel der relativen Merkmalswerte l_i interpretiert werden, wobei die Gewichte gerade die relativen Merkmalswerte l_i sind. Wie man sieht, nimmt er sein Maximum 1 bei vollständiger Konzentration an, nämlich dann, wenn $l_i = 1$ für ein i gilt. Weisen dagegen alle Merkmalsträger die gleiche Merkmalsausprägung x auf, dann ist $l_i = 1/n$ für i = 1, 2, ..,n, und der Herfindahl-Index berechnet sich zu

$$HI = \sum_{i=1}^{n} \frac{1}{n^2} = n \cdot \frac{1}{n^2} = \frac{1}{n} \, .$$

Damit liegt der Herfindahl-Index im Intervall

$$\frac{1}{n} \le HI \le 1 \, .$$

Wird die Anzahl der Merkmalsträger mit gleich hoher Merkmalsausprägung x immer größer, dann strebt der Herfindahl-Index gegen Null. In diesem Fall liegt dann vollständige Nichtkonzentration wie im Falle der Schreibwarengeschäfte des Beispiels 5.2 vor. Bei der Interpretation des Index ist zu beachten, daß er selbst bei hoher absoluter Konzentration klein ausfällt, wenn die Merkmalsausprägungen der Merkmalsträger in etwa gleich groß sind. Der Herfindahl-Index ist um so größer, je kleiner die Anzahl der Merkmalsträger und je weiter die Konzentrationskurve von der Diagonalen entfernt ist. Bei vollständiger Konzentration - es existiert nur ein einziges marktbeherrschendes Unternehmen - ist der Index Eins.

Beispiel 5.10: In folgender Übersicht sind Marktanteile und Anzahl von Unternehmen verschiedener Märkte zusammengestellt.

Anzahl der Unternehmen	gleiche Marktanteile	ungleiche Marktanteile
1	a) 100%	
2	b) 50%; 50%	d) 90%; 10%
5	c) 20%; 20%; 20%; 20%;20%	e) 90%;4%;3%;2%;1%

Wie man leicht nachrechnet, betragen die Herfindahl-Indizes:

Anzahl der Unternehmen	gleiche Marktanteile	ungleiche Marktanteile
1	a) 1	
2	b) 0,5	d) 0,82
5	c) 0,2	e) 0,813

Da

$$s^2 = \frac{1}{n-1} \sum_{i=1}^{n} x_i^2 - \frac{n}{n-1} \overline{x}^2 \, ,$$

folgt für den Herfindahl-Index nach einigen Umformungen

$$HI = \frac{\dfrac{n-1}{n} \cdot V^2 + 1}{n} \, ,$$

wobei $V = \dfrac{s}{\bar{x}}$ den Variationskoeffizienten bezeichnet. Wird für einen Datensatz

das arithmetische Mittel und die Varianz berechnet, so erhält man gleichzeitig Informationen über die absolute Konzentration.

Beispiel 5.11: Für die Daten aus obiger **Tab. 5.6** wurden das arithmetische Mittel $\bar{x}$, die Standardabweichung s, der Variationskoeffizient V und der Herfindahl-Index berechnet, vgl. **Tab. 5.8**:

Tab. 5.8: Kennzahlen der Merkmale aus Beispiel 5.9

Merkmal	$\bar{x}$	s	V	HI
Studenten insgesamt	15308	15547	1,0157	0,1621
Studenten im 1. Hochschulsemester	1987	1579,6	0,795	0,1316

Berücksichtigt man, daß im Falle der Gleichverteilung der Herfindahl-Index bei 12 Merkmalsträgern 1/12=0,083 betragen würde, dann weisen die Ergebnisse auf eine gewisse absolute Konzentration der Studentenzahlen an den bayerischen Universitäten hin, wobei die Konzentration bei den Studenten im 1. Hochschulsemester etwas geringer als bei der Gesamtzahl der Studenten ist.

Absolute Konzentrationskurven, die man auch aus den entsprechenden Lorenzkurven durch Punktspiegelung am Punkt (0,5;0,5) mit anschließender Dehnung der Abszisse bis zum Wert n konstruieren kann, sowie Konzentrationsraten werden beispielsweise von der Monopolkommission in ihren Hauptgutachten zur Beschreibung der Unternehmenskonzentration in Deutschland verwendet.

Beispiel 5.12: Für das Gastgewerbe in Deutschland hat die Monopolkommission im Jahre 1992 Konzentrationsraten für den Umsatz ermittelt, die in **Tab. 5.9** wiedergegeben sind (vgl. Monopolkommission (1996), S. 336 ff.).

Tab. 5.9: Umsatzkonzentration im Gastgewerbe (Konzentrationsraten in %)

	C_3	C_6	C_{10}	C_{25}	C_{50}	C_{100}
Restaurants mit herkömmlicher Bedienung	3,5	4,9	6,1	7,5	9,1	10,9
Restaurants mit Selbstbedienung	30,4	40	44,7	51,4	57,5	65,5
Cafés	1,3	2,3	3,5	6,6	10	14,9
Eisdielen	1,7	2,5	3,3	5,6	8,4	12,6
Schankwirtschaften	0,4	0,8	1,1	2,1	2,9	4,1
Caterer	46,2	56,3	64,0	72,5	78,5	84,0

Beispielsweise fallen auf die zehn größten Eisdielen 3,3% des Gesamtumsatzes aller Eisdielen, da $C_{10} = 3,3$ % ist.

Übungen: *Bearbeiten Sie die Aufgaben 2d,e; 5c; 6; 7d; 11; 12; 13; 15; 16.*

6 VERHÄLTNIS- UND INDEXZAHLEN

6.1 Verhältniszahlen

Werden statistische Größen (Beobachtungen, Kennzahlen) zum Zwecke eines sachlichen, örtlichen oder zeitlichen Vergleichs zueinander in Beziehung gesetzt, so heißen die entstandenen Zahlen Verhältniszahlen. Sie haben den Zweck, Daten übersichtlich darzustellen. Beim Vergleich mehrerer Datenreihen sind Verhältniszahlen anschaulicher als die ursprünglichen Größen zu interpretieren. Vor allem Reihen, deren Ursprungswerte in unterschiedlichen Zähl- und Meßeinheiten (€, Personen, hl etc.) ausgewiesen sind, werden durch Verhältniszahlen bezüglich ihrer relativen Veränderung vergleichbar gemacht.

Verhältniszahlen lassen sich untergliedern in:

-Gliederungszahlen

- Beziehungszahlen

    -Entsprechungszahlen

    -Verursachungszahlen

-Meßzahlen.

6.1.1 Gliederungszahlen

> Bezieht man eine Teilmenge auf eine sie umfassende Gesamtmenge, so erhält man eine *Gliederungszahl*:
> $$x_G = \frac{\text{Teilmenge}}{\text{Gesamtmenge}}.$$

Gliederungszahlen, die als relative Größen den Vergleich mit anderen Gesamtmengen erleichtern, werden in Anteilen, Prozenten oder in Promillen angegeben.

Beispiel 6.1:
(a) Die Eigenkapitalquote eines Unternehmens

$$x_G = \frac{\text{Eigenkapital}}{\text{Gesamtkapital}}$$

ist eine Gliederungszahl, wobei das Gesamtkapital die Summe aus Eigen- und Fremdkapital ist. Sie sagt aus, wieviel Prozent des Gesamtkapitals Eigenkapital darstellt.

(b) Relative Häufigkeiten.

6.1.2 Beziehungszahlen

> Werden zwei verschiedenartige, sachlich sinnvoll in Verbindung stehende Grundgesamtheiten aufeinander bezogen, so spricht man von einer *Beziehungszahl*:
>
> $$x_B = \frac{\text{Menge A}}{\text{Menge B}}.$$

Beispiel 6.2: Zu den Beziehungszahlen gehören

(a)   allgemeine *Fruchtbarkeitsrate*: $F = \dfrac{\text{Zahl der Lebendgeborenen}}{\text{Zahl der Frauen zwischen 15 J. und 45 J.}}$ ($\cdot$ 1000),

(b)   *Bevölkerungsdichte*: Bei einer Landfläche der Erde von 149 Mio. km^2 und einer Bevölkerung von 5,5 Mrd. ergibt sich eine Bevölkerungsdichte von

$$D = \frac{5,5 \cdot 10^9}{149 \cdot 10^6} = 36,9 \ \frac{\text{Einwohner}}{\text{km}^2},$$

(c)   *arithmetisches Mittel*: $\overline{x} = \dfrac{\sum\limits_{i=1}^{k} a_i \cdot n_i}{n} \quad \left(= \dfrac{\text{Merkmalssumme}}{\textit{Zahl} \text{ der Merkmalsträger}} \right).$

Mitunter teilt man Beziehungszahlen in **Verursachungs- und Entsprechungszahlen** ein. Bei Verursachungszahlen bezieht man eine Bewegungsmasse auf die zugehörige Bestandsmasse. Beispiele für betriebswirtschaftliche Verursachungszahlen sind Eigenkapitalrentabilität (Gewinn/Eigenkapital), Arbeitsproduktivität (Produzierte Stücke/Arbeiterzahl) oder Kapitalumschlag (Umsatz/Kapital).

Alle Beziehungszahlen, bei denen man Ereignismassen nicht auf ihre Bestandsmassen bezieht, nennt man **Entsprechungszahlen**. Beispiele für betriebswirtschaftliche Entsprechungszahlen sind dynamischer Verschuldungsgrad (Fremdkapital/Cash Flow), Liquidität 3. Grades (Umlaufvermögen/kurzfristiges Fremdkapital) oder Bezugsverhältnis bei einer Kapitalerhöhung (Zahl der neuen Aktien/Zahl der alten Aktien).

6.1.3 Meßzahlen

> Werden zwei (disjunkte) Teilmengen einer sie umfassenden Grundgesamtheit aufeinander bezogen, so spricht man von *Meßzahlen*.

Im Gegensatz zu Gliederungszahlen wird hier nicht das Verhältnis zwischen einer Teilmenge und der dazugehörigen Gesamtmenge gebildet, sondern das zweier Teilmengen.

Es lassen sich Meßzahlen danach unterscheiden, ob sie einem sachlichen, einem örtlichen oder einem zeitlichen Vergleich dienen.

Beispiel 6.3:

(1) sachlicher Vergleich:

Der Verschuldungsgrad V ist gegeben als

$$V = \frac{FK}{EK}$$

mit FK = Fremdkapital und EK = Eigenkapital. Ergibt der Quotient einen Wert von 4, so bedeutet das, daß auf 1 € Eigenkapital 4 € Fremdkapital entfallen. Aus der Meßzahl Verschuldungsgrad kann die entsprechende Gliederungszahl, die Eigenkapitalquote, unmittelbar berechnet werden. Es gilt nämlich für die Eigenkapitalquote

$$x_G = \frac{EK}{GK} = \frac{EK}{EK+FK} = \frac{1}{1+\dfrac{FK}{EK}} = \frac{1}{1+V} = \frac{1}{1+4} = 0{,}2.$$

(2) örtlicher Vergleich:

Auslandsumsatz bezogen auf den Inlandsumsatz.

(3) zeitlicher Vergleich:

Wohnbevölkerung der Bundesrepublik 2010 bezogen auf jene von 2000.

Im Vordergrund der nachfolgenden Erläuterungen stehen Meßzahlen des zeitlichen Vergleichs.

> Werden Kennzahlen (Beobachtungen) x_t zur Periode t jeweils bezogen auf die der Basisperiode 0 zugeordnete Kennzahl (Beobachtung) x_0, so heißt die Reihe
>
> $$I_{0t} = \frac{x_t}{x_0} \quad , t = 0,1,2,....$$
>
> *Zeitreihe von Meßzahlen zur Basisperiode 0*. Die Periode t wird als Berichtsperiode bezeichnet. Vielfach ist es üblich, die Meßzahlen mit 100 zu multiplizieren.

Die Differenz zwischen der Meßzahl des Berichtsjahrs und der des Basisjahrs - multipliziert mit 100 - ist identisch mit der Wachstumsrate.

Beispiel 6.4: Es werden die jährlichen Umsatzzahlen der Firma Müller KG ermittelt. Zusammen mit den Umsatzmeßzahlen zur Basisperiode 0 sind diese in **Tab. 6.1** angeordnet.

Tab. 6.1: Umsätze und Umsatzmeßzahlen des Basisjahres 0 der Müller KG

Jahr t	Umsatz x_t	Umsatzmeßzahlen $I_{0t} = x_t / x_0$	Umsatzmeßzahlen $I_{0t} \cdot 100$
0	800 000	1,00	100
1	880 000	1,10	110
2	1 000 000	1,25	125
3	760 000	0,95	95
4	720 000	0,90	90

Somit sind also die Umsätze im Berichtsjahr 1 im Vergleich zum Basisjahr 0 wegen $I_{01} = 1,10$ um 10% gestiegen. Betrachtet man hingegen das Berichtsjahr 4, so sind die Umsätze im Vergleich zum Basisjahr 0 wegen $I_{04} = 0,90$ um $(1-0,90) \cdot 100\% = 10\%$ zurückgegangen.

Bei der Interpretation von Meßzahlen ist zwischen Prozent und Prozentpunkt genau zu unterscheiden: So sind zwischen dem Jahr 1 und dem Jahr 2 die Umsatzmeßzahlen um

$$(1,25 - 1,10) \cdot 100 = 15 \text{ Prozentpunkte}$$

aber um

$$\frac{1,25 - 1,10}{1,10} \cdot 100 = 13,64 \text{ Prozent}$$

gestiegen.

Besonders aussagekräftig werden Meßzahlen, wenn sie als Zeitreihen für verschiedene Merkmale, jeweils auf das gleiche Basisjahr bezogen, zusammengestellt werden. Zeitreihen der Meßzahlen können aus Ursprungsdaten, aber auch aus Meßzahlen des sachlichen oder örtlichen Vergleichs gebildet werden.

Beispiel 6.5: In **Tab. 6.2** ist die Hochschulentwicklung in Deutschland (West) zwischen 1970 und 1990 anhand der Anzahl der Studienanfänger, der Studenten und des wissenschaftlichen Personals sowie der zugehörigen Meßzahlenreihen dargestellt. Als Basisjahr 0 wurde dabei jeweils das Jahr 1970 verwendet.

Aus der Entwicklung der Meßzahlen erkennt man sofort, daß im betrachteten Zeitraum die Anzahl der Studenten prozentual wesentlich stärker als die Anzahl des wissenschaftlichen Personals gestiegen ist.

Tab. 6.2: Hochschulentwicklung in Deutschland (West) 1970-1990

Jahr	t	Studienanfänger		Studenten		wiss. Personal	
		x_t	$I_{ot}^1 = \dfrac{x_t}{x_0}$	y_t	$I_{ot}^2 = \dfrac{y_t}{y_0}$	z_t	$I_{ot}^3 = \dfrac{z_t}{z_0}$
1970	0	125700	1,000	510500	1,000	53603	1,000
1975	1	158059	1,257	816498	1,599	77475	1,445
1980	2	182031	1,448	995630	1,950	79577	1,485
1985	3	190791	1,518	1282632	2,513	80205	1,496
1990	4	259318	2,063	1523904	2,985	82764	1,544

Bezieht man nun die Zahl der Studenten y_t auf die Zahl des wissenschaftlichen Personals z_t, so erhält man eine Meßzahl des sachlichen Vergleichs $w_t = y_t/z_t$. Sie gibt an, wieviel Studenten von einem Dozenten betreut werden müssen. Der zeitliche Vergleich vereinfacht sich, wenn man diese Meßzahlen des sachlichen Vergleichs w_t auf die Basisperiode 1970 umrechnet, vgl. **Tab. 6.3**. Dabei läßt sich die neue Meßzahlenreihe I_{0t}^4 mit der Basisperiode 0 bzw. 1970 auch aus den Meßzahlenreihen I_{0t}^2 und I_{0t}^3 berechnen, denn es gilt

$$I_{0t}^4 = \frac{w_t}{w_0} = \frac{\dfrac{y_t}{z_t}}{\dfrac{y_0}{z_0}} = \frac{\dfrac{y_t}{y_0}}{\dfrac{z_t}{z_0}} = \frac{I_{0t}^2}{I_{0t}^3} .$$

Tab. 6.3: Anzahl der Studenten je Dozent und zugehörige Meßzahlenreihe zur Basis 1970

Jahr	t	Studenten je Dozent	
		$w_t = \dfrac{y_t}{z_t}$	I_{ot}^4
1970	0	9,52	1,000
1975	1	10,54	1,107
1980	2	12,51	1,314
1985	3	15,99	1,680
1990	4	18,41	1,933

Aus der Tabelle läßt sich unmittelbar ablesen, daß die Zahl der Studenten gegenüber der Zahl des wissenschaftlichen Personals zwischen 1970 und 1990 um 93,3% gestiegen ist.

6.1.4 Umbasierung und Verkettung von Meßzahlen

Soll eine Meßzahlenreihe I_{0t} ***umbasiert*** werden, d.h. will man von einer Basisperiode 0 zu einer Basisperiode k übergehen, so erhält man die Meßzahlenreihe $I_{kt} = x_t/x_k$ durch

$$I_{kt} = \frac{I_{0t}}{I_{0k}} .$$

Umbasierungen werden besonders dann notwendig, wenn zwei Meßzahlenreihen mit unterschiedlichen Basisjahren miteinander verglichen werden sollen.

Beispiel 6.6: Die Umsatzmeßzahlenreihe aus **Tab. 6.1** soll auf das Basisjahr 4 umbasiert werden. In **Tab. 6.4** sind neben den ursprünglichen Umsatzmeßzahlen I_{0t}, t=1,...,4, die Umsatzmeßzahlen

$$I_{4t} = \frac{I_{0t}}{I_{04}} = \frac{I_{0t}}{0,90} , \quad t = 0,1,2,3,4,$$

angegeben. So ergibt sich etwa für das Jahr 3 eine Umsatzmeßzahl zur Basis 4 von

$$I_{43} = \frac{0,95}{0,90} = 1,056 ,$$

d.h. die Umsätze sind im Jahr 3 um 5,6% höher als im Jahr 4 gewesen.

Tab. 6.4: Umsatzmeßzahlen für die Jahre 0,1,2,3,4 zur Basis 0 und zur Basis 4

t	0	1	2	3	4
I_{0t}	1,00	1,10	1,25	0,95	0,90
I_{4t}	1,111	1,222	1,389	1,056	1,000

Eine Umbasierung beeinflußt zwar die absolute, aber nicht die relative Veränderung zwischen den Meßzahlen in den einzelnen Perioden. So steigt der Umsatz zwischen Periode 0 und 1 sowohl in der ursprünglichen als auch in der umbasierten Reihe um jeweils 10%, da

$$\left(\frac{1,1}{1} - 1\right) \cdot 100\% = \left(\frac{1,222}{1,111} - 1\right) \cdot 100\% = 10\%$$

ist.

> Direkt aus der Umbasierung läßt sich ihre inverse Operation, die *Verkettung*, ableiten:
> $$I_{0t} = I_{0k} \cdot I_{kt} .$$

Mit Hilfe der Verkettung ist es möglich, zwei Meßreihen mit unterschiedlicher Basisperiode, die unterschiedliche Zeiträume überdecken, zu einer einzigen Zeitreihe zusammenzufügen.

Beispiel 6.7: In **Tab. 6.5** wird die Preisentwicklung eines Staubsaugers der Firma Müller KG anhand der Preismeßzahlen aufgezeigt. In der Periode 7 wurde die Zeitreihe aus Aktualisierungsgründen auf eine neue Basisperiode umgestellt.

Tab. 6.5: Preismeßzahlen I_{0t}, t = 0,1,2,...,7 und I_{7t}, t = 7,...,10

t	Preismeßzahlen I_{0t}	Preismeßzahlen I_{7t}
0	1,00	-
1	1,02	-
2	1,05	-
3	0,95	-
4	0,94	-
5	0,90	-
6	0,92	-
7	0,96	1,00
8	-	1,03
9	-	1,05
10	-	1,02

Mit den Angaben aus **Tab. 6.5** läßt sich die Zeitreihe der Preismeßzahlen zur Basisperiode 0 um die Zeitpunkte t=8,...,10 ergänzen, ohne daß der Wert x_0 bekannt ist. Denn wegen

$$I_{0t} = I_{07} \cdot I_{7t} \ , \text{t=8,9,10,}$$

und I_{07}= 0,96 ergibt sich

$$I_{08} = 0,9888,$$
$$I_{09} = 1,0080,$$
$$I_{010} = 0,9792.$$

Da

$$I_{0t} = \frac{x_1}{x_0} \cdot \frac{x_2}{x_1} \cdot \frac{x_3}{x_2} \cdot \ldots \cdot \frac{x_{t-1}}{x_{t-2}} \cdot \frac{x_t}{x_{t-1}} = I_{01} \cdot I_{12} \cdot I_{23} \cdots I_{t-1,t}$$

gilt, läßt sich die **durchschnittliche Wachstumsrate** einer Meßzahl des zeitlichen Vergleichs aus dem geometrischen Mittel verketteter Meßzahlen $I_{01}, I_{12}, I_{23}, \cdots I_{t-1,t}$ berechnen, d.h.

$$\overline{p} = \left(\sqrt[t]{I_{0t}} - 1 \right) \cdot 100\% = \left(\sqrt[t]{I_{01} \cdot I_{12} \cdot I_{23} \cdots I_{t-1,t}} - 1 \right) \cdot 100\%,$$

vgl. Kapitel 4.1 (5).

Beispiel 6.8: Eine Meßzahl für die Entwicklung der Studentenzahl mit I_{00} = 1 wachse im ersten Jahr um 10%, im zweiten Jahr um 20% und im dritten Jahr um 25%. Wie lautet die Meßzahlenreihe I_{0t}, und wie hoch ist die durchschnittliche Wachstumsrate pro Jahr?
Als Meßzahlenreihe berechnet man

$$I_{00} = 1,$$
$$I_{01} = 1 \cdot 1,1 = 1,1,$$
$$I_{02} = 1 \cdot 1,1 \cdot 1,2 = 1,32 \text{ und}$$
$$I_{03} = 1 \cdot 1,1 \cdot 1,2 \cdot 1,25 = 1,65$$

und die durchschnittliche Wachstumsrate beträgt damit

$$\overline{p} = \left(\sqrt[3]{1{,}65} - 1\right) \cdot 100\,\% = \left(\sqrt[3]{1{,}1 \cdot 1{,}2 \cdot 1{,}25} - 1\right) \cdot 100\,\% = 18{,}17\,\% \ .$$

Analog zu den Meßzahlenreihen des zeitlichen Vergleichs lassen sich auch Reihen von Meßzahlen des örtlichen und sachlichen Vergleichs behandeln.

6.2. Indizes

Bei der Beurteilung wirtschaftlicher Tatbestände ist man meist nicht so sehr an der Entwicklung einzelner Größen bzw. Meßzahlen, sondern mehr an der Entwicklung aggregierter oder durchschnittlicher Werte interessiert. So wird man zur Interpretation der Preissteigerungsrate nicht einzelne Preismeßzahlen betrachten, vielmehr wird man eine Größe heranziehen, welche die wichtigsten Preismeßzahlen umfaßt. Diese Größe ist der Preisindex für die Lebenshaltung, der als Durchschnittswert einzelner Preismeßzahlen berechnet wird.

Ob ein Aktienmarkt sich in einer Hausse oder Baisse befindet, kann man zwar durch Aktienkurse oder Aktienkursmeßzahlen einzelner Aktiengesellschaften belegen, aber ein Indikator für die gesamte Entwicklung ist ein Aktienkursindex, der eine Aggregation der einzelnen Aktienkursmeßzahlen darstellt. Ist beispielsweise der Aktienkursindex von 100 im Basisjahr auf 140 im Berichtsjahr gestiegen, so bedeutet dies, daß die Aktienkurse im Mittel um 40% zwischen Basis- und Berichtsjahr gestiegen sind.

Die mengenmäßige Entwicklung der Nettoproduktion einzelner Unternehmen wird durch Mengenmeßzahlen beschrieben. Faßt man die Mengenmeßzahlen zu einem Durchschnittswert, dem Nettoproduktionsindex, zusammen, so erhält man einen Indikator für die gesamtwirtschaftliche Produktionsentwicklung.

Ein Index ist also ein Durchschnitt von einzelnen Meßzahlen. Im Gegensatz zu Meßzahlen handelt es sich beim Index nicht um die Messung der zeitlichen Entwicklung eines einzelnen Tatbestandes, sondern um die eines aggregierten oder durchschnittlichen Tatbestandes. Besteht die aggregierte Größe nur aus einer einzigen Meßzahl, dann ist der Index identisch mit der Meßzahl. Daher nennt man manchmal Meßzahlen auch einfache Indizes im Gegensatz zu den zusammengesetzten Indizes, die durch Aggregation mehrerer Meßzahlen entstanden sind.

6.2.1 Preisindizes

Die Details der Konstruktion von Indizes soll im folgenden anhand von Preisindizes der Lebenshaltung näher erläutert werden. Sie sollen zeigen, in welchem Ausmaß sich die Lebenshaltung der Haushalte infolge von Preisänderungen verteuert oder verbilligt hat, wobei Änderungen im Konsumverhalten keinen Einfluß auf den Index haben dürfen. Ausgangspunkt zur Berechnung eines Preisindex sind die Verbrauchsgewohnheiten der Haushalte. Da es nicht möglich ist, die Preise von allen von privaten Haushalten gekauften Gütern zu erheben, wählt man aus der Menge der Waren einige Hundert aus, die für das Güterangebot repräsentativ sind. Die Menge dieser repräsentativen Güter bilden den Warenkorb. Der Warenkorb für die Verbraucherpreisindizes in der Bundesrepublik Deutschland umfaßt zur Zeit etwa 750 Waren und Dienstleistungen.

Für die Preise und verbrauchten Mengen der n Waren im Warenkorb werden folgende Bezeichnungen eingeführt:

p_{ti} -	Preis der i-ten Ware in der Berichtsperiode t,
p_{0i} -	Preis der i-ten Ware in der Basisperiode 0,
q_{ti} -	verbrauchte Menge der i-ten Ware in der Berichtsperiode t,
q_{0i} -	verbrauchte Menge der i-ten Ware in der Basisperiode 0, i=1,...,n.

Für jede hier betrachtete Ware des Warenkorbes kann die Preisentwicklung durch eine monatlich berechnete Preismeßzahl verdeutlicht werden. Um die Preisentwicklung aber insgesamt in der Bundesrepublik Deutschland beschreiben zu können, ist es sinnvoller, die Preismeßzahlen zu einer einzigen Zahl zusammenzufassen, die zudem auch noch die unterschiedliche Bedeutung der einzelnen Waren berücksichtigt.

Einer der ersten Preisindizes wurde von dem Italiener Carli 1764 berechnet. Er wollte die Preiserhöhung in Italien von 1500 bis 1750 messen. Zu diesem Zweck ermittelte er drei Preismeßzahlen, und zwar je eine für Wein, Weizen und Öl, und berechnete als Preisindex ein ungewogenes arithmetisches Mittel, nämlich:

$$P_{0,t} = \frac{1}{3}\frac{p_{t1}}{p_{01}} + \frac{1}{3}\frac{p_{t2}}{p_{02}} + \frac{1}{3}\frac{p_{t3}}{p_{03}} = \frac{1}{3}\sum_{i=1}^{3}\frac{p_{ti}}{p_{0i}}.$$

Abgesehen davon, daß der Warenkorb nur aus drei Gütern bestand, berücksichtigt seine Indexformel nicht die unterschiedliche Bedeutung (Gewichtung) der Güter im Warenkorb. Er hätte die Preismeßzahlen mit den Ausgabenanteilen für die drei Güter gewichten müssen.

Heute werden die Preisindizes entweder mit den Ausgabenanteilen der Basisperiode (Preisindex von Laspeyres (1871)) oder mit den Ausgabenanteilen der Berichtsperiode (Preisindex von Paasche (1874)) gewichtet.

(1) Preisindex von Laspeyres

Bei gegebenen Preismeßzahlen

$$\frac{p_{ti}}{p_{0i}} \ , \ i=1,...,n,$$

ist der **Preisindex von Laspeyres** $P_{0,t}^{L}$ als gewogenes arithmetisches Mittel der Preismeßzahlen definiert. Dabei werden die Preismeßzahlen mit den Ausgabenanteilen des jeweiligen Gutes zur Basisperiode 0 gewichtet:

$$P_{0,t}^{L} = \sum_{i=1}^{n} w_{0i} \frac{p_{ti}}{p_{0i}} \quad \text{mit} \quad w_{0i} = \frac{p_{0i}q_{0i}}{\sum_{j=1}^{n} p_{0j}q_{0j}} , \ i=1,...,n.$$

Der Ausgabenanteil w_{0i} ist das Verhältnis der Ausgaben für das Gut i ($Preis \cdot Menge$) zu den gesamten Ausgaben. Mit den Gewichten wird die unterschiedliche Ausgabenbedeutung der einzelnen Güter im Warenkorb berücksichtigt. Die Ausgabenanteile beziehen sich auf die Basisperiode. Damit wird unterstellt, daß sich die Verbrauchsstruktur der Haushalte im Zeitablauf nicht ändert.

Das Einsetzen der Gewichte in die Preisindexformel ergibt

$$P_{0,t}^{L} = \sum_{i=1}^{n} w_{0i} \frac{p_{ti}}{p_{0i}} = \sum_{i=1}^{n} \frac{p_{0i}q_{0i}}{\sum_{j=1}^{n} p_{0j}q_{0j}} \frac{p_{ti}}{p_{0i}} .$$

Kürzt man im Zähler p_{0i}, dann erhält man die sogenannte **Aggregatform des Preisindex von Laspeyres**

$$P_{0,t}^{L} = \frac{\sum_{i=1}^{n} p_{ti}q_{0i}}{\sum_{i=1}^{n} p_{0i}q_{0i}} .$$

Im Nenner stehen die Gesamtausgaben für den Warenkorb. Der Zähler gibt die Gesamtausgaben für den Warenkorb, berechnet mit den Preisen der Berichtsperiode, an. Der Nenner ist eine tatsächliche oder reale Größe, während der Zähler eine unwirkliche oder fiktive Größe darstellt. Daher kann ein Index auch als Quotient einer realen und einer fiktiven Größe oder Kennzahl definiert werden.

Der Preisindex von Laspeyres gibt an, wie sich das Preisniveau ändert, wenn das in der Basisperiode 0 gültige Verbrauchsschema auch in t gilt. D.h. es wird die Warenmengenkombination q_{01}, ...,q_{0n} der Basisperiode 0 für alle Berichtsperioden t zugrunde gelegt und deren fiktiver Wert zur Berichtsperiode wird mit ihrem Wert zur Basisperiode verglichen.

(2) Preisindex von Paasche

Der Preisindex von Paasche ist ein Durchschnittswert von Preismeßzahlen, wobei die Gewichte die Ausgabenanteile der Berichtsperiode sind. Da Preismeßzahlen Quotienten sind und der Zähler und die Gewichte bzw. Häufigkeiten sich auf dieselbe Größe beziehen, muß die Berechnung des Durchschnittswertes über das harmonische Mittel erfolgen, vgl. Kapitel 4.1 (6).

Der **Preisindex von Paasche** $P_{0,t}^{P}$ ist daher als gewogenes harmonisches Mittel der Preismeßzahlen p_{ti}/p_{0i}, i=1,...,n, definiert. Dabei werden die Ausgabenanteile zur Berichtsperiode t als Gewichte berücksichtigt:

$$P_{0,t}^{P} = \frac{1}{\sum_{i=1}^{n} \frac{w_{ti}}{p_{ti}/p_{0i}}} \quad \text{mit} \quad w_{ti} = \frac{p_{ti}q_{ti}}{\sum_{j=1}^{n} p_{tj}q_{tj}}.$$

Durch Einsetzen der Gewichte in die Indexformel und Kürzen mit p_{ti} gelangt man zur **Aggregatform des Preisindex von Paasche**

$$P_{0,t}^{P} = \frac{\sum_{i=1}^{n} p_{ti}q_{ti}}{\sum_{i=1}^{n} p_{0i}q_{ti}}.$$

Es werden reale Ausgaben der Berichtsperiode für den Warenkorb zu fiktiven Ausgaben der Basisperiode ins Verhältnis gesetzt. Der Preisindex von Paasche gibt an, wie sich das Preisniveau geändert hätte, wenn man unterstellt, es seien in der Basisperiode 0 die zur Berichtsperiode t festgestellten Mengen gekauft worden. Im Gegensatz zum Preisindex von Laspeyres vergleicht man hier den Wert einer Warenmengenkombination $q_{t1},...,q_{tn}$ zur jeweiligen Berichtsperiode t mit dem Wert, den diese unter der Preissituation zur Basisperiode 0 gehabt hätte.

Beispiel 6.9: Für den folgenden Warenkorb für Genußmittel, der aus nur drei Gütern besteht, vgl. **Tab. 6.6,** sollen die Preisindizes von Laspeyres und Paasche für 2009 und 2008 zur Basis 2007 berechnet werden. Die erzielten Umsätze $p_{ti}\cdot q_{ti}$, i=1,2,3, t=0,1,2 wurden mit in **Tab. 6.6** aufgenommen.

Tab.6.6: Preise (in €/ME) und verbrauchte Mengen (in ME) in einem Warenkorb

	2007=0			2008=1			2009=2		
	q_{0i}	p_{0i}	$p_{0i}q_{0i}$	q_{1i}	p_{1i}	$p_{1i}q_{1i}$	q_{2i}	p_{2i}	$p_{2i}q_{2i}$
Korn (l)	10	12	120	11	11,40	125,4	12	11,30	135,6
Bier (l)	50	1	50	48	1,10	52,8	45	1,20	54,0
Kaffee (kg)	5	8	40	6	7,70	46,2	4	8,60	34,4
Σ			210			224,4			224,0

Mit
$$w_{0i} = \frac{p_{0i}q_{0i}}{\sum\limits_{j=1}^{3} p_{0j}q_{0j}} , \; i=1,2,3,$$

ergibt sich

$$P_{0,1}^{L} = \frac{\sum\limits_{i=1}^{3} p_{1i}q_{0i}}{\sum\limits_{i=1}^{3} p_{0i}q_{0i}} = \frac{11,40 \cdot 10 + 1,10 \cdot 50 + 7,70 \cdot 5}{12 \cdot 10 + 1 \cdot 50 + 8 \cdot 5}$$

$$= \sum_{i=1}^{3} w_{0i} \frac{p_{ti}}{p_{0i}} = \frac{120}{210} \cdot \frac{11,4}{12} + \frac{50}{210} \cdot \frac{1,1}{1} + \frac{40}{210} \cdot \frac{7,7}{8} = \frac{207,5}{210} = 0,9881 \quad ,$$

$$P_{0,2}^{L} = \frac{\sum\limits_{i=1}^{3} p_{2i}q_{0i}}{\sum\limits_{i=1}^{3} p_{0i}q_{0i}} = \frac{11,30 \cdot 10 + 1,20 \cdot 50 + 8,60 \cdot 5}{12 \cdot 10 + 1 \cdot 50 + 8 \cdot 5}$$

$$= \sum_{i=1}^{3} w_{0i} \frac{p_{2i}}{p_{0i}} = \frac{120}{210} \cdot \frac{11,3}{12} + \frac{50}{210} \cdot \frac{1,2}{1} + \frac{40}{210} \cdot \frac{8,6}{8} = \frac{216}{210} = 1,0286 \quad ,$$

mit
$$w_{1i} = \frac{p_{1i}q_{1i}}{\sum\limits_{j=1}^{3} p_{1j}q_{1j}} , \; i=1,2,3,$$

ergibt sich

$$P_{0,1}^{P} = \frac{\sum\limits_{i=1}^{3} p_{1i}q_{1i}}{\sum\limits_{i=1}^{3} p_{0i}q_{1i}} = \frac{11,40 \cdot 11 + 1,10 \cdot 48 + 7,70 \cdot 6}{12 \cdot 11 + 1 \cdot 48 + 8 \cdot 6}$$

$$= \frac{1}{\sum\limits_{i=1}^{3} \frac{w_{1i}}{p_{1i}/p_{0i}}} = \frac{1}{\frac{125,4}{224,4} + \frac{52,8}{224,4} + \frac{46,2}{224,4}} = \frac{224,4}{228} = 0,9842 \quad ,$$

mit
$$w_{2i} = \frac{p_{2i}q_{2i}}{\sum\limits_{j=1}^{3} p_{2j}q_{2j}} , \; i=1,2,3,$$

ergibt sich

$$P_{0,2}^{P} = \frac{\sum\limits_{i=1}^{3} p_{2i}q_{2i}}{\sum\limits_{i=1}^{3} p_{0i}q_{2i}} = \frac{11{,}30 \cdot 12 + 1{,}20 \cdot 45 + 8{,}60 \cdot 4}{12 \cdot 12 + 1 \cdot 45 + 8 \cdot 4}$$

$$= \frac{1}{\sum\limits_{i=1}^{3} \dfrac{w_{2i}}{p_{2i}/p_{0i}}} = \frac{1}{\dfrac{135{,}6}{224} + \dfrac{54}{224} + \dfrac{34{,}4}{224}} = \frac{224}{221} = 1{,}0136 \quad .$$

Diese Ergebnisse lassen sich wie folgt interpretieren:

$P_{0,2}^{L} = 1{,}0286$: Der Warenkorb ist in der Berichtsperiode t = 2 um $(1{,}0286 - 1) \cdot 100\% = 2{,}86\%$ teurer als in der Basisperiode t = 0, wenn die Verbrauchsstruktur der Basis- periode unterstellt wird.

$P_{0,2}^{P} = 1{,}0136$: Der Warenkorb ist in der Berichtsperiode t = 2 um $(1{,}0136 - 1) \cdot 100\% = 1{,}36\%$ teurer als in der Basisperiode t = 0, wenn die Verbrauchsstruktur der Berichts- periode unterstellt wird.

Die amtliche Statistik zieht die Preisindizes von Laspeyres denen von Paasche vor, weil Preise einfacher als Verbrauchsgewohnheiten zu erheben sind. Er ist anschaulicher zu interpretieren als der Preisindex von Paasche, bei dem sich die Verbrauchsstruktur jedes Jahr ändert. Allerdings wird die Gewichtung der Güter bei Laspeyres im Laufe der Zeit inaktuell, weil sich die Preisrelationen und das Konsumverhalten ändern. Deswegen muß der Warenkorb etwa alle 5 Jahre auf ein neues Preisbasisjahr umgestellt werden. Informationen über die Gewichtung der Güter werden durch Einkommens- und Verbrauchsstichproben sowie durch laufende Wirtschaftsrechnungen gewonnen, bei denen Haushalte einige Zeit Buch über ihre Ausgaben führen.

Bei der Neuberechnung werden Güter aus dem Warenkorb herausgenommen und andere Güter neu aufgenommen. Das Statistische Bundesamt hat anläßlich der Neuberechnung des Preisindex für die Lebenshaltung auf der Basis 1991 von den etwa 750 Gütern 32 Güter aus dem Warenkorb 1985 ausgesondert und 25 Güter neu aufgenommen (vgl. Elbel (1996)). Gestrichen wurden beispielsweise die Positionen Porzellantasse, Mofa und Zechenbrechkoks. Neu hinzugekommen sind beispielsweise die Positionen Disketten, alkoholfreies Flaschenbier und Mikro- wellenherd. Einige Positionen wurden auch ausgetauscht. So wurde beispielsweise der Damenpelzmantel durch den Damenwollmantel ersetzt.

Bei Veränderungen der Preisrelationen ersetzen Käufer teurer werdende Güter tendenziell durch billiger werdende Güter. Da der Preisindex von Laspeyres von einer konstanten Mengenstruktur ausgeht, kann die Anpassung der Mengen- struktur auf eine veränderte Preisstruktur durch Reaktionen der Käufer nicht erfol- gen, so daß er i. a. höher ausfällt als der Preisindex von Paasche. Steigen jedoch die Realeinkommen, so tritt ebenfalls ein Wandel der Verbrauchs- bzw. Mengen-struktur ein. Der Anteil der lebensnotwendigen Güter sinkt nämlich, während der von Luxusgütern steigt. Die Nachfrage nach Luxusgütern nimmt trotz steigender Preise zu. In diesem Fall wäre der Preisindex von Paasche wegen der aktuellen Gewichtung höher als der von Laspeyres. A priori kann daher nicht ausgesagt werden, welcher Preisindex höher ausfallen wird (vgl. auch Neubauer (1996), S. 53ff).

Das Statistische Bundesamt berechnete für die Bundesrepublik Deutschland bis 2002 elf Verbraucherpreisindizes. Jeweils vier wurden für das frühere Bundes-gebiet und die neuen Länder und drei für Deutschland insgesamt berechnet (vgl. Elbel (1996), S. 801).

(a)   Verbraucherpreisindizes für Deutschland insgesamt
Preisindex für die Lebenshaltung aller privaten Haushalte
Preisindex für den Einzelhandel
Gastgewerbepreisindex

(b)   Verbraucherpreisindizes für das frühere Bundesgebiet
Preisindex für die Lebenshaltung aller privaten Haushalte.
Preisindex für die Lebenshaltung von 4-Personen-Haushalten von Beamten und Angestellten mit höherem Einkommen.
Preisindex für die Lebenshaltung von 4-Personen-Haushalten von Arbeitern und Angestellten mit mittlerem Einkommen.
Preisindex für die Lebenshaltung von 2-Personen-Haushalten von Rentnern und Sozialhilfeempfängern mit geringem Einkommen.

(c)   Verbraucherpreisindizes für die neuen Länder und Berlin-Ost
Preisindex für die Lebenshaltung aller privaten Haushalte
Preisindex für die Lebenshaltung von 4-Personen-Arbeitnehmerhaushalten mit höherem Einkommen
Preisindex für die Lebenshaltung von 4-Personen-Arbeitnehmerhaushalten mit mittlerem Einkommen
Preisindex für die Lebenshaltung von 2-Personen-Rentnerhaushalten

Seit dem Jahr 2002 wird der Preisindex für die Lebenshaltung aller privaten Haushalte als Verbraucherpreisindex bezeichnet. Inhaltliche Änderungen waren mit dieser Umbenennung nicht verbunden. Mit Einführung der Basis 2000=100 werden die Preisindizes nach Haushaltstypen nicht mehr berechnet, weil die speziellen Haushaltstypen die aktuellen Bevölkerungsstrukturen nicht mehr zu-treffend abbildeten und sich die Ergebnisse im längerfristigen Vergleich kaum unterschieden.

In der folgenden **Abb. 6.1** ist die Entwicklung des Verbraucherpreisindex für Schweden in langjähriger Übersicht dargestellt. Bei der Interpretation ist zu beachten, daß die langjährige Zeitreihe durch Verknüpfung (vgl. Abschnitt 6.2.4) mehrerer Zeitreihen mit unterschiedlichen Warenkörben gewonnen wurde. Die ungefähre Ver50fachung der Preise in einem Jahrhundert (etwa 3,8% jährliche Preissteigerungsrate) spiegelt die schleichende langfristige Geldentwertung wider.

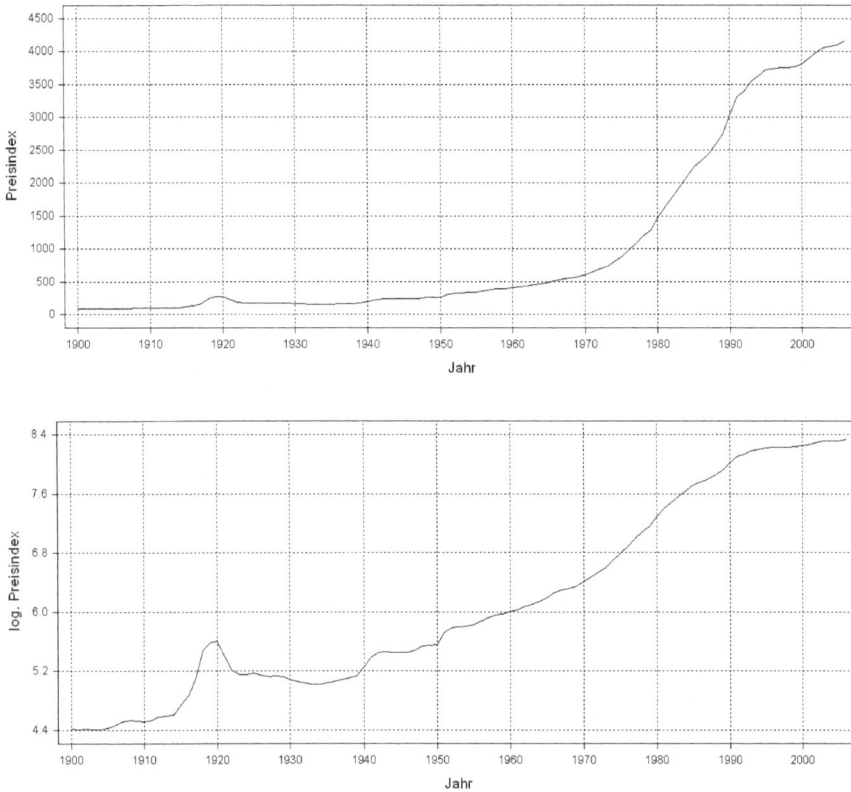

Abb.6.1: Entwicklung des Verbraucherpreisindex (Original- und logarithmierte Werte) in Schweden in langjähriger Übersicht 1914=100 (Quelle: www.riksbanc.com)

(3) Preisindizes von Lowe, Fisher und Drobisch

Neben den Preisindizes von Laspeyres und Paasche wurden noch weitere entwickelt. Eine Übersicht findet man bei Rinne (1994) oder bei Vogt/Barta (1997).

Aus dem Jahre 1822 stammt die *Indexformel von Lowe*

$$P_{0,t}^{Lo} = \frac{\sum_{i=1}^{n} p_{ti}\overline{q}_i}{\sum_{i=1}^{n} p_{0i}\overline{q}_i} = \frac{\sum_{i=1}^{n}\left(p_{ti}q_{ti} + p_{ti}q_{0i}\right)}{\sum_{i=1}^{n}\left(p_{0i}q_{ti} + p_{0i}q_{0i}\right)} \text{ mit } \overline{q}_i = \frac{q_{0i} + q_{ti}}{2}.$$

Bei manchen Autoren ist $\overline{q}_i$ dagegen der Durchschnitt aus den Gütermengen aller Perioden von 0 bis t.

Der *Preisindex von I. Fisher*

$$P_{0,t}^{F} = \sqrt{P_{0,t}^{L} P_{0,t}^{P}}$$

ist als geometrisches Mittel, während der *Preisindex von Drobisch*

$$P_{0,t}^{D} = \frac{1}{2}\left(P_{0,t}^{L} + P_{0,t}^{P}\right)$$

als arithmetisches Mittel der Preisindizes von Laspeyres und Paasche definiert ist.

Beispiel 6.10 (vgl. B. 6.9): Mit den Angaben aus Tab. 6.6 sollen die Preisindizes von Lowe, Fisher und Drobisch für das Berichtsjahr 2009 ($\hat{=} t = 2$) zum Basisjahr 2007 ($\hat{=} t = 0$) berechnet werden. Da

$$\bar{q}_1 = \frac{q_{01} + q_{21}}{2} = (10 + 12)/2 = 11, \quad \bar{q}_2 = (50 + 45)/2 = 47,5, \quad \bar{q}_3 = (5 + 4)/2 = 4,5,$$

ergibt sich für den Preisindex von Lowe

$$P_{0,2}^{Lo} = \frac{\sum\limits_{i=1}^{3} p_{2i}\bar{q}_i}{\sum\limits_{i=1}^{3} p_{0i}\bar{q}_i} = \frac{11,3 \cdot 11 + 1,2 \cdot 47,5 + 8,6 \cdot 4,5}{12 \cdot 11 + 1 \cdot 47,5 + 8 \cdot 4,5} = \frac{220}{215,5} = 1,0209 \quad .$$

Die beiden übrigen Preisindizes liefern ähnliche Ergebnisse:

$$P_{0,2}^{F} = \sqrt{P_{0,2}^{L} \cdot P_{0,2}^{P}} = \sqrt{\frac{216}{210} \cdot \frac{224}{221}} = 1,0210 \quad ,$$

$$P_{0,2}^{D} = \frac{1}{2}\left(P_{0,2}^{L} + P_{0,2}^{P}\right) = \frac{1}{2}\left(\frac{216}{210} + \frac{224}{221}\right) = 1,0211 .$$

6.2.2 Mengenindizes

Ein Mengenindex faßt die mengenmäßige Entwicklung einer Vielzahl von Gütern und Dienstleistungen zu einer durchschnittlichen Größe zusammen. Beispielsweise wird ein Mengenindex für den Export die Frage beantworten, wie stark die Ausfuhr eines Landes zwischen Basis- und Berichtsjahr mengenmäßig zugenommen hat.

(1) Mengenindex von Laspeyres

Analog zum Preisindex von Laspeyres gibt es den ***Mengenindex von Laspeyres*** $Q_{0,t}^{L}$, der als gewogenes arithmetisches Mittel von Mengenmeßzahlen q_{ti}/q_{0i}, $i=1,\dots,n$, definiert ist, wobei die Gewichte die Ausgabenanteile der Basisperiode sind:

$$Q_{0,t}^{L} = \sum_{i=1}^{n} w_{0i} \cdot \frac{q_{ti}}{q_{0i}} = \frac{\sum\limits_{i=1}^{n} q_{ti} p_{0i}}{\sum\limits_{i=1}^{n} q_{0i} p_{0i}} \quad \text{mit} \quad w_{0i} = \frac{p_{0i} q_{0i}}{\sum\limits_{j=1}^{n} p_{0j} q_{0j}}.$$

Der Mengenindex von Laspeyres gibt an, wie sich der mengenmäßige Verbrauch ändert, wenn die in 0 gültige Preisstruktur auch in t gilt.

(2) Mengenindex von Paasche

Verwendet man als Gewichte die Ausgabenanteile der Berichtsperiode, so gelangt man zum ***Mengenindex von Paasche*** $Q_{0,t}^{P}$, der als gewogenes harmonisches Mittel von Mengenmeßzahlen q_{ti}/q_{0i}, $i=1,\dots,n$, definiert ist:

$$Q_{0,t}^{P} = \frac{1}{\sum\limits_{i=1}^{n} \dfrac{w_{ti}}{q_{ti}/q_{0i}}} = \frac{\sum\limits_{i=1}^{n} q_{ti} p_{ti}}{\sum\limits_{i=1}^{n} q_{0i} p_{ti}} \quad \text{mit} \quad w_{ti} = \frac{p_{ti} q_{ti}}{\sum\limits_{j=1}^{n} p_{tj} q_{tj}}.$$

Der Mengenindex von Paasche zeigt an, wie sich der mengenmäßige Verbrauch ändert, wenn die in t gültige Preisstruktur auch schon in der Basisperiode 0 gegolten hätte.

Beispiel 6.11 (vgl. B. 6.9): Für die drei Güter des Warenkorbs (Korn, Bier und Kaffee) sollen Mengenindizes von Laspeyres und Paasche für das Berichtsjahr 2009 $\hat{=} t = 2$ zum Basisjahr 2007 $\hat{=} t = 0$ berechnet werden.

Mit den Ergebnissen aus Tab. 6.6 und mit

$$w_{0i} = \frac{p_{0i} q_{0i}}{\sum\limits_{j=1}^{3} p_{0j} q_{0j}}, \, i=1,2,3,$$

ergibt sich

$$Q_{0,2}^L = \frac{\sum\limits_{i=1}^{3} q_{2i}p_{0i}}{\sum\limits_{i=1}^{3} q_{0i}p_{0i}} = \frac{12 \cdot 12 + 45 \cdot 1 + 4 \cdot 8}{10 \cdot 12 + 50 \cdot 1 + 5 \cdot 8}$$

$$= \sum\limits_{i=1}^{3} w_{0i} \frac{q_{2i}}{q_{0i}} = \frac{120}{210} \cdot \frac{12}{10} + \frac{50}{210} \cdot \frac{45}{50} + \frac{40}{210} \cdot \frac{4}{5} = \frac{221}{210} = 1,05238,$$

d.h. der Verbrauch an den drei Genußmitteln, gewichtet mit den Preisen zum Basisjahr, ist um 5,2% gestiegen. Entsprechend besagt der Mengenindex von Paasche mit

$$w_{2i} = \frac{p_{2i}q_{2i}}{\sum\limits_{j=1}^{3} p_{2j}q_{2j}}, \ i=1,2,3,$$

$$Q_{0,2}^P = \frac{\sum\limits_{i=1}^{3} q_{2i}p_{2i}}{\sum\limits_{i=1}^{3} q_{0i}p_{2i}} = \frac{12 \cdot 11,30 + 45 \cdot 1,20 + 4 \cdot 8,60}{10 \cdot 11,30 + 50 \cdot 1,20 + 5 \cdot 8,60}$$

$$= \frac{1}{\sum\limits_{i=1}^{3} \dfrac{w_{2i}}{q_{2i}/q_{0i}}} = \frac{1}{\dfrac{135,6}{\frac{224}{12}} + \dfrac{\frac{54}{224}}{\frac{45}{50}} + \dfrac{\frac{34,4}{224}}{\frac{4}{5}}} = \frac{224}{216} = 1,0370,$$

daß der Verbrauch, gewichtet mit den Preisen vom Berichtsjahr, um 3,7% gestiegen ist.

Analog zu den Preisindexformeln von Lowe, Fisher und Drobisch kann man auch Mengenindexformeln von Lowe, Fisher und Drobisch bilden. Unter Verwendung der Mengenindexformel von Laspeyres kann der Preisindex von Lowe - wie leicht nachzuvollziehen ist - wie folgt dargestellt werden:

$$P_{0,t}^{Lo} = \frac{P_{0,t}^P \cdot Q_{0,t}^L + P_{0,t}^L}{1 + Q_{0,t}^L}.$$

Beispiel 6.12 (vgl.B. 6.9, B. 6.11): Mit $P_{0,2}^P = \dfrac{224}{221}$, $Q_{0,2}^L = \dfrac{221}{210}$ und $P_{0,2}^L = \dfrac{216}{210}$ berechnet sich der Preisindex von Lowe zu

$$P_{0,2}^{Lo} = \frac{\dfrac{224}{221} \cdot \dfrac{221}{210} + \dfrac{216}{210}}{1 + \dfrac{221}{210}} = \frac{440}{431} = \frac{220}{215,5} = 1,0209 \ .$$

Ist $Q_{0,t}^L = 1$, dann ist der Preisindex von Lowe mit dem Preisindex von Drobisch identisch.

6.2.3 Wertindex

Ausgehend von einem Warenkorb mit Gütern 1,...,n ist der Wert des Warenkorbs in einer Periode t bestimmt durch $\sum\limits_{i=1}^{n} p_{ti} q_{ti}$.

Vergleicht man den Wert des Warenkorbs zur Berichtsperiode t mit dem zur Basisperiode 0, so erhält man den **Wertindex**

$$V_{0,t} = \frac{\sum\limits_{i=1}^{n} p_{ti} q_{ti}}{\sum\limits_{i=1}^{n} p_{0i} q_{0i}} .$$

Der Wertindex mißt sowohl Preis- als auch Mengenänderungen.

Beispiel 6.13 (vgl. B. 6.9): Die Ausgaben für Kaffee, Bier und Korn sind wegen

$$V_{0,1} = \frac{224,4}{210} = 1,0686$$

zwischen 2008 und 2007 um 6,86% gestiegen.

Ein aktuelles Beispiel eines speziellen Preisindex von Laspeyres ist der von der Deutschen Börse AG berechnete Deutsche Aktienindex (DAX). Er beruht auf den Börsenkursen von 30 deutschen Standardwerten. Gewichtungsfaktor ist die Anzahl der Aktien der einbezogenen Gesellschaften (die Anzahl der Aktien ergibt sich aus der Division des Grundkapitals durch den Nennwert). Die Gewichte der Berichtsperiode werden einmal jährlich aktualisiert, und zwar zum Zeitpunkt t_1. Wegen der raschen Aktualisierung hat der DAX den Charakter eines Wertindex. Die Basis des DAX wurde per Ultimo 1987 auf 1000 DAX-Punkte festgesetzt. Der DAX ist festgelegt als:

$$DAX_t = K_{t_1} \frac{\sum\limits_{i=1}^{30} p_{ti} q_{t_1 i} c_{ti}}{\sum\limits_{i=1}^{30} p_{0i} q_{0i}} \cdot 1000$$

mit p_{ti} = Börsenkurs der Aktie i in t
       q_{ti} = Anzahl der Aktien i in t
       c_{ti} = Faktor der Aktie i in t zu Bereinigung von nicht vom Markt ausgelösten Kursschwankungen (Ausschüttungen, Kapital-

erhöhungen aus Gesellschaftsmitteln, Nennwertumstellungen, etc.)

K_{t_1} = Faktor in t_1 zur Vermeidung eines Indexsprunges bei einer Anpassung der Veränderung der Grundkapitalgewichte

t = Berechnungszeitpunkt des Indexes

t_1 = Zeitpunkt der jährlichen Aktualisierung.

Der DAX, der auf den Kursen des elektronischen Handelssystems Xetra basiert, wird während einer Börsensitzung von 9 Uhr bis 17.45 Uhr alle 15 Sekunden berechnet. Damit spiegelt er die fortlaufende Kursentwicklung während der Börsensitzung wider. Der DAX ist ein Performance-Index, d.h. es fließen die Erträge wie Dividendenzahlungen und Bezugsrechtserlöse in die Berechnung ein. In **Abb. 1.1** des Kapitels 1 ist die Entwicklung des DAX dargestellt. Neben dem DAX berechnet die Deutsche Börse den MDAX für mittelständische, den SDAX für kleinere und den TecDAX für technologieorientierte Unternehmen.

6.2.4 Deflationierung und Verknüpfung

Die Umbasierung bzw. die Verkettung läßt sich auf zusammengesetzte Indizes nicht problemlos übertragen, denn im allgemeinen gilt

$$P_{0,t} \neq P_{0,r} \cdot P_{r,t} \quad \text{bzw.} \quad Q_{0,t} \neq Q_{0,r} \cdot Q_{r,t}.$$

Es gilt aber

$$Q_{0,t}^L = \frac{V_{0,t}}{P_{0,t}^P}$$

und

$$Q_{0,t}^P = \frac{V_{0,t}}{P_{0,t}^L}.$$

Die Berechnung eines Mengenindex aus einem Wertindex heißt ***Preisbereinigung*** oder ***Deflationierung***.

Die Deflationierung einer nominalen Wertgröße erfolgt durch die Division mit einem Preisindex von Paasche, da dadurch eine reale (preisbereinigte) Wertgröße mit den Preisen der Basisperiode gewonnen wird:

$$\frac{\sum\limits_{i=1}^{n} p_{ti} q_{ti}}{P_{0,t}^P} = \sum\limits_{i=1}^{n} p_{0i} q_{ti}.$$

Die realen (preisbereinigten) Wertgrößen zeigen die Veränderungen der Mengenkomponente an, wobei die Auswirkungen inflationärer Entwicklungen eliminiert werden.

Beispiel 6.14: In **Tab. 6.7** wird die Entwicklung des nominalen und realen Bruttosozialproduktes in Deutschland aufgezeigt.

Tab. 6.7: Berechnung des realen Bruttosozialproduktes aus dem nominalen Bruttosozialprodukt

Jahr	(nominales) Brutto-sozialprodukt zu Marktpreisen (Mrd. DM)	Preisindex des Brutto-sozialproduktes (1960 = 1)	(reales) Bruttosozial-produkt zu Preisen von 1960 (Mrd. DM)
1960	303	1,00	303
1970	675,7	1,42	675,7/1,42=475,85
1980	1477,4	2,43	1477,4/2,43=607,98
1990	2448,6	3,14	2448,6/3,14=779,81

Die wertmäßige Steigerung des Bruttosozialproduktes zwischen 1960 und 1990 um $\left(\dfrac{2448,6}{303}-1\right)\cdot 100\% = 708,12\%$ reduziert sich bei Ausschaltung der Preissteigerungen mengen-mäßig auf $\left(\dfrac{779,81}{303}-1\right)\cdot 100\% = 157,36\%$.

In der Praxis tritt häufig das Problem auf, zwei Indexzahlen mit unterschiedlichen Warenkörben zu einer einzigen zu verknüpfen. Man bezeichnet mit 0 die ältere Basisperiode und mit r die jüngere Basisperiode.

Die neuere Reihe $P_{r,t}^{*}$ wird an die ältere Reihe $P_{0,t}$ über die Verkettungsformel

$$P_{0,t} \approx P_{0,r} \cdot P_{r,t}^{*}$$

angeschlossen. Dieses Verfahren nennt man **Indexverknüpfung** zur Gewinnung von langen durchgehenden Zeitreihen (vgl. Abb. 6.1). Die Interpretation dieser langen Zeitreihen ist jedoch problematisch, weil der verknüpften Reihe unterschiedliche Warenkörbe zugrunde liegen.

Beispiel 6.15: In **Tab. 6.8** sind zwei Preisindexreihen nach Laspeyres angegeben, die verknüpft werden sollen, da zum Zeitpunkt r=4 ein neuer Warenkorb ermittelt wurde.

Tab. 6.8: Preisindexreihen $P_{0,t}$, t=0,1,...,4, $P_{0,t}^*$, t=4,...,8,

t	0	1	2	3	4	5	6	7	8
$P_{0,t}$	1	1,2	1,35	1,35	1,5				
$P_{4,t}^*$					1,0	1,1	1,2	1,3	1,5

Die ältere Indexreihe $P_{0,t}$ läßt sich mit Hilfe der Verknüpfungsformel fortsetzen:

$$P_{0,5} \approx P_{0,4} \cdot P_{4,5}^* = 1,5 \cdot 1,1 = 1,65 \ ,$$

$$P_{0,6} \approx P_{0,4} \cdot P_{4,6}^* = 1,5 \cdot 1,2 = 1,80 \ ,$$

$$P_{0,7} \approx P_{0,4} \cdot P_{4,7}^* = 1,5 \cdot 1,3 = 1,95 \ ,$$

$$P_{0,8} \approx P_{0,4} \cdot P_{4,8}^* = 1,5 \cdot 1,5 = 2,25 \ .$$

Bei Anschluß der älteren Reihe an die neuere Reihe erfolgt die Verknüpfung lediglich durch Umbasierung der älteren Reihe auf den Zeitpunkt r=4.

$$P_{4,0}^* = \frac{P_{0,0}}{P_{0,4}} = \frac{1}{1,5} = 0,667 \ ,$$

$$P_{4,1}^* = \frac{P_{0,1}}{P_{0,4}} = \frac{1,2}{1,5} = 0,8 \ ,$$

$$P_{4,2}^* = \frac{P_{0,2}}{P_{0,4}} = \frac{1,35}{1,5} = 0,9 \ ,$$

$$P_{4,3}^* = \frac{P_{0,3}}{P_{0,4}} = \frac{1,35}{1,5} = 0,9 \ .$$

Das Preisniveau ist zwischen t = 8 und t = 0 um

$$\left(\frac{P_{0,8}}{P_{0,0}} - 1\right) \cdot 100\% = \left(\frac{2,25}{1} - 1\right) \cdot 100\% = \left(\frac{P_{4,8}^*}{P_{4,0}^*} - 1\right) \cdot 100\% = \left(\frac{1,5}{0,667} - 1\right) \cdot 100\% = 125\%$$

gestiegen. Die Aussage ist allerdings mit Vorbehalt zu interpretieren, da der Indexreihe zwei unterschiedliche Warenkörbe zugrunde liegen.

6.2.5 Aggregation von Subindizes

In vielen Fällen will man neben einer Gesamtentwicklung der Preise auch die Entwicklung in Teilbereichen, etwa die Preisentwicklung bei Wohnungsmieten, kennen. Die Indizes dieser Teilbereiche nennt man Subindizes. Sie können leicht zu einem Gesamtindex zusammengefaßt werden.

Beispiel 6.16: Zur Berechnung des Preisindex für die Lebenshaltung aller privaten Haushalte wird der gesamte Warenkorb in 8 Hauptgruppen unterteilt; für jede dieser Hauptgruppen berechnet das Statistische Bundesamt einen Subindex, der publiziert wird:

- **Nahrungsmittel, Getränke und Tabakwaren**
- **Bekleidung, Schuhe**
- **Wohnungsmieten, Energie (ohne Kraftstoffe)**
- **Möbel, Haushaltsgeräte und andere Güter für die Haushaltsführung**
- **Güter für Gesundheits- und Körperpflege**
- **Güter für Verkehr und Nachrichtenübermittlung**
- **Güter für Bildung, Unterhaltung, Freizeit (ohne Dienstleistungen des Gastgewerbes)**
- **Güter für die persönliche Ausstattung, Dienstleistungen des Beherbergungsgewerbes sowie Güter sonstiger Art.**

Anm.: Der Verbraucherpreisindex für Deutschland mit der Basis 2000=100, der bis zum Jahr 2002 unter dem Namen „Preisindex für die Lebenshaltung aller privaten Haushalte in Deutschland" veröffentlicht wurde, umfasst 12 Abteilungen bzw. Hauptgruppen (vgl. www.destatis.de).

Für p Untergruppen des Warenkorbs liegen Preis- und Mengenindizes (Subindizes)

$$P_{0,t}^{L(j)} \text{ bzw. } Q_{0,t}^{L(j)} \quad \text{nach Laspeyres,}$$

$$P_{0,t}^{P(j)} \text{ bzw. } Q_{0,t}^{P(j)} \quad \text{nach Paasche , } j = 1,....,p.$$

vor.

Aus den einzelnen Preisindizes (Subpreisindizes) nach Laspeyres erhält man den *Gesamtpreisindex nach Laspeyres* durch:

$$P_{0,t}^{L} = \sum_{j=1}^{p} g_{0j} P_{0,t}^{L(j)} .$$

Dabei bezeichnet

g_{0j} = Anteil der j-ten Untergruppe am Wert des Warenkorbs zur Basisperiode 0.

Den *Gesamtpreisindex nach Paasche* erhält man aus den Subpreisindizes durch

$$P_{0,t}^{P} = \frac{1}{\sum_{j=1,}^{p} \dfrac{g_{tj}}{P_{0,t}^{P(j)}}} .$$

Dabei bezeichnet

g_{tj} = Anteil der j-ten Untergruppe am Wert des Warenkorbes zur Berichtsperiode t.

Ganz analog erhält man aus den Submengenindizes den Gesamtmengenindex nach Laspeyres durch

$$Q_{0,t}^{L} = \sum_{j=1}^{p} g_{0j} Q_{0,t}^{L(j)}$$

bzw. den Gesamtmengenindex nach Paasche durch

$$Q_{0,t}^{P} = \frac{1}{\sum\limits_{j=1,}^{p} \dfrac{g_{tj}}{Q_{0,t}^{P(j)}}} \cdot$$

Beispiel 6.17: Für die Hauptgruppen des Warenkorbes des Verbrauchs aller privaten Haushalte sind in **Tab. 6.9** die Verwendungszweckanteile für das Jahr 1985 und die Preisindizes nach Laspeyres für 1994 zur Basis 1985 angegeben.

Tab. 6.9: Anteile am Verbrauch und Preisindizes aller privaten Haushalte für das Jahr 1994 auf der Basis 1985 der Hauptgruppen des Warenkorbes

Hauptgruppen	Anteile am Verbrauch 1985 (in %)	Preisindex für 1994 zur Basis 1985
Nahrungsmittel, Getränke und Tabakwaren	23	116,3
Bekleidung, Schuhe	6,9	118,0
Wohnungsmieten, Energie (ohne Kraftstoffe)	25	123,8
Möbel, Haushaltsgeräte und andere Güter für die Haushaltsführung	7,2	120,4
Güter für Verkehr und Nachrichtenübermittlung	14,4	125,6
Güter für Gesundheits- und Körperpflege	4,1	126,7
Güter für Bildung, Unterhaltung, Freizeit (ohne Dienstleistungen des Gastgewerbes)	8,4	118,1
Güter für die persönliche Ausstattung, Dienstleistungen des Beherbergungsgewerbes sowie Güter sonstiger Art	11	143,2
	100	

Es ist also

$$P_{0,t}^{L} = \sum_{j=1}^{8} g_{0j} P_{0,t}^{L(j)}$$
$$= 0{,}23 \cdot 116{,}3 + 0{,}069 \cdot 118{,}0 + \ldots + 0{,}084 \cdot 118{,}1 + 0{,}11 \cdot 143{,}2 = 123{,}5$$

der Preisindex für die Lebenshaltung 1994 zur Basis 1985, berechnet aus den 8 Hauptgruppen des Warenkorbs.

Beispiel 6.18: Aus den jeweiligen Anteilen am Verbrauch und den Preisindizes nach Laspeyres aller privater Haushalte für das Jahr 1994 auf der Basis 1985 der Hauptgruppen Wohnungsmieten und Energie (ohne Kraftstoffe), vgl. **Tab. 6.10**, kann der Gesamtindex für beide Gruppen wie folgt berechnet werden:

$$P_{0,t}^L = \frac{17,77}{25} \cdot 137,1 + \frac{7,23}{25} \cdot 91,2 = 123,8 \quad ,$$

da die Gewichtung der Hauptgruppe 25% beträgt.

Tab. 6.10: Anteile am Verbrauch und Preisindizes aller privaten Haushalte für das Jahr 1994 auf der Basis 1985 der Hauptgruppe Wohnungsmieten, Energie (ohne Kraftstoffe):

Gruppe	Anteile am Verbrauch 1985 (in %)	Preisindex für 1994 zur Basis 1985
Wohnungsmieten	17,77	137,1
Energie	7,23	91,2

6.3 Standardisierung

Beim Vergleich von gleichartigen Verhältniszahlen kann es zu Problemen bei der Interpretation kommen, wenn unterschiedliche Strukturen nicht berücksichtigt werden. So beträgt beispielsweise 1988 die Anzahl der Gestorbenen je 1000 Einwohner in Deutschland 11,2, während sie in Tunesien nur 4,3 ist, obwohl in Tunesien die Lebenserwartung 10 Jahre geringer als in Deutschland ist. Der Unterschied erklärt sich durch die verschiedenen Alterspyramiden. In Tunesien ist der Anteil der jungen Bevölkerung mit geringer Sterblichkeit relativ hoch; in Deutschland dagegen gibt es einen großen Anteil von alten Menschen mit hoher Sterblichkeit. Der Vergleich der Sterblichkeit je 1000 Einwohner ist also nur bei gleicher Altersstruktur sinnvoll.

Bereits in Abschnitt 6.2 wurde anhand der Preisindizes verdeutlicht, wie die unterschiedliche Gewichtigkeit der Waren im Warenkorb bei der Ermittlung einer geeigneten Kenngröße berücksichtigt werden kann. So werden etwa beim Preisindex nach Laspeyres alle Preise bezogen auf den `Standardverbrauch` zur Basisperiode. Diese Methode der Standardisierung soll hier noch einmal für ein weiteres Anwendungsgebiet demonstriert werden.

> **Standardisierung** ist die Umrechnung von Verhältniszahlen aus Grundgesamtheiten mit unterschiedlicher Struktur auf eine einheitliche Struktur, um die Verhältniszahlen miteinander vergleichen zu können.

Beispiel 6.19: In einem Land A und einem Land B soll die Sterblichkeit der Wohnbevölkerung miteinander verglichen werden. In **Tab. 6.11** ist die Bevölkerung jedes Landes, nach Altersklassen unterteilt, zusammengestellt. Dort ist auch die Anzahl der Gestorbenen aufgeführt.

Tab. 6.11: Wohnbevölkerung und Anzahl der Gestorbenen in zwei Ländern A und B

i	Alters-klasse	Land A		Land B	
		Bevölkerung (in 1000)	Gestorbene	Bevölkerung (in 1000)	Gestorbene
	K_i	n_{Ai}	G_{Ai}	n_{Bi}	G_{Bi}
1	0-5	600	4500	1500	18000
2	5-20	1500	12000	1500	13500
3	20-60	1800	15300	2400	22800
4	60-100	2100	42000	600	13800
Σ		6000	73800	6000	68100

Beim Vergleich der beiden allgemeinen Sterberaten

$$q_A = \frac{\sum\limits_{i=1}^{k} G_{Ai}}{n_A} = \frac{73.800}{6.000.000} = 0{,}0123 \text{ mit } n_A = \sum\limits_{i=1}^{k} n_{Ai} ,$$

und

$$q_B = \frac{\sum\limits_{i=1}^{k} G_{Bi}}{n_B} = \frac{68.100}{6.000.000} = 0{,}01135 \text{ mit } n_B = \sum\limits_{i=1}^{k} n_{Bi} ,$$

wobei k die Anzahl der Altersklassen angibt, stellt sich heraus, daß die Sterblichkeit im Land A scheinbar um 8,37% höher ist als im Land B, denn

$$\frac{q_A}{q_B} = \frac{0{,}0123}{0{,}01135} = 1{,}0837 \quad .$$

Betrachtet man aber die altersspezifischen Sterberaten, vgl. **Tab. 6.12**,

$$q_{Ai} = \frac{G_{Ai}}{n_{Ai}} \quad , \quad q_{Bi} = \frac{G_{Bi}}{n_{Bi}} \quad , i=1,...,4$$

so ist zu erkennen, daß die allgemeinen Sterberaten nicht nur von den altersspezifischen Sterberaten abhängen, sondern auch von der Altersverteilung eines Landes, wobei diese durch

$$p_{Ai} = \frac{n_{Ai}}{n_A} \text{ bzw. } p_{Bi} = \frac{n_{Bi}}{n_B} , i=1,...,4$$

bestimmt werden kann. Denn es gilt

$$q_A = \frac{\sum\limits_{i=1}^{k} G_{Ai}}{n_A} = \frac{\sum\limits_{i=1}^{k} n_{Ai} q_{Ai}}{n_A} = \sum\limits_{i=1}^{k} p_{Ai} q_{Ai}$$

$$= 0{,}1 \cdot \frac{4500}{600000} + 0{,}25 \cdot \frac{12000}{1500000} + 0{,}3 \cdot \frac{15300}{1800000} + 0{,}35 \cdot \frac{42000}{2100000} = 0{,}0123$$

bzw.

$$q_B = \frac{\sum\limits_{i=1}^{k} G_{Bi}}{n_B} = \frac{\sum\limits_{i=1}^{k} n_{Bi} q_{Bi}}{n_B} = \sum\limits_{i=1}^{k} p_{Bi} q_{Bi}$$

$$= 0{,}25 \cdot \frac{18000}{1500000} + 0{,}25 \cdot \frac{13500}{1500000} + 0{,}4 \cdot \frac{22800}{2400000} + 0{,}1 \cdot \frac{13800}{600000} = 0{,}01135$$

Die allgemeinen Sterberaten können als gewogene arithmetische Mittel der altersspezifischen Sterberaten betrachtet werden, wobei die Gewichte die Altersstrukturen p_{Ai} bzw. p_{Bi} sind.

In **Tab. 6.12** sind neben den altersspezifischen Sterberaten auch die unterschiedlichen Altersverteilungen der Länder verdeutlicht.

Tab. 6.12: Altersspezifische Sterberaten q_{Ai} und q_{Bi} und Altersverteilungen p_{Ai} und p_{Bi} der Länder A und B

i	Alters-klasse K_i	Land A		Land B	
		q_{Ai}	p_{Ai}	q_{Bi}	p_{Bi}
1	0-5	0,0075	0,10	0,012	0,25
2	5-20	0,008	0,25	0,009	0,25
3	20-60	0,0085	0,30	0,0095	0,40
4	60-100	0,020	0,35	0,023	0,10

Um beim Vergleich der Sterblichkeit den Einfluß der Altersstruktur auszuschalten, werden standardisierte Sterberaten verwendet. Die Standardisierung erfolgt dabei in der Art, daß für beide Länder der gleiche Standardaltersaufbau verwendet wird.

So ist

$$q_A^{st} = \sum_{i=1}^{k} p_{Bi} q_{Ai}$$

die standardisierte Sterberate des Landes A bei Verwendung der Altersverteilung des Landes B und

$$q_B^{st} = \sum_{i=1}^{k} p_{Ai} q_{Bi}$$

die standardisierte Sterberate des Landes B bei Verwendung der Altersverteilung des Landes A. Es ergibt sich mit den Ergebnissen aus **Tab. 6.12** für

$$q_A^{st} = 0,0075 \cdot 0,25 + 0,008 \cdot 0,25 + 0,0085 \cdot 0,4 + 0,020 \cdot 0,1 = 0,009275$$

bzw.

$$q_B^{st} = 0,012 \cdot 0,1 + 0,009 \cdot 0,25 + 0,0095 \cdot 0,3 + 0,023 \cdot 0,35 = 0,01435$$

In **Tab. 6.13** sind die unterschiedlichen Ergebnisse, je nachdem, ob die Altersstruktur berücksichtigt wird oder nicht, zusammengestellt.

Tab. 6.13: Sterberaten q_A und q_B sowie standardisierte Sterberaten q_A^{st} und q_B^{st}

Sterberate	Altersstruktur	
	A	B
A	0,0123	0,009275
B	0,01435	0,01135

Diese Ergebnisse können wie folgt interpretiert werden:

(a) Hätte das Land B die gleiche Altersstruktur wie das Land A, dann wäre die allgemeine Sterberate 0,01435. Sie läge damit über der des Landes A.
(b) Hätte das Land A die gleiche Altersstruktur wie das Land B, dann wäre die allgemeine Sterberate 0,009275. Sie wäre damit ebenfalls niedriger als im Land B.
(c) Dagegen wäre die Sterberate bei Nichtstandardisierung im Land A mit 0,0123 höher als im Land B mit 0,01135.

Beim zeitlichen Vergleich von arithmetischen Mitteln (= Beziehungszahlen) ist bei der Interpretation der Ergebnisse auf die Veränderung der Altersstruktur der zugrundeliegenden Grundgesamtheit zu achten. So stellt sich beispielsweise die Klage eines Verbandsfunktionärs, daß die Einkommen einer bestimmten Berufsgruppe in den letzten Jahren gesunken seien, da die jährlichen Durchschnittseinkommen von 150 000 € auf 140 000 € zurückgegangen sind, bei näherer Betrachtung als falsch heraus, wie das folgende Beispiel zeigt:

Beispiel 6.20: Das Durchschnittseinkommen sowie die Anzahl der Angehörigen einer Berufsgruppe werden in **Tab. 6.14** für die Jahre 2002 und 2009 aufgezeigt.

Tab. 6.14: Durchschnittseinkommen einer bestimmten Berufsgruppe

Berufserfahrung von ... bis unter ... Jahre	2002		2009	
	Durchschnitts-einkommen	Häufigkeit	Durchschnits-einkommen	Häufigkeit
0-10	100 000	50 000	120 000	240 000
10 und mehr	200 000	50 000	220 000	60 000
		100 000		300 000

$$2002: \bar{x} = 150\,000\,€ \qquad 2009: \bar{x} = 140\,000\,€$$

Wie man erkennt, ist in jeder Klasse das Durchschnittseinkommen gestiegen. Die starke Zunahme der Berufstätigen in der betrachteten Berufsgruppe führte zu einer Verschiebung der Altersstruktur der Berufserfahrung. Der Anteil der Personen mit geringer Berufserfahrung ($\hat{=}$ geringeres Durchschnittseinkommen) stieg von 50% auf 80%. Die Verschiebung der Altersstruktur ist für das Sinken des gesamten Durchschnittseinkommens verantwortlich.

Das standardisierte Durchschnittseinkommen von 2009 mit der Altersstruktur von 2002 beträgt

$$\bar{x}_s = 120\,000\,DM \cdot 0,5 + 220\,000\,€ \cdot 0,5 = 170\,000\,€ \,.$$

Das oben beobachtete Phänomen, daß ein Parameter in einer Population A größer ist als in einer Population B, obwohl dieser Parameter in allen Teilpopulationen von A kleiner ist als in denen von B, wird auch als Simpsons Paradox bezeichnet.

Übungen: *Bearbeiten Sie die Aufgaben 17; 18; 19; 20; 21; 22; 23; 26; 27.*

7 KORRELATIONS- UND REGRESSIONSRECHNUNG

Aufgabe der Korrelations- und Regressionsrechnung ist es, Aussagen über die Abhängigkeit bzw. den Zusammenhang zwischen zwei Merkmalen zu machen. Untersucht wird beispielsweise, ob sich der Kurs einer bestimmten Aktie in die gleiche Richtung bewegt wie der DAX. Folgende Fragestellungen müssen dabei näher untersucht werden:

- Wie stark ist der Zusammenhang bzw. die Abhängigkeit zwischen zwei Merkmalen?
- Läßt sich der Zusammenhang zwischen zwei Merkmalen in einer bestimmten Form funktional darstellen?

Bevor intensiver auf die Beantwortung dieser Fragen eingegangen wird, sollen zunächst graphische und tabellarische Darstellungsformen, die bereits erste Einblicke in die Zusammenhangsstruktur zweier Merkmale zulassen, vorgestellt werden.

Mit der Frage nach der Stärke des Zusammenhangs zwischen zwei Merkmalen beschäftigt sich die Korrelationsrechnung, vgl. Abschnitt 7.2.

Die zweite Fragestellung, die auf die Form des Zusammenhangs abzielt, wird im Rahmen der Regressionsrechung in Abschnitt 7.3 behandelt.

Die Ausführungen in den nachfolgenden Abschnitten beziehen sich vornehmlich auf den Fall, daß nur zwei Merkmale X und Y an n statistischen Einheiten beobachtet werden.

Beispiel 7.1:
(a) In einer speziellen Branche werden n = 10 Unternehmen bzgl. Ausgaben für Werbung und erzieltem Umsatz untersucht, vgl. **Tab. 7.1**.

Tab. 7.1: Ausgaben für Werbung und Umsatz für n=10 Unternehmen

Unternehmen i	Werbeausgaben (Mio. €) x_i	Umsatz (Mio. €) y_i
1	5	190
2	10	240
3	15	250
4	20	300
5	30	310
6	30	335
7	30	300
8	50	300
9	50	350
10	60	425

(b) Es werden n = 400 Mitarbeiter eines Unternehmens nach ihrer Führungsposition und ihrem Geschlecht unterschieden. Die Ergebnisse sind in **Tab. 7.2** zusammengestellt.

Tab. 7.2: Führungsposition und Geschlecht von n=400 Angestellten

	weiblich	männlich
leitend	2	98
nicht leitend	38	262

(c) Für n = 7 Jahre werden die Aktienkursindizes in Deutschland und Frankreich gegenüberge-stellt, vgl. **Tab. 7.3**.

Tab. 7.3: Aktienkursindizes in Deutschland und Frankreich von 1987 bis 1993 (1985=100)

Jahr	1987	1986	1989	1990	1991	1992	1993
Deutschland	124,1	105,6	136,5	160,7	144,3	139,5	143,4
Frankreich	177,6	162,1	234,9	226,5	220,8	244,2	263,1

(d) Um der Frage nachgehen zu können, ob zwischen dem Werbeaufwand und den Einspieler-gebnissen der Top-20-Kinofilme im Jahr 1995 ein Zusammenhang besteht, sind in **Tab. 7.4** die entsprechenden Beobachtungen zusammengestellt.

Tab. 7.4: Werbeaufwand und Einspielergebnisse der Top-20-Filme 1995 (in Mio. DM)

Film	Einspielergebnis (in Mio. DM)	Werbeaufwand (in Mio. DM)
Batman Forever	281,4	34,9
Apollo 13	263,2	30,9
Toy Story	229,5	53,9
Pocahontas	261,5	36,1
Tierdetektiv, Teil II	159,7	23,8
Casper	153,3	30,0
Stirb langsam - jetzt erst recht	153,0	33,0
Golden Eye	142,6	32,8
Crimson Tide	139,8	38,2
Waterworld	135,0	25,5
Sieben	133,1	34,1
Gefährliche Liebschaften	129,0	26,3
Während Du schliefst	124,1	37,1
Kongo	123,9	25,0
Mortal Kombat	107,7	18,5
Die Brücke am Fluß	107,3	34,9
Nine Months	106,6	28,0
Schnappt Shorty	105,3	18,6
Outbreak	103,1	22,4
Braveheart	102,5	38,2

7.1 Allgemeine Darstellungen

Die Beobachtungswerte an n statistischen Einheiten eines Merkmals X werden wieder mit $x_1,...,x_n$, die des Merkmals Y mit $y_1,...,y_n$ bezeichnet. Die Urliste besteht nun aus Beobachtungspaaren $(x_1,y_1), ... , (x_n,y_n)$.

7.1.1 Streudiagramm

Für zwei kardinal skalierte Merkmale ist das Streudiagramm eine zweckmäßige Darstellungsform. Das Streudiagramm liefert einen ersten Eindruck über die Stärke und die Richtung des Zusammenhangs von zwei Merkmalen.

Werden die n Beobachtungspaare (x_i,y_i), i=1,...,n, zweier Merkmale X und Y in ein Koordinatensystem eingetragen, so heißt die entstandene Punktewolke *Streudiagramm.*

Beispiel 7.2 (vgl. B 7.1 (a)): In **Abb. 7.1** sind die Beobachtungspaare aus Tab. 7.1 in Form eines Streudiagramms dargestellt worden.

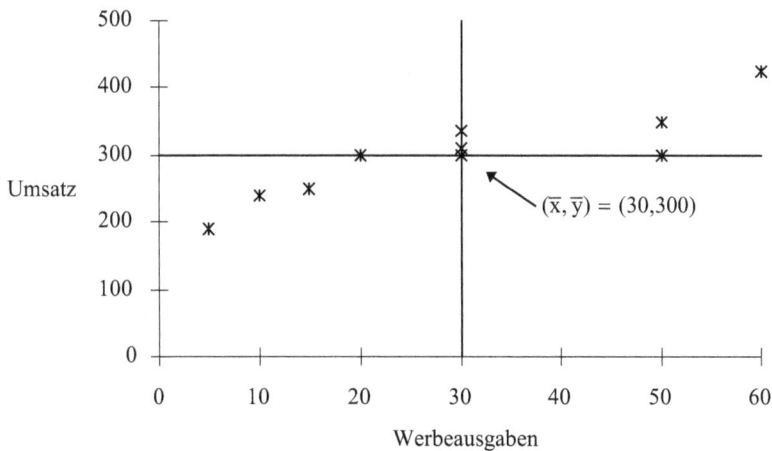

Abb. 7.1: Streudiagramm der Werbeausgaben und des Umsatzes eines Unternehmens

Die in das Koordinatensystem eingetragenen Punkte bilden eine Punktwolke, die den Zusammenhang zwischen den beiden Merkmalen annähernd linear darstellt. Man erkennt, daß mit steigenden Ausgaben für Werbung auch der Umsatz zunimmt. In diesem Fall spricht man von einem gleichläufigen Zusammenhang. Sinken hingegen die y_i-Werte mit steigenden x_i-Werten (z.B. Preis-Absatz-Funktion), so ist der Zusammenhang gegenläufig. Da die Punkte nicht allzu stark von einer gedachten Geraden, die mitten durch die Punkte gehen soll, schwanken, ist ein starker Zusammenhang anzunehmen. Den Schnittpunkt der beiden Achsenparallelen durch die Mittelwerte $\overline{x}$ und $\overline{y}$ nennt man Schwerpunkt ($\overline{x}, \overline{y}$).

7.1.2 Kontingenztabelle

Im folgenden betrachtet man n Untersuchungseinheiten, an denen die Merkmale X und Y beobachtet werden. Die k verschiedenen Ausprägungen von X werden mit $a_1, \ldots, a_k$, die l verschiedenen von Y mit $b_1, \ldots, b_l$ bezeichnet. Somit erhält man das zweidimensionale Merkmal (X,Y), dessen Ausprägungen (a_i, b_j) mit absoluter gemeinsamer Häufigkeit n_{ij} oder relativer gemeinsamer Häufigkeit $h_{ij} = n_{ij}/n$, $i=1, \ldots, k$, $j=1, \ldots, l$, auftreten. Die Häufigkeitsverteilung von (X,Y) wird in Form einer Zusammenhangs- oder Kontingenztabelle dargestellt.

Die tabellarische Darstellung der absoluten (relativen) Häufigkeiten n_{ij} (h_{ij}), $i=1, \ldots, k$, $j=1, \ldots, l$, eines zweidimensionalen Merkmals (X,Y) heißt *(k,l)-Kontingenztabelle*, vgl. **Tab. 7.3**

Tab. 7.3: Kontingenztabelle zweier Merkmale X und Y

Merkmal X	Merkmal Y				
	b_1	b_2	...	b_l	Σ
a_1	n_{11}	n_{12}	...	n_{1l}	$n_1.$
a_2	n_{21}	n_{22}	...	n_{2l}	$n_2.$
.	.	.	.	.	.
.	.	.	.	.	.
.	.	.	.	.	.
a_k	n_{k1}	n_{k2}	...	n_{kl}	$n_k.$
Σ	$n._1$	$n._2$	...	$n._l$	n

Es ist

(a) $\displaystyle\sum_{j=1}^{l} n_{ij} = n_i.$

   = Anzahl der statistischen Einheiten, die die Ausprägung a_i aufweisen, $i=1, \ldots, k$,

(b) $\displaystyle\sum_{i=1}^{k} n_{ij} = n._j$

   = Anzahl der statistischen Einheiten, die die Ausprägung b_j aufweisen, $j=1, \ldots, l$.

Die Häufigkeiten $n_{i.}$ und $n_{.j}$, $i=1,...,k$, $j=1,...,l$, heißen **absolute Randhäufigkeiten**. Man erhält sie durch Zeilen- ($n_{i.}$) bzw. Spaltenaddition ($n_{.j}$) der gemeinsamen Häufigkeiten n_{ij}.

Es gilt

$$\sum_{i=1}^{k} n_{i.} = \sum_{j=1}^{l} n_{.j} = \sum_{i=1}^{k}\sum_{j=1}^{l} n_{ij} = n.$$

Die relativen Randhäufigkeiten der Merkmale X und Y ergeben sich aus den relativen Häufigkeiten durch

$$h_{i.} = \sum_{j=1}^{l} h_{ij} \quad , i=1,...,k,$$

bzw.

$$h_{.j} = \sum_{i=1}^{k} h_{ij} \quad , j=1,...,l.$$

Für die relativen Häufigkeiten gilt natürlich

$$\sum_{i=1}^{k} h_{i.} = \sum_{j=1}^{l} h_{.j} = \sum_{i=1}^{k}\sum_{j=1}^{l} h_{ij} = 1.$$

Durch die Randhäufigkeiten $n_{i.}$ bzw. $h_{i.}$, $i=1,...,k$, erhält man die Häufigkeitsverteilung des Merkmals X, die dann Randverteilung von X genannt wird. Entsprechend liefern $n_{.j}$ bzw. $h_{.j}$, $j=1,...,l$, die Randverteilung von Y. Die Randverteilung ist die Verteilung **eines** Merkmals, für die die graphischen und numerischen Auswertungsmethoden aus Kap. 3 und 4 angewendet werden können.

Beispiel 7.3 (vgl. B. 7.1 (b)): Die n = 400 Mitarbeiter eines Unternehmens werden nach ihrer Führungsposition (Merkmal X mit Ausprägungen a_1 = leitend, a_2 = nicht leitend) und ihrem Geschlecht (Merkmal Y mit Ausprägungen b_1 = weiblich, b_2 = männlich)) unterschieden.

Von den 400 Mitarbeitern waren

n_{11} = 2 in leitender Führungsposition und weiblich,
n_{12} = 98 in leitender Führungsposition und männlich,
n_{21} = 38 in nicht leitender Position und weiblich,
n_{22} = 262 in nicht leitender Position und männlich.

Diese absoluten Häufigkeiten n_{ij}, $i=1,2$, $j=1,2$, bilden die Häufigkeitsverteilung des zweidimensionalen Merkmals (X,Y), die in **Tab. 7.4** in Form einer Kontingenztabelle dargestellt ist. In diese Tabelle sind ebenfalls die absoluten Randhäufigkeiten der Merkmale X und Y aufgenommen worden. Die 400 Mitarbeitern teilen sich bzgl. des Merkmals X auf in

$$n_{1.} = n_{11} + n_{12} = 2 + 98 = 100 \qquad \text{in leitender Führungsposition,}$$
$$n_{2.} = n_{21} + n_{22} = 38 + 262 = 300 \qquad \text{in nicht leitender Führungsposition,}$$

und bzgl. des Merkmals Y in

$$n_{.1} = n_{11} + n_{21} = 2 + 38 = 40 \qquad \text{weiblich,}$$
$$n_{.2} = n_{12} + n_{22} = 98 + 262 = 360 \qquad \text{männlich.}$$

Tab. 7.4: Kontingenztabelle mit absoluten Häufigkeiten

Führungsposition X	Geschlecht Y		
	weiblich = b_1	männlich = b_2	$\sum$
a_1 = leitend	$n_{11} = 2$	$n_{12} = 98$	$n_{1.} = 100$
a_2 = nicht leitend	$n_{21} = 38$	$n_{22} = 262$	$n_{2.} = 300$
$\sum$	$n_{.1} = 40$	$n_{.2} = 360$	$n = 400$

Aus der absoluten Häufigkeitsverteilung des Merkmals (X,Y) läßt sich die relative Häufigkeitsverteilung direkt ableiten. Mit n = 400 liegt der Anteil der Mitarbeiter, der

in leitender Führungsposition und weiblich ist, bei $\qquad h_{11} = n_{11}/n = 2/400 = 0{,}005$,
in leitender Führungsposition und männlich ist, bei $\qquad h_{12} = n_{12}/n = 98/400 = 0{,}245$,
in nicht leitender Führungsposition und weiblich ist, bei $\qquad h_{21} = n_{21}/n = 38/400 = 0{,}095$,
in nicht leitender Führungsposition und männlich ist, bei $\qquad h_{22} = n_{22}/n = 262/400 = 0{,}655$.

In **Tab. 7.5** sind neben den relativen Häufigkeiten h_{ij}, i=1,2, j=1,2, auch die relativen Randhäufigkeiten $h_{i.}$, i=1,2, und $h_{.j}$, j=1,2, eingetragen. So ergibt sich zum Beispiel, daß 25% der Mitarbeiter in leitender Führungsposition tätig sind ($h_{1.} = h_{11} + h_{12} = 0{,}005 + 0{,}245 = 0{,}25$) bzw. 10% der Mitarbeiter weiblich sind ($h_{.1} = h_{11} + h_{21} = 0{,}005 + 0{,}095 = 0{,}1$). Diese Randhäufigkeiten bilden jeweils für sich betrachtet die Häufigkeitsverteilung des Merkmals X bzw. des Merkmals Y.

Tab. 7.5: Kontingenztabelle mit relativen Häufigkeiten

Führungsposition X	Geschlecht Y		
	weiblich = b_1	männlich = b_2	$\sum$
a_1= leitend	$h_{11} = 0{,}005$	$h_{12} = 0{,}245$	$h_{1.} = 0{,}25$
a_2= nicht leitend	$h_{21} = 0{,}095$	$h_{22} = 0{,}655$	$h_{2.} = 0{,}75$
$\sum$	$h_{.1} = 0{,}1000$	$h_{.2} = 0{,}9000$	$1{,}00$

Aus derartigen Kontingenztabellen lassen sich bereits erste Eindrücke über die Abhängigkeit der beiden betrachteten Merkmale gewinnen. Denn wären die Merkmale X = Führungsposition und Y = Geschlecht unabhängig voneinander, d.h. hätte der Wert des einen Merkmals keinen Einfluß auf den Wert des anderen Merkmals, dann würden wir erwarten, daß bei einer insgesamt vorliegenden Aufteilung der Mitarbeiterzahl von 1:3 bezüglich "leitender " zu "nicht leitender Führungsposition" dieses Aufteilungsverhältnis auch für die weiblichen bzw. männlichen Mitarbeiter zuträfe. Wären die Führungsposition (X) und das Geschlecht (Y) unabhängig voneinander, müßten also von den 40 weiblichen Mitarbeitern 10 in leitender Führungsposition und 30 in nicht leitender Führungsposition tätig sein.

7.2 Korrelationsrechnung

Im Rahmen der Korrelationsrechnung soll die Abhängigkeit zwischen zwei Merkmalen X und Y quantifiziert werden. Die im folgenden behandelten Maßzahlen für die Stärke und die Richtung des Zusammenhangs von X und Y werden nach den verschiedenen Skalenniveaus der Merkmale (kardinal, ordinal, nominal) unterschieden.

7.2.1 Korrelationskoeffizient von Bravais-Pearson

Für zwei kardinal skalierte Merkmale X und Y liegen paarweise Beobachtungs-werte (x_i, y_i), $i=1,...,n$, vor.

Ein Maß für den linearen Zusammenhang zwischen X und Y liefert der **Korrelationskoeffizient von Bravais-Pearson**

$$r_{XY} = \frac{\sum\limits_{i=1}^{n}(x_i - \overline{x})(y_i - \overline{y})}{\sqrt{\sum\limits_{i=1}^{n}(x_i - \overline{x})^2 \sum\limits_{i=1}^{n}(y_i - \overline{y})^2}} = \frac{\sum\limits_{i=1}^{n} x_i y_i - n \cdot \overline{x} \cdot \overline{y}}{\sqrt{\left(\sum\limits_{i=1}^{n} x_i^2 - n \cdot \overline{x}^2\right)\left(\sum\limits_{i=1}^{n} y_i^2 - n \cdot \overline{y}^2\right)}} \; .$$

Der Korrelationskoeffizient von Bravais-Pearson kann auch dargestellt werden als

$$r_{XY} = \frac{s_{XY}}{\sqrt{s_X^2 \, s_Y^2}} \; ,$$

dabei bezeichnen

$$s_X^2 = \frac{1}{n-1}\sum\limits_{i=1}^{n}(x_i - \overline{x})^2 = \frac{1}{n-1}\left(\sum\limits_{i=1}^{n} x_i^2 - n \cdot \overline{x}^2\right) \quad \text{die Varianz von X,}$$

$$s_Y^2 = \frac{1}{n-1}\sum\limits_{i=1}^{n}(y_i - \overline{y})^2 = \frac{1}{n-1}\left(\sum\limits_{i=1}^{n} y_i^2 - n \cdot \overline{y}^2\right) \quad \text{die Varianz von Y,}$$

$$s_{XY} = \frac{1}{n-1}\sum\limits_{i=1}^{n}(x_i - \overline{x})\cdot(y_i - \overline{y}) = \frac{1}{n-1}\left(\sum\limits_{i=1}^{n} x_i y_i - n\overline{xy}\right) \quad \text{die Kovarianz von X und Y.}$$

Der Korrelationskoeffizient r_{XY} mißt nur einen <u>linearen</u> Zusammenhang zwischen X und Y. Dabei gilt

$r_{XY} = 1$　$\Leftrightarrow$　alle Punkte (x_i, y_i) liegen auf einer Geraden mit positiver Steigung,

$r_{XY} = -1$　$\Leftrightarrow$　alle Punkte (x_i, y_i) liegen auf einer Geraden mit negativer Steigung,

$r_{XY} = 0$　$\Leftrightarrow$　es liegt kein linearer Zusammenhang vor. X und Y werden auch als **unkorreliert** bezeichnet.

Je näher der Betrag von r_{XY} bei 1 (0) liegt, um so stärker (schwächer) ist der lineare Zusammenhang. Positive Korrelation bedeutet einen gleichläufigen, negative Korrelation einen gegenläufigen Zusammenhang.

Aus den Streudiagrammen in **Abb. 7.2** kann außerdem abgeleitet werden, daß bei positiver Korrelation (bei steigendem X nimmt auch Y zu) die Beobachtungspaare (x_i, y_i), i=1,...,n, vorwiegend im rechten oberen bzw. im linken unteren Quadranten liegen. Bei negativer Korrelation (mit steigendem X nimmt Y ab) befinden sich die Werte hauptsächlich in den beiden anderen Quadranten. Bei Unkorreliertheit verteilen sich die Werte gleichmäßig auf die vier Quadranten.

Daher ist die Summe der Abweichungsprodukte $\sum(x_i - \bar{x})(y_i - \bar{y})$ bzw. die Kovarianz $\frac{1}{n-1}\sum(x_i - \bar{x})(y_i - \bar{y})$ bei positiver Korrelation positiv, da die meisten Abweichungsprodukte $(x_i - \bar{x})(y_i - \bar{y})$ positiv sind, und bei negativer Korrelation negativ, da die meisten Abweichungsprodukte $(x_i - \bar{x})(y_i - \bar{y})$ negativ sind. Bei Unkorreliertheit summieren sich die positiven und die negativen Abweichungsprodukte zu Null. Bestimmend für die Höhe des Korrelationskoeffizienten sind neben der Verteilung auf die Quadranten natürlich auch die Abweichungen der Beobachtungen von $\bar{x}$ und $\bar{y}$ (vgl. Abb. 7.2e und 7.2g). Der Nenner im Korrelationskoeffizienten bewirkt, daß für den Wertebereich des Korrelationskoeffizienten von Bravais-Pearson gilt

$$-1 \leq r_{xy} \leq 1.$$

Tab. 7.6: Verschiedene Beobachtungsreihen (x_i, y_i), i=1,...,8,

(c)		(d)		(e)		(f)		(g)		(h)	
x_i	y_i	x_i	y_i	x_i	y_i	x_i	y_i	x_i	y_i	x_i	y_i
2	6	2	12	2	2	2	16	2	4	2	15,2
4	2	4	16	4	12	4	6	4	14	4	11,2
6	8	6	10	6	8	6	10	6	10	6	8,8
8	4	8	14	8	14	8	4	8	6	8	8
10	14	10	4	10	4	10	14	10	16	10	8,8
12	10	12	8	12	10	12	8	12	8	12	11,2
14	16	14	2	14	6	14	12	14	2	14	15,2
16	12	16	6	16	16	16	2	16	12		
r_{XY}=0,7619		r_{XY}=-0,7619		r_{XY}=0,38095		r_{XY}=-0,38095		r_{XY} = 0,00		r_{XY} = 0,00	

Die nachfolgenden Abbildungen, vgl. **Abb. 7.2**, zeigen, welche Größenordnung r_{XY} bei verschiedenen Streudiagrammen, die aus den Daten in **Tab. 7.6** gezeichnet worden sind, annimmt.

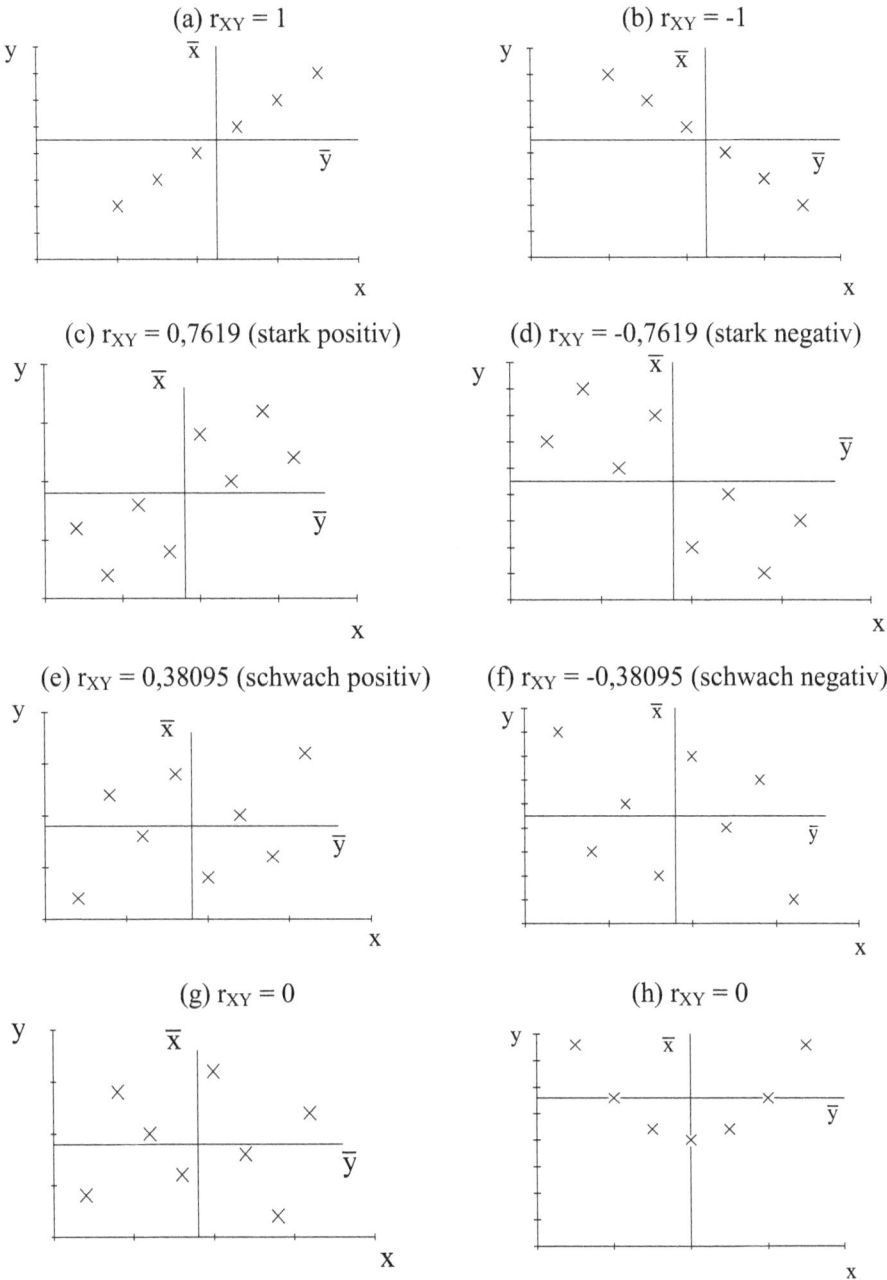

Abb. 7.2 (a) - (h): Streudiagramme bei verschiedenen Korrelationskoeffizienten

Der Korrelationskoeffizient in (h) ist Null, obwohl ein starker (nichtlinearer) Zusammenhang zwischen X und Y vorhanden ist (z.B. quadratische Durchschnittskostenfunktion).

Ist $r_{XY} = 0$, so ist dies nicht als "kein Zusammenhang", sondern vielmehr als "kein linearer Zusammenhang" zwischen X und Y zu interpretieren. Bei der Berechnung und Interpretation der Korrelationskoeffizienten ist es daher immer wichtig, im Streudiagramm nachzuschauen, ob die Punkte mehr oder weniger um eine Gerade streuen.

Beispiel 7.4 (vgl. B. 7.1(a)): In **Tab. 7.7** sind alle Hilfsgrößen zur Berechnung der Stärke des linearen Zusammenhanges zwischen den Werbeausgaben X und dem Umsatz Y zusammengestellt. Wie bereits aus dem Streudiagramm in Abb. 7.1 deutlich wird, zeichnet sich ein annähernd linearer Zusammenhang zwischen den Werbeausgaben und dem Umsatz ab.

Tab. 7.7: Arbeitstabelle zur Berechnung des Korrelationskoeffizienten r_{XY}

i	x_i	y_i	$(x_i-\bar{x})$	$(y_i-\bar{y})$	$(x_i-\bar{x})^2$	$(y_i-\bar{y})^2$	$(x_i-\bar{x})(y_i-\bar{y})$
1	5	190	-25	-110	625	12100	2750
2	10	240	-20	-60	400	3600	1200
3	15	250	-15	-50	225	2500	750
4	20	300	-10	0	100	0	0
5	30	310	0	10	0	100	0
6	30	335	0	35	0	1225	0
7	30	300	0	0	0	0	0
8	50	300	20	0	400	0	0
9	50	350	20	50	400	2500	1000
10	60	425	30	125	900	15625	3750
Σ	300	3000	0	0	3050	37650	9450

Mit

$$\bar{x} = \frac{1}{10}\sum_{i=1}^{10} x_i = 30 \quad \bar{y} = \frac{1}{10}\sum_{i=1}^{10} y_i = 300$$

und den Werten aus obiger Arbeitstabelle ist

$$\sum_{i=1}^{10}(x_i - \bar{x})^2 = 3050 \ ,$$

$$\sum_{i=1}^{10}(y_i - \bar{y})^2 = 37650 \ ,$$

$$\sum_{i=1}^{10}(x_i - \bar{x})(y_i - \bar{y}) = 9450 \ .$$

Damit ergibt sich

$$r_{XY} = \frac{9450}{\sqrt{3050 \cdot 37650}} = 0{,}8819 \ .$$

Zwischen den Ausgaben für Werbung und Umsatz besteht ein relativ hoher positiver Zusammenhang. Es besteht die Tendenz, daß mit steigenden Werbeausgaben auch der Umsatz zunimmt.

Liegen Beobachtungswerte kardinaler Merkmale aufbereitet in einer Kontingenztafel vor, dann kann der Zusammenhang zwischen den beiden Merkmalen ebenfalls durch den Korrelationskoeffizienten von Bravais-Pearson beschrieben werden. Dabei ist die Formel für den einfachen Korrelationskoeffizienten entsprechend zu modifizieren, d.h. die unterschiedlichen Häufigkeiten sind zu berücksichtigen.

Bezeichnen $a_1,...,a_k$ die k verschiedenen Ausprägungen des Merkmals X und $b_1,...,b_l$ die l verschiedenen Ausprägungen des Merkmals Y, so berechnet sich der *Korrelationskoeffizient von Bravais-Pearson* zu

$$r_{XY} = \frac{\sum_{i=1}^{k}\sum_{j=1}^{l}(a_i - \overline{x})(b_j - \overline{y})n_{ij}}{\sqrt{\sum_{i=1}^{k}(a_i - \overline{x})^2 n_{i.} \sum_{j=1}^{l}(b_j - \overline{y})^2 n_{.j}}} = \frac{\sum_{i=1}^{k}\sum_{j=1}^{l}a_i b_j n_{ij} - n\overline{x}\overline{y}}{\sqrt{\left(\sum_{i=1}^{k}a_i^2 n_{i.} - n\overline{x}^2\right)\left(\sum_{j=1}^{l}b_j^2 n_{.j} - n\overline{y}^2\right)}}$$

Für die Mittelwerte $\overline{x}$ und $\overline{y}$ gilt dabei $\quad \overline{x} = \frac{1}{n}\sum_{i=1}^{k}a_i n_{i.} \quad$ und $\quad \overline{y} = \frac{1}{n}\sum_{j=1}^{l}b_j n_{.j}$.

Der Korrelationskoeffizient kann auch dargestellt werden als $r_{XY} = \frac{s_{XY}}{\sqrt{s_X^2 \cdot s_Y^2}}$,

dabei bezeichnen

$$s_X^2 = \frac{1}{n-1}\sum_{i=1}^{k}(a_i - \overline{x})^2 n_{i.} = \frac{1}{n-1}\left(\sum_{i=1}^{k}a_i^2 \cdot n_{i.} - n\overline{x}^2\right) \quad \text{die Varianz von X,}$$

$$s_Y^2 = \frac{1}{n-1}\sum_{j=1}^{l}(b_j - \overline{y})^2 n_{.j} = \frac{1}{n-1}\left(\sum_{j=1}^{l}b_j^2 \cdot n_{.j} - n\overline{y}^2\right) \quad \text{die Varianz von Y,}$$

$$s_{XY} = \frac{1}{n-1}\sum_{i=1}^{k}\sum_{j=1}^{l}(a_i - \overline{x})(b_j - \overline{y})n_{ij} = \frac{1}{n-1}\left(\sum_{i=1}^{k}\sum_{j=1}^{l}a_i b_j n_{ij} - n\overline{x}\overline{y}\right)$$

die Kovarianz von X und Y.

Die Berechnung des Korrelationskoeffizienten nach Bravais-Pearson bei Vorliegen einer Kontingenztafel soll anhand des nachfolgenden Beispiels mit klassierten Daten erläutert werden, wobei hier als Merkmalsausprägungen a_i und b_j die entsprechenden Klassenmitten des Merkmals X m_i^X, i=1,...,k, und des Merkmals Y m_j^Y, j=1,...,l, eingesetzt werden müssen.

<u>Beispiel 7.5</u>: Die Mietervereinigung einer Stadt hat zum Jahresende für 600 Mietwohnungen in Altbauten mit vergleichbarer Ausstattung nachfolgende **Tab. 7.8** über den Mietpreis Y (Kaltmiete in €) in Abhängigkeit von der Wohnfläche X (in qm) veröffentlicht.

Tab. 7.8: Mietpreis (in €) und Wohnfläche (in qm) bei 600 Wohnungen einer Stadt

Wohnfläche X (in qm)	Mietpreis Y (in €)				
	0 - 300	300 - 600	600 - 900	900-1200	$\sum$
0 - 40	$n_{11}=101$	$n_{12}=53$	$n_{13}=0$	$n_{14}=0$	$n_{1.}=154$
40 - 80	$n_{21}=96$	$n_{22}=215$	$n_{23}=13$	$n_{24}=8$	$n_{2.}=332$
80 - 120	$n_{31}=3$	$n_{32}=14$	$n_{33}=35$	$n_{34}=62$	$n_{3.}=114$
$\sum$	$n_{.1}=200$	$n_{.2}=282$	$n_{.3}=48$	$n_{.4}=70$	$n=600$

Mit den Klassenmitten

$$m_1^X = 20, \ m_2^X = 60, \ m_3^X = 100 \quad \text{bzw.}$$
$$m_1^Y = 150, \ m_2^Y = 450, \ m_3^Y = 750, \ m_4^Y = 1050$$

beträgt die durchschnittliche Wohnfläche also gerade

$$\overline{x}_M = \frac{1}{n}\sum_{i=1}^{k} m_i^X n_{i.} = \frac{1}{600}\sum_{i=1}^{3} m_i^X n_{i.} = \frac{1}{600}\cdot(20\cdot154 + 60\cdot332 + 100\cdot114) = 57,3333 \text{ qm}$$

bzw. der durchschnittliche Mietpreis liegt bei €

$$\overline{y}_M = \frac{1}{n}\sum_{j=1}^{l} m_j^Y n_{.j} = \frac{1}{600}\sum_{j=1}^{4} m_j^Y n_{.j} = \frac{1}{600}\cdot(150\cdot200 + 450\cdot282 + 750\cdot48 + 1050\cdot70) = 444 \ .$$

Mit

$$\sum_{i=1}^{k}\sum_{j=1}^{l}(m_i^X - \overline{x}_M)(m_j^Y - \overline{y}_M)n_{ij} = \sum_{i=1}^{k}\sum_{j=1}^{l} m_i^X m_j^Y n_{ij} - n\cdot\overline{x}_M\overline{y}_M$$
$$= 20\cdot150\cdot101 + 20\cdot450\cdot53 + ... + 100\cdot1050\cdot62 - 600\cdot57,3333\cdot444$$
$$= 18348000 - 15273591,12 = 3074408,88,$$

$$\sum_{i=1}^{k}\left(m_i^X - \overline{x}_M\right)^2 \cdot n_{i.} = \sum_{i=1}^{3}(m_i^X)^2 n_{i.} - n\overline{x}_M^2 = 20^2\cdot154 + 60^2\cdot332 + 100^2\cdot114 - 600\cdot57,3333^2$$
$$= 2396800 - 1972264,373 = 424535,627$$

und

$$\sum_{j=1}^{k}\left(m_j^Y - \overline{y}_M\right)^2 \cdot n_{.j} = \sum_{j=1}^{4}(m_j^Y)^2 n_{.j} - n\overline{y}_M^2 = 150^2\cdot200 + ... + 1050^2\cdot70 - 600\cdot444^2$$
$$= 165780000 - 118281600 = 47498400$$

ist

$$r_{XY} = \frac{3074408,88}{\sqrt{424535,627\cdot47498400}} = 0,6846 \ .$$

Der Korrelationskoeffizient deutet auf einen mittleren positiven Zusammenhang zwischen Wohnfläche und Mietpreis hin. Je größer die Wohnfläche ist, um so größer wird i.a. die erwartete Miete sein.

Bei der Berechnung von Korrelationen sollte man darauf achten, daß die beiden Merkmale, die untersucht werden, in einem sachlogischen Zusammenhang stehen. Sonst besteht die Gefahr, daß **Nonsens-Korrelationen** berechnet werden. So läßt sich etwa eine recht hohe Korrelation zwischen der Abnahme der Anzahl der Störche und der Abnahme der Anzahl der Menschengeburten in einem Industrieland nachweisen.

Eine weitere Gefahr stellt die sogenannte **Scheinkorrelation** dar. Diese liegt dann vor, wenn die Merkmale X und Y beide von einem dritten Merkmal Z abhängen. So kann man beispielsweise eine positive Korrelation zwischen dem Gewinn X und den Kosten Y eines Unternehmens feststellen. Beide Größen hängen aber von der Absatzmenge Z ab. Einerseits erhöht sich bei steigender Absatzmenge unter Annahme konstanter Absatzpreise der Gewinn, andererseits muß bei steigender Absatzmenge mehr produziert werden, welches zu einer Erhöhung der Kosten führt.

Bei Vorhandensein von Nonsens- bzw. Scheinkorrelationen sollte der partielle Korrelationskoeffizient zur Abhängigkeitsanalyse verwendet werden, da er den Einfluß des dritten Merkmals ausschaltet. Die Korrelation zwischen X und Y, die ohne den Einfluß von Z vorhanden ist, wird berechnet durch

$$r_{X\,Y/Z} = \frac{r_{XY} - r_{XZ} \cdot r_{YZ}}{\sqrt{\left(1 - r_{XZ}^2\right)\left(1 - r_{YZ}^2\right)}} \quad .$$

Die mühevolle Herleitung des partiellen Korrelationskoeffizienten basiert auf der Regressionsrechnung und wird beispielsweise in Koutsoyiannis (1977), S. 132f. erläutert. Falls X und Y mit Z nicht korreliert sind ($r_{XZ} = 0$, $r_{YZ} = 0$), dann sind partieller und einfacher Korrelationskoeffizient identisch

$$r_{XY/Z} = r_{XY}.$$

Bei vollständiger Korrelation zwischen X und Z oder Y und Z ($r_{XZ} = r_{YZ} = 1$) kann der partielle Korrelationskoeffizient nicht berechnet werden, da der Nenner in der obigen Formel Null wird.

Beispiel 7.6: In **Abb. 7.3** ist der Zusammenhang zwischen Preis Y und der Absatzmenge X eines Gutes dargestellt.

Der Korrelationskoeffizient ist $r_{XY} = 0{,}1605$. Die der Theorie widersprechende positive Korrelation ist durch die dritte Variable Z (Werbeausgaben) zustande gekommen, vgl. **Tab. 7.9**.

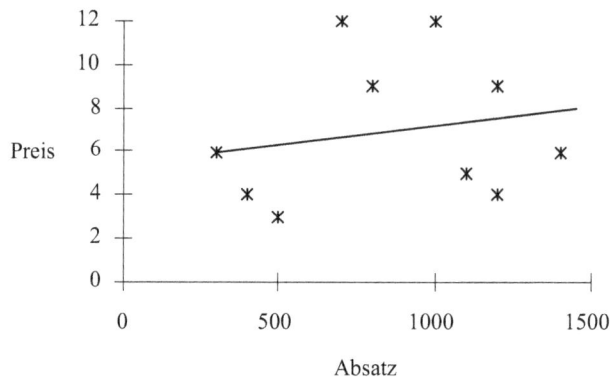

Abb. 7.3: Streudiagramm der Preis-Absatz-Daten

Tab. 7.9: Werbeausgaben, Preis und Absatzmenge eines Gutes

Jahr	Absatz (1000) X	Preis (€) Y	Werbeausgaben (€) Z
1	300	6	0
	400	4	0
	500	3	0
2	700	12	100.000
	800	9	100.000
	1100	5	100.000
	1200	4	100.000
3	1000	12	200.000
	1200	9	200.000
	1400	6	200.000

Zwischen den Merkmalen lassen sich folgende Korrelationskoeffizienten berechnen:

$$r_{XY} = 0,1605,$$
$$r_{XZ} = 0,8647,$$
$$r_{YZ} = 0,5774.$$

Wie man sieht, ist sowohl der Preis als auch die Absatzmenge mit den Werbeausgaben positiv korreliert. Daher muß man, um die eigentliche Korrelation zwischen Preis und Absatzmenge zu berechnen, das Merkmal Werbeausgaben konstant halten bzw. partialisieren:

$$r_{X\,Y/Z} = \frac{r_{XY} - r_{XZ} \cdot r_{YZ}}{\sqrt{\left(1 - r_{XZ}^2\right)\left(1 - r_{YZ}^2\right)}} = \frac{0,1605 - 0,8647 \cdot 0,5774}{\sqrt{\left(1 - 0,8647^2\right)\left(1 - 0,5774^2\right)}} = -0,8261\,.$$

Bei Eliminierung bzw. Partialisierung des Einflusses der Werbeausgaben sind die Merkmale Preis und Absatzmenge stark negativ korreliert. Aus **Abb. 7.4** erkennt man deutlich den negativen Zusammenhang, wenn die Preis-Absatz-Daten zusätzlich in Abhängigkeit von der Höhe der Werbeausgaben Z dargestellt werden.

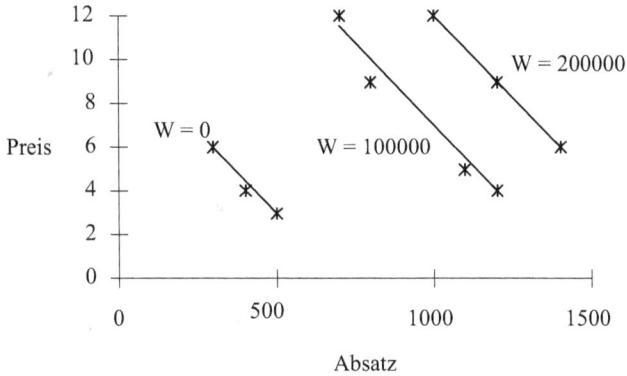

Abb. 7.4: Streudiagramm der Preis-Absatz-Daten in Abhängigkeit von den Werbeausgaben

7.2.2 Multipler Korrelationskoeffizient

Die multiple Korrelation ist ein Maß für die Abhängigkeit eines Merkmals Y von k anderen Merkmalen $X_1,.....,X_k$.

Der *multiple Korrelationskoeffizient* $r_{Y,(X_1,...,X_k)}$ ist definiert als die betragsmäßig größte (einfache) Korrelation unter den Korrelationen zwischen dem Merkmal Y und allen möglichen Linearkombinationen

$$a_1X_1 + a_2X_2 +..... + a_kX_k$$

der Merkmale $X_1,.....,X_k$ mit beliebigen Gewichten $a_1, ... ,a_k$.

Speziell für k = 1 wird die multiple Korrelation zwischen Y und X_1 durch deren einfache Korrelation (Betrag)

$$r_{Y,(X_1)} = \left| r_{YX_1} \right|$$

und für k = 2 durch

$$r_{Y,(X_1,X_2)} = \sqrt{\frac{r_{YX_1}^2 + r_{YX_2}^2 - 2r_{YX_1} r_{YX_2} r_{X_1X_2}}{1 - r_{X_1X_2}^2}}$$

bestimmt.

Die Größe $R^2 = r^2_{Y,(X_1,\dots,X_k)}$ nennt man auch das multiple Bestimmtheitsmaß. Es gibt an, wie gut das Merkmal Y durch die Merkmale $X_1,\dots,X_k$ erklärt wird (vgl. auch Abschnitt 7.3.6).

Beispiel 7.7: Im Rahmen einer PIMS-Studie (PIMS = Profit Impact on Marketing Strategies) soll die Abhängigkeit der Rentabilität (in %) von den Einflußfaktoren Marktanteil (in %) und Ausgaben für Forschung und Entwicklung (in % des Umsatzes) geschätzt werden. Zu diesem Zweck werden die relevanten Daten von 10 Unternehmen einer Branche ausgewertet, vgl. **Tab. 7.10**.

Tab. 7.10: Rentabilität, Marktanteil und Ausgaben für Forschung und Entwicklung von 10 Unternehmen

Unternehmen i		1	2	3	4	5	6	7	8	9	10
Rentabilität (%)	Y	8	12	14	14	20	25	25	30	32	35
Marktanteil (%)	X_1	6	4	10	6	4	10	14	10	20	16
F & E (in % vom Umsatz)	X_2	1	0	1	2	3	1	2	1	1	4

Aus den Untersuchungsergebnissen werden zunächst die einfachen Korrelationskoeffizienten berechnet, und zwar zwischen

Rentabilität Y und Marktanteil X_1 $\qquad\qquad\qquad r_{YX_1} = 0{,}7850;$

Rentabilität Y und Ausgaben für Forschung und Entwicklung X_2 $\quad r_{YX_2} = 0{,}4382;$

Marktanteil X_1 und Ausgaben für Forschung und Entwicklung X_2 $\quad r_{X_1X_2} = 0{,}213.$

Nun kann der multiple Korrelationskoeffizient ermittelt werden:

$$r_{Y,(X_1,X_2)} = \sqrt{\frac{0{,}7850^2 + 0{,}4382^2 - 2\cdot 0{,}7850\cdot 0{,}4382\cdot 0{,}213}{1 - 0{,}213^2}} = 0{,}8326.$$

Berechnet man die Bestimmtheitsmaße

$$r^2_{YX_1} = 0{,}7850^2 = 0{,}6162 \qquad\qquad r^2_{YX_2} = 0{,}4382^2 = 0{,}1920$$

und das multiple Bestimmtheitsmaß

$$R^2 = r^2_{Y,(X_1X_2)} = 0{,}6932,$$

so läßt sich interpretieren, daß etwa 62% der Schwankungen der Rentabilität durch unterschiedliche Marktanteile und etwa 19% der Schwankungen durch Unterschiede in den Forschungs- und Entwicklungsausgaben erklärbar sind. Insgesamt werden durch Marktanteile und Forschungs- und Entwicklungsausgaben etwa 69% der Varianz der Rentabilität erklärt.

Aufgrund der Korrelation zwischen X_1 und X_2 ist die Summe der einzelnen Bestimmtheitsmaße größer als das multiple Bestimmtheitsmaß; X_1 und X_2 weisen gemeinsame Bestandteile zur Erklärung von Y auf.

7.2.3 Rangkorrelationskoeffizient von Spearman

Um ein Zusammenhangsmaß für zwei Merkmale zu erhalten, von denen das eine ordinal skaliert und das andere ordinal oder kardinal skaliert ist, berücksichtigt man, daß die Ausprägungen solcher Merkmale eine eindeutige Rangfolge besitzen.

Der Rangkorrelationskoeffizient basiert auf den sogenannten Rangzahlen $R(x_i)$ und $R(y_i)$, die den Beobachtungswerten x_i und y_i zugeordnet werden. Dabei werden die n Werte $x_1,...,x_n$ (bzw. $y_1,...,y_n$) der Größe nach geordnet und beginnend mit dem größten bzw. besten Wert, der die Rangzahl 1 erhält, werden alle Merkmalswerte mit ganzen Zahlen durchnumeriert bis zum kleinsten bzw. schlechtesten Wert, der die Rangzahl n erhält.

Sind sowohl die x_i als auch die y_i-Werte verschieden, dann ist der **Rangkorrelationskoeffizient von Spearman** gegeben durch

$$r_s = 1 - \frac{6 \sum\limits_{i=1}^{n} d_i^2}{n(n^2 - 1)}$$

mit

$$d_i = R(x_i) - R(y_i).$$

Auch hier gilt

$$-1 \leq r_s \leq 1.$$

Der Spearmansche Korrelationskoeffizient nimmt nicht nur bei streng linearem Zusammenhang zwischen X und Y den Wert 1 an, sondern auch dann, wenn die Beobachtungen monoton wachsend sind, d.h. wenn für alle Paare (x_i,y_i) und (x_j,y_j) mit $x_i < x_j$ auch $y_i < y_j$ gilt, da er ja nur auf den Rangzahlen beruht.

Je näher der Betrag von r_s bei 1 (0) liegt, um so stärker (schwächer) ist der lineare Zusammenhang zwischen den beiden Rangordnungen.

Beispiel 7.8: Bei einer Mathematik- und einer Statistikklausur wurden von n=10 Studenten die in **Tab. 7.11** angegebenen Punkte erreicht. Dort sind außerdem die zur Berechnung des Rangkorrelationskoeffizienten benötigten Hilfsgrößen eingetragen.

Es gilt

$$r_s = 1 - \frac{6 \sum\limits_{i=1}^{11} d_i^2}{10(10^2 - 1)} = 1 - \frac{6 \cdot 58}{10(100 - 1)} = 1 - \frac{348}{990} = 0{,}6485.$$

Tab. 7.11: Punkte bei einer Mathematik- und einer Statistikklausur von n=10 Studenten

Student i	Mathematik x_i	Statistik y_i	$R(x_i)$	$R(y_i)$	d_i	d_i^2
1	25	72	6	4	2	4
2	21	55	9	9	0	0
3	22	62	8	6	2	4
4	15	39	10	10	0	0
5	41	61	2	7	-5	25
6	24	68	7	5	2	4
7	31	59	5	8	-3	9
8	37	89	4	2	2	4
9	46	81	1	3	-2	4
10	38	93	3	1	2	4
Σ			55	55	0	58

Der Rangkorrelationskoeffizient von Spearman r_s ist der auf die Rangzahlen $R(x_1),...,R(x_n)$ und $R(y_1),...,R(y_n)$ angewandte Korrelationskoeffizient von Bravais-Pearson

$$r_S = \frac{\sum\limits_{i=1}^{n}\left(R(x_i) - \overline{R(x)}\right)\left(R(y_i) - \overline{R(y)}\right)}{\sqrt{\sum\limits_{i=1}^{n}\left(R(x_i) - \overline{R(x)}\right)^2 \sum\limits_{i=1}^{n}\left(R(y_i) - \overline{R(y)}\right)^2}}$$

mit $\overline{R(x)} = \dfrac{1}{n}\sum\limits_{i=1}^{n} R(x_i)$ und $\overline{R(y)} = \dfrac{1}{n}\sum\limits_{i=1}^{n} R(y_i)$.

Sind sowohl $x_1,...x_n$ als auch $y_1,...y_n$ verschieden, so ist

$$\frac{\sum\limits_{i=1}^{n}\left(R(x_i) - \overline{R(x)}\right)\left(R(y_i) - \overline{R(y)}\right)}{\sqrt{\sum\limits_{i=1}^{n}\left(R(x_i) - \overline{R(x)}\right)^2 \sum\limits_{i=1}^{n}\left(R(y_i) - \overline{R(y)}\right)^2}} = 1 - \frac{6\sum\limits_{i=1}^{n} d_i^2}{n\left(n^2 - 1\right)}$$

Zur Ableitung verwendet man folgende Summenformeln

$$\sum_{i=1}^{n} R(x_i) = \sum_{i=1}^{n} R(y_i) = \sum_{i=1}^{n} i = \frac{n(n+1)}{2},$$

$$\sum_{i=1}^{n}\left(R(x_i)\right)^2 = \sum_{i=1}^{n}\left(R(y_i)\right)^2 = \sum_{i=1}^{n} i^2 = \frac{n(n+1)(2n+1)}{6}.$$

Treten unter den Beobachtungswerten $x_1,...,x_n$, bzw. $y_1,...,y_n$ gleiche Werte auf (Bindungen), so wird diesen das arithmetische Mittel der Rangzahlen, die sie einnehmen, zugeordnet. Der Korrelationskoeffizient muß dann direkt über den

Korrelationskoeffizienten von Bravais-Pearson berechnet werden, indem man die Ränge in die Formel einsetzt.

Beispiel 7.9: In Beispiel 7.6 soll der Rangkorrelationskoeffizient nach Spearman für den Fall berechnet werden, daß in der Mathematikklausur Student Nr. 3 21 Punkte und Student Nr. 8 38 Punkte erreicht hat. Damit ergeben sich die in **Tab. 7.12** angegebenen Ränge $R(x_i)$ und $R(y_i)$, i=1,...,10. Da die Punktzahl 21 in der Mathematikklausur zweimal vorkommt, erhalten die Studenten Nr. 2 und 3 als Rangzahlen das arithmetische Mittel der Rangzahlen, die sie einnehmen, also (8+9)/2 = 8,5 zugeordnet.

Tab. 7.12: Rangzahlen $R(x_i)$ und $R(y_i)$ für die Klausurergebnisse in Mathematik x_i und Statistik y_i für n=10 Studenten

i	x_i	y_i	$R(x_i)$	$R(y_i)$	$(R(x_i)-5,5)^2$	$(R(y_i)-5,5)^2$	$(R(x_i)-5,5)(R(y_i)-5,5)$
1	25	72	6	4	0,25	2,25	-0,75
2	21	55	8,5	9	9	12,25	10,5
3	21	62	8,5	6	9	0,25	1,5
4	15	39	10	10	20,25	20,25	20,25
5	41	61	2	7	12,25	2,25	-5,25
6	24	68	7	5	2,25	0,25	-0,75
7	31	59	5	8	0,25	6,25	-1,25
8	38	89	3,5	2	4	12,25	7
9	46	81	1	3	20,25	6,25	11,25
10	38	93	3,5	1	4	20,25	9
Σ			55	55	81,5	82,5	51,5

Der Rangkorrelationskoeffizient von Spearman muß berechnet werden als Korrelationskoeffizient von Bravais-Pearson, wobei an die Stelle der Beobachtungswerte die Rangzahlen eingesetzt werden. Mit

$$\overline{R(x)} = \frac{1}{10}\sum_{i=1}^{10} R(x_i) = 5,5, \quad \overline{R(y)} = \frac{1}{10}\sum_{i=1}^{10} R(y_i) = 5,5$$

und den Werten aus obiger Arbeitstabelle ergibt sich

$$r_s = \frac{\sum_{i=1}^{10}\left(R(x_i)-5,5\right)\left(R(y_i)-5,5\right)}{\sqrt{\sum_{i=1}^{10}\left(R(x_i)-5,5\right)^2 \sum_{i=1}^{10}\left(R(y_i)-5,5\right)^2}} = \frac{51,5}{\sqrt{81,5 \cdot 82,5}} = 0,6281$$

7.2.4 Assoziationskoeffizient von Yule

Besitzen zwei Merkmale X und Y, von denen das eine nominal und das andere beliebig skaliert ist, nur jeweils zwei Ausprägungen, d.h. ist k=2, l=2, so heißt die (2x2)-Kontingenztafel auch Vierfeldertafel.

Der *Yulesche Assoziationskoeffizient* dient bei der Vierfeldertafel als Maß für die Abhängigkeit der Merkmale X und Y. Er ist gegeben durch

$$A_{XY} = \frac{n_{11}n_{22} - n_{12}n_{21}}{n_{11}n_{22} + n_{12}n_{21}} = \frac{h_{11} \cdot h_{22} - h_{12} \cdot h_{21}}{h_{11} \cdot h_{22} + h_{12} \cdot h_{21}}.$$

Für den Yuleschen Assoziationskoeffizienten gilt ebenfalls

$$-1 \leq A_{XY} \leq +1.$$

Bei Unabhängigkeit der beiden Merkmale gilt für jedes Ausprägungspaar (a_i, b_j), $i=1,2$, $j=1,2$,

$$n_{ij} = \frac{n_{i.} \cdot n_{.j}}{n}$$

bzw.

$$h_{ij} = h_{i.} \cdot h_{.j},$$

so daß in diesem Falle der Zähler des Assoziationskoeffizienten Null und somit auch A_{XY} Null wird.

Der Wert $A_{XY} = +1$ oder $A_{XY} = -1$ wird dabei nicht allein bei vollständiger Abhängigkeit angenommen, sondern schon wenn ein $n_{ij} = 0$ ist.

<u>Beispiel 7.10</u> (vgl. B. 7.3): Es soll der Grad des Zusammenhangs zwischen Geschlecht und Führungsposition von n=400 Angestellten einer Firma bestimmt werden, vgl. **Tab. 7.13**.

Tab. 7.13: Führungsposition und Geschlecht von n=400 Angestellten

	Geschlecht Y		
Führungsposition X	weiblich = b_1	männlich = b_2	Σ
a_1 = leitend	$n_{11} = 2$	$n_{12} = 98$	$n_{1.} = 100$
a_2 = nicht leitend	$n_{21} = 38$	$n_{22} = 262$	$n_{2.} = 300$
Σ	$n_{.1} = 40$	$n_{.2} = 360$	$n = 400$

Es ergibt sich

$$A_{XY} = \frac{2 \cdot 262 - 98 \cdot 38}{2 \cdot 262 + 98 \cdot 38} = -\frac{3200}{4248} = -0{,}7533$$

bzw.

$$A_{XY} = \frac{98 \cdot 38 - 2 \cdot 262}{98 \cdot 38 + 2 \cdot 262} = \frac{3200}{4248} = 0{,}7533,$$

wenn die Spalten oder die Zeilen der Vierfeldertafel vertauscht werden.

Der Assoziationskoeffizient deutet auf einen starken Zusammenhang zwischen Geschlecht und Führungsposition hin. Das Vorzeichen des Assoziationskoeffizienten hängt von der Anordnung der Spalten bzw. der Zeilen ab und ist daher nur in Verbindung mit der Vierfeldertafel interpretierbar

Der erste Assoziationskoeffizient ist negativ, da relativ wenige Frauen in leitender Führungsposition tätig sind, während der zweite Assoziationskoeffizient positiv ist, da relativ viele Männer in leitender Führungsposition sind.

7.2.5 Pearsonscher Kontingenzkoeffizient und Assoziationsmaß von Cramér

Während der Yulesche Assoziationskoeffizient nur für die Vierfeldertafel zur Anwendung kommt, läßt sich mit Hilfe des Pearsonschen Kontingenzkoeffizienten der Zusammenhang zwischen einem nominalen und einem beliebig skalierten Merkmal in beliebigen (k,l)-Kontingenztabellen messen.

Der *Pearsonsche Kontingenzkoeffizient* ist gegeben durch

$$C = \sqrt{\frac{\chi^2}{n + \chi^2}} \qquad \text{mit } \chi^2 = \sum_{i=1}^{k} \sum_{j=1}^{l} \frac{(n_{ij} - m_{ij})^2}{m_{ij}} \quad \text{und} \quad m_{ij} = \frac{n_{i.} n_{.j}}{n}.$$

Wenn die beiden Merkmale X und Y voneinander unabhängig sind, dann gilt für jedes Ausprägungspaar (a_i, b_j), wie bereits in Beispiel 7.3 erläutert,

$$n_{ij} = \frac{n_{i.} \cdot n_{.j}}{n}, \quad i=1,\ldots,k, \; j=1,\ldots,l.$$

Der Pearsonsche Kontingenzkoeffizient basiert also auf einem Vergleich der tatsächlich ermittelten Häufigkeit n_{ij} und der Häufigkeit m_{ij}, die man bei Unabhängigkeit der beiden Merkmale erwarten würde. Je größer die Differenz $n_{ij} - m_{ij}$ ist, um so größer ist die Abhängigkeit von X und Y. Sind also X und Y unabhängig, dann ist $\chi^2 = 0$ und daher $C = 0$. Bei Abhängigkeit der beiden Merkmale ist $\chi^2 > 0$ und $C > 0$. Der Wertebereich von C liegt immer zwischen Null und Eins, nimmt als maximalen Wert nicht Eins an, sondern ist bei einer (k,l)-Kontingenztafel höchstens gleich

$$\sqrt{\frac{\min(k,l) - 1}{\min(k,l)}}.$$

Man sieht, daß dieser Ausdruck am kleinsten bei einer Vierfeldertafel ist, und zwar $\sqrt{0{,}5} = 0{,}707$; mit wachsender Tafelgröße strebt er gegen 1. Deshalb verwendet man gelegentlich den korrigierten Pearsonschen Kontingenzkoeffizienten

$$C_{corr} = \sqrt{\frac{\min(k,l)}{\min(k,l) - 1}} \cdot \sqrt{\frac{\chi^2}{n + \chi^2}},$$

der bei jeder Tafelgröße als Maximum den Wert 1 hat.

> Das von **Cramér** eingeführte Assoziationsmaß
>
> $$V = \sqrt{\frac{\chi^2}{n \cdot (\min(k,l) - 1)}}$$

hat als Maximum ebenfalls den Wert 1.

Beispiel 7.11: Der Leiter der Kreditabteilung einer Sparkasse möchte wissen, ob bei den wichtigsten Firmenkunden ein Zusammenhang zwischen Rechtsform der Unternehmung und Verschuldungsgrad (=Fremdkapital/Eigenkapital) besteht. Zu diesem Zweck wurden 300 Unternehmen nach diesen beiden Merkmalen befragt, vgl. **Tab. 7.14**.

Tab. 7.14: Verschuldungsgrad und Rechtsformen von n=300 Unternehmen

	OHG	KG	GmbH	Σ
niedriger Verschuldungsgrad	51	35	18	104
hoher Verschuldungsgrad	148	36	12	196
Σ	199	71	30	300

Falls die beiden Merkmale Rechtsform und Verschuldungsgrad voneinander unabhängig sind, wären die in **Tab. 7.15** angegebenen Häufigkeiten zu erwarten gewesen.

Tab. 7.15: Berechnung der erwarteten Häufigkeiten m_{ij} bei Unabhängigkeit

	OHG	KG	GmbH	Σ
niedriger Verschuldungsgrad	$68,99 = \dfrac{104 \cdot 199}{300}$	$24,61 = \dfrac{104 \cdot 71}{300}$	$10,4 = \dfrac{104 \cdot 30}{300}$	104
hoher Verschuldungsgrad	$130,01 = \dfrac{196 \cdot 199}{300}$	$46,39 = \dfrac{196 \cdot 71}{300}$	$19,6 = \dfrac{196 \cdot 30}{300}$	196
Σ	199	71	30	300

Somit ergeben sich für den Pearsonschen Kontingenzkoeffizienten und das Assoziationsmaß von Cramér als Maßzahlen für den Zusammenhang zwischen den beiden Merkmalen mit

$$\chi^2 = \frac{(51 - 68,99)^2}{68,99} + \frac{(35 - 24,61)^2}{24,61} + \frac{(18 - 10,4)^2}{10,4}$$
$$+ \frac{(148 - 130,01)^2}{130,01} + \frac{(36 - 46,39)^2}{46,39} + \frac{(12 - 19,6)^2}{19,6} = 22,39$$

gerade

$$C = \sqrt{\frac{22,39}{300 + 22,39}} = 0,2635 \text{ und } C_{corr} = \sqrt{\frac{2}{2-1}} \cdot \sqrt{\frac{22,39}{300 + 22,39}} = 0,3726 \text{ bzw.}$$

$$V = \sqrt{\frac{22,39}{300 \cdot (2 - 1)}} = 0,2732.$$

Zwischen der Rechtsform einer Unternehmung und dem Verschuldungsgrad besteht also ein gewisser Zusammenhang, den man auch unmittelbar aus der Tabelle erkennen würde.

7.2.6 Parameter von linear transformierten Merkmalen mit Beispielen aus der Meta- und Portfolioanalyse

Unter einer linearen Transformation versteht man die Umrechnung einer Merkmalsausprägung in eine andere mit Hilfe einer linearen mathematischen Funktion. Solche Umrechnungen sind in der Wirtschaft häufig anzutreffen. Bekannte Beispiele sind (lineare) Kostenfunktionen, bei denen für eine bestimmte Produktionsmenge die Gesamtkosten berechnet werden, oder (lineare) Preis-Absatz-Funktionen, bei denen für eine bestimmte Absatzmenge ein Preis ermittelt wird.

Auch im alltäglichen Leben ist man mit linearen Transformationen konfrontiert. Beim Kauf einer „Bahn-Card", die 230 € kostet, möchte man beispielsweise wissen, wie hoch die gesamten Ausgaben pro Jahr für Zugfahrten sind, wenn man 10000 km fährt bei einem km-Preis von 0,12 €. Wie man mit folgender linearer Transformationsgleichung leicht ausrechnen kann, belaufen sich die gesamten Ausgaben auf 230 € +10000 · 0,12 € = 1430 €. Wenn wir jetzt die gefahrenen Zugkilometer von 100 Mitarbeitern einer Firma statistisch auswerten wollen, so erhalten wir eine Häufigkeitsverteilung der gefahrenen Zugkilometer, für die wir die Parameter Mittelwert und Varianz berechnen können. Sind wir nun an dem Mittelwert und der Varianz der Ausgaben für die gefahrenen Zugkilometer interessiert, so können wir diese Parameter aus den Parametern der ursprünglichen Häufigkeitsverteilung über die lineare Transformationsgleichung ermitteln, wie die folgenden Abschnitte zeigen.

Die lineare Transformation wird anhand von Beispielen aus der Portfolioanalyse und der Meta-Analyse erläutert. Die Portfolioanalyse spielt in der Finanzierung im Zusammenhang von Anlageentscheidungen eine große Rolle, während mit der beispielhaften Vorstellung der Meta-Analyse neuere Entwicklungen auf dem Gebiet der Statistik aufgezeigt werden sollen. Unter Meta-Analyse versteht man die Zusammenfassung bzw. Kombination von mehreren Einzelanalysen zu einer Gesamtanalyse zur Beantwortung komplexer Fragestellungen (vgl. u.a. Olkin (1996) oder Hartung/Knapp/Sinha (2009)). Die Kombination von Prognosen, speziell im ökonomischen Bereich, vgl. etwa schon Clement/Winkler (1986), Trenkler/Liski (1986), ist ein Teilbereich der Meta-Analyse, welche in den letzten Jahren besonders aktuell geworden ist.

Gewinnt man die Merkmalsausprägungen y_i eines Merkmals Y durch lineare Transformation der x_i-Werte eines Merkmals X

$$y_i = a + b \cdot x_i \, , \ i=1,...,n,$$

dann ist der Mittelwert von Y

$$\overline{y} = \frac{1}{n} \cdot \sum_{i=1}^{n} y_i = \frac{1}{n} \cdot \sum_{i=1}^{n} \left(a + bx_i \right)$$

$$= \frac{1}{n} \sum_{i=1}^{n} a + b \cdot \frac{1}{n} \cdot \sum_{i=1}^{n} x_i$$

$$= a + b\overline{x} \quad ,$$

und die Varianz von Y

$$s_Y^2 = \frac{1}{n-1} \cdot \sum_{i=1}^{n} \left(y_i - \overline{y} \right)^2$$

$$= \frac{1}{n-1} \cdot \sum_{i=1}^{n} \left(a + bx_i - (a + b\overline{x}) \right)^2$$

$$= b^2 \cdot \frac{1}{n-1} \cdot \sum_{i=1}^{n} \left(x_i - \overline{x} \right)^2$$

$$= b^2 \cdot s_X^2 \quad ,$$

falls der Mittelwert $\overline{x}$ und die Varianz s_X^2 gegeben sind.

Beispiel 7.12: Die folgende **Tab. 7.16** zeigt die Wertpapierabrechnung einer Bank für den Kauf von Anleihen in den Monaten Januar bis Juni; die Spesen setzen sich aus einer Bearbeitungsgebühr von 20 € je Transaktion und 0,5% Provision vom Nominalwert zusammen.

Tab. 7.16: Wertpapierabrechnung

Monat i	Nominalwert der Anleihen x_i (€)	Spesen y_i (€)
Januar	8000	60,00
Februar	5800	49,00
März	5500	47,50
April	6100	50,50
Mai	7500	57,50
Juni	9100	65,50

Die lineare Transformation lautet

$$y_i = 20 + 0,005x_i \, , \, i=1,...,6.$$

Da $\overline{x} = 7000$ und $s_X^2 = 1425,5^2$ ist, folgt

$$\overline{y} = 20 + 0,005 \cdot 7000 = 55$$

und

$$s_Y^2 = 0{,}005^2 \cdot 1425{,}5^2 = 7{,}1275^2 \; .$$

Im folgenden sollen nun die Merkmalsausprägungen z_i des Merkmals Z durch Summenbildung der Merkmalsausprägungen x_i und y_i der Merkmale X und Y gebildet werden, d.h.

$$z_i = ax_i + by_i \, , \, i=1,\ldots,n.$$

Sind die Parameter $\overline{x}$, $\overline{y}$, s_X^2 und s_Y^2 gegeben, dann hat das Merkmal Z den Mittelwert

$$\overline{z} = \frac{1}{n} \cdot \sum_{i=1}^{n} z_i = \frac{1}{n} \cdot \sum_{i=1}^{n} \left(ax_i + by_i\right) = a \cdot \frac{1}{n} \cdot \sum_{i=1}^{n} x_i + b \cdot \frac{1}{n} \cdot \sum_{i=1}^{n} y_i = a\overline{x} + b\overline{y}$$

und die Varianz

$$s_Z^2 = \frac{1}{n-1} \cdot \sum_{i=1}^{n} \left(z_i - \overline{z}\right)^2$$

$$= \frac{1}{n-1} \cdot \sum_{i=1}^{n} \left(ax_i + by_i - \left(a\overline{x} + b\overline{y}\right)\right)^2$$

$$= \frac{1}{n-1} \cdot \sum_{i=1}^{n} \left(a\left(x_i - \overline{x}\right) + b\left(y_i - \overline{y}\right)\right)^2$$

$$= \frac{1}{n-1} \cdot \sum_{i=1}^{n} \left(a^2\left(x_i - \overline{x}\right)^2 + 2ab\left(x_i - \overline{x}\right)\left(y_i - \overline{y}\right) + b^2\left(y_i - \overline{y}\right)^2\right)$$

$$= a^2 \cdot \frac{1}{n-1} \cdot \sum_{i=1}^{n}\left(x_i - \overline{x}\right)^2 + 2ab \cdot \frac{1}{n-1} \cdot \sum_{i=1}^{n}\left(x_i - \overline{x}\right)\left(y_i - \overline{y}\right) + b^2 \cdot \frac{1}{n-1} \cdot \sum_{i=1}^{n}\left(y_i - \overline{y}\right)^2$$

$$= a^2 \cdot s_X^2 + b^2 \cdot s_Y^2 + 2ab \cdot s_{XY} \; .$$

Sind die Merkmale X und Y unkorreliert, dann ist die Kovarianz $s_{XY} = 0$, und die Formel für die Varianz von Z lautet in diesem Fall

$$s_Z^2 = a^2 \cdot s_X^2 + b^2 \cdot s_Y^2 \; .$$

Zusammenfassung

Transformationsgleichung: $Y = a + bX$

Parameter: $\bar{y} = a + b\bar{x}$

$$s_Y^2 = b^2 s_X^2$$

Transformationsgleichung: $Z = aX + bY$

Parameter: $\bar{z} = a\bar{x} + b\bar{y}$

$$s_Z^2 = a^2 s_X^2 + b^2 s_Y^2 + 2abs_{XY}$$

falls X und Y unkorreliert $s_Z^2 = a^2 s_X^2 + b^2 s_Y^2$

<u>Beispiel 7.13</u>: **Optimale Kombination von Prognosen:**

Prognostiker P_1 schätzt heute den mittleren Dollarkurs in 6 Monaten bei $\bar{x}_1 = 0,80\,€$ mit einer Standardabweichung (Volatilität) von $s_1 = 0,05\,€$. Prognostiker P_2 hält dagegen einen mittleren Dollarkurs von $\bar{x}_2 = 0,825\,€$ bei einer Volatilität von $s_2 = 0,10\,€$ für möglich.

Der Anwender A möchte beide Prognosen kombinieren, und zwar derart, daß das Risiko der Prognose, welches durch die Volatilität ausgedrückt wird, minimiert wird. Dabei unterstellt er, daß die Prognoseergebnisse der beiden Prognostiker unkorreliert sind.

Es liegt nahe, aus beiden Prognoseergebnissen ein gewogenes arithmetisches Mittel zu bilden. Der mittlere Dollarkurs ist dann

$$\bar{x} = w_1 \cdot \bar{x}_1 + w_2 \cdot \bar{x}_2 .$$

mit den Gewichten $w_1 \geq 0$, $w_2 \geq 0$ und $w_1 + w_2 = 1$. Da $w_2 = 1 - w_1$ ist, folgt für die Parameter der kombinierten Prognose

$$\bar{x} = w_1 \cdot \bar{x}_1 + \left(1 - w_1\right) \cdot \bar{x}_2$$

und

$$s^2 = w_1^2 \cdot s_1^2 + \left(1 - w_1\right)^2 \cdot s_2^2 .$$

Die Varianz s^2 hängt von der Wahl des Gewichtes w_1 ab, d.h. sie ist eine Funktion von w_1, deren Minimum durch Differentiation gefunden wird

$$\frac{ds^2}{dw_1} = 2w_1 \cdot s_1^2 - 2\left(1 - w_1\right) \cdot s_2^2 = 0 .$$!

Die Auflösung nach w_1 ergibt

$$w_1 = \frac{s_2^2}{s_1^2 + s_2^2} = \frac{\dfrac{1}{s_1^2}}{\dfrac{1}{s_1^2} + \dfrac{1}{s_2^2}} .$$

Mit der Wahl des Gewichtes

$$w_1 = \frac{\dfrac{1}{s_1^2}}{\dfrac{1}{s_1^2} + \dfrac{1}{s_2^2}}$$

erzielt man eine kombinierte Prognose mit minimalem Risiko. Die Varianz s^2 lautet

$$s^2 = \left(\frac{\dfrac{1}{s_1^2}}{\dfrac{1}{s_1^2} + \dfrac{1}{s_2^2}}\right)^2 s_1^2 + \left(1 - \frac{\dfrac{1}{s_1^2}}{\dfrac{1}{s_1^2} + \dfrac{1}{s_2^2}}\right)^2 s_2^2$$

$$= \frac{\dfrac{1}{s_1^2}}{\left(\dfrac{1}{s_1^2} + \dfrac{1}{s_2^2}\right)^2} + \frac{\dfrac{1}{s_2^2}}{\left(\dfrac{1}{s_1^2} + \dfrac{1}{s_2^2}\right)^2}$$

$$= \frac{1}{\dfrac{1}{s_1^2} + \dfrac{1}{s_2^2}} = \frac{1}{2} \cdot H \quad ,$$

wobei H das harmonische Mittel von s_1^2 und s_2^2 ist.

Im vorliegenden Fall ist

$$w_1 = \frac{\dfrac{1}{0{,}05^2}}{\dfrac{1}{0{,}05^2} + \dfrac{1}{0{,}1^2}} = 0{,}8$$

und

$$s^2 = \frac{1}{\dfrac{1}{0{,}05^2} + \dfrac{1}{0{,}1^2}} = 0{,}002$$

bzw.

$$s = 0{,}0447.$$

Die kombinierte bzw. optimale Prognose für den Dollarkurs lautet

$$\bar{x} = 0{,}8 \cdot 0{,}80 \; \text{€} + 0{,}2 \cdot 0{,}825 \; \text{€} = 0{,}805 \; \text{€} \; .$$

Man beachte, daß die Volatilität der kombinierten Prognose geringer ist als die Volatilität der einzelnen Prognosen. Jede andere Gewichtung führt zu einer größeren Volatilität und damit zu einem größeren Risiko.

Allgemein läßt sich bei der Kombination von k Prognosen zeigen, daß die optimalen Gewichte

$$w_i = \frac{\dfrac{1}{s_i^2}}{\sum_{i=1}^{k} \dfrac{1}{s_i^2}} \quad , i=1,...,k,$$

und die minimale Varianz

$$s^2 = \frac{1}{\sum_{i=1}^{k} \dfrac{1}{s_i^2}} = \frac{1}{k} \cdot H$$

sind.

Je mehr Einzelprognosen zu Bildung der kombinierten Prognose herangezogen werden, um so geringer ist ihre Volatilität, vgl. **Abb. 7.5**.

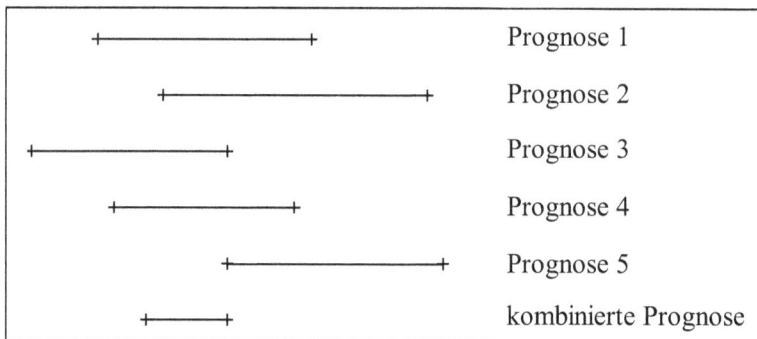

Abb. 7.5: Prognoseintervalle $\overline{x}_i \pm s_i$

Durch die hier beschriebene Kombination von Prognosen kann die Unsicherheit bei Prognosen reduziert werden. Dies gilt aber nur unter der Voraussetzung der Unkorreliertheit der Prognosen. Bei positiver Korrelation der Prognoseergebnisse tritt dieser Effekt nicht oder nicht in dem gewünschten Ausmaß ein. In der Realität ist anzunehmen, daß die Ergebnisse der Prognostiker positiv korreliert sind, weil beispielsweise gleiche Modelle und Methoden zur Gewinnung der Prognosen verwendet werden.

Während das Beispiel der Kombination von Prognosen retrospektiv meta-analytisch orientiert ist, ist das folgende Beispiel der Portfolioselektion prospektiv meta-analytisch ausgerichtet.

Das Konzept der Portfolioselektion betrachtet die optimale Zusammensetzung eines Wertpapier-Portfolios nach den Kriterien mittlere Rendite und Volatilität (Risiko). Die Portfolioselektion, deren Begründer H. Markowitz ist, hat in den letzten Jahren die finanztheoretische Literatur nachhaltig beeinflußt (vgl. u.a. Ryan, (1978)).

Beispiel 7.14: **Portfolioselektion**
Das Portfolio eines Investors soll aus den Aktien A und B bestehen, die folgende Kennzahlen, vgl. **Tab. 7.17**, aufweisen sollen.

Tab. 7.17:   Mittlere Rendite und Volatilität zweier Aktien A und B

Aktie	mittlere Rendite (%)	Volatilität (%)
A	$\overline{x}_A = 10$	$s_A = 20$
B	$\overline{x}_B = 20$	$s_B = 30$

Zunächst soll der Frage nachgegangen werden, bei welchem Anteil der Aktie A bzw. B im Portfolio das Gesamtrisiko minimal ist, falls die Renditen unkorreliert sind.

Die mittlere Rendite des Portfolios läßt sich als gewogener Durchschnitt der mittleren Renditen der Aktien A und B berechnen,

$$\overline{x} = w_A \cdot \overline{x}_A + (1 - w_A) \cdot \overline{x}_B = w_A \cdot 0{,}1 + (1 - w_A) \cdot 0{,}2$$

mit w_A = Anteil der Aktien A.

Die Rendite einer Aktie setzt sich aus der Dividendenzahlung und der Kursänderung zusammen. Die Varianz des Portfolios beträgt bei Unkorreliertheit der Aktienrenditen

$$s^2 = w_A^2 \cdot s_A^2 + (1 - w_A)^2 \cdot s_B^2 = w_A^2 \cdot 0{,}2^2 + (1 - w_A)^2 \cdot 0{,}3^2$$

Die **Abb.7.6** zeigt die Volatilität s des Portfolios in Abhängigkeit von der Gewichtung w_A.

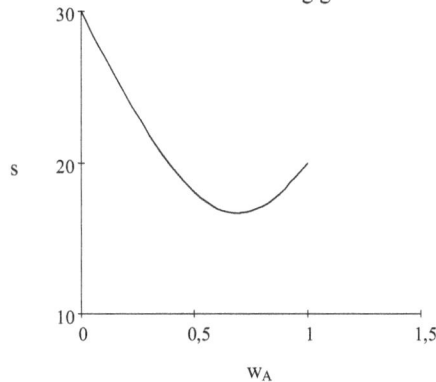

Abb. 7.6: Optimale Gewichtung

Bei der Gewichtung

$$w_A = \frac{\dfrac{1}{s_A^2}}{\dfrac{1}{s_A^2} + \dfrac{1}{s_B^2}} = \frac{\dfrac{1}{0,2^2}}{\dfrac{1}{0,2^2} + \dfrac{1}{0,3^2}} = 0,692$$

ist die Volatilität minimal.

Der Investor sollte also 69,2% seiner Anlagesumme in Aktie A und 30,8% in Aktie B investieren, damit sein Gesamtrisiko minimal ist.

In diesem Fall ist die Varianz

$$s^2 = \frac{1}{\dfrac{1}{0,2^2} + \dfrac{1}{0,3^2}} = 0,0277$$

bzw. die Standardabweichung $s = 0,16641$.

Man beachte, daß die Volatilität des Portfolios geringer ist als die Volatilität der Aktien, aus denen das Portfolio besteht.

In **Abb. 7.7** werden für alle möglichen Portfoliokombinationen die mittleren Renditen und die Volatilität (Risiken) dargestellt, um eine Auswahl bzw. Selektion zu treffen.

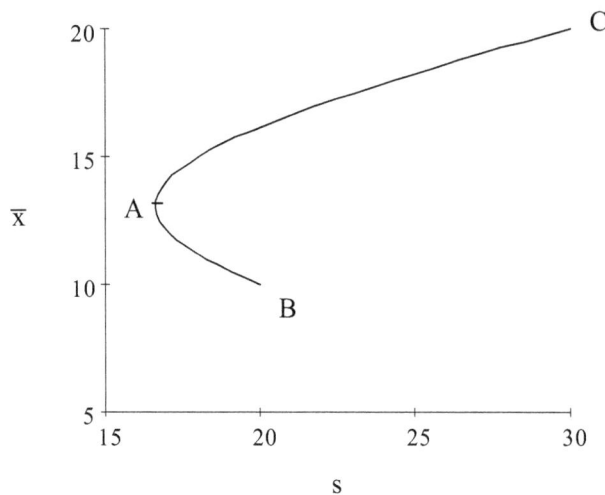

Abb. 7.7: $\overline{x} - s -$ Diagramm

(a) $r_{AB} = 1$

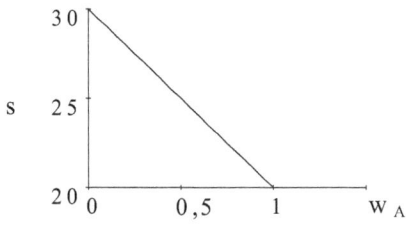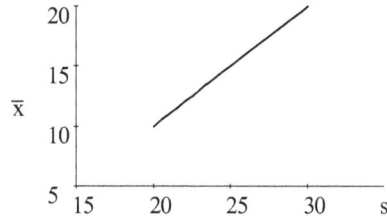

(b) $r_{AB} = 0,8$

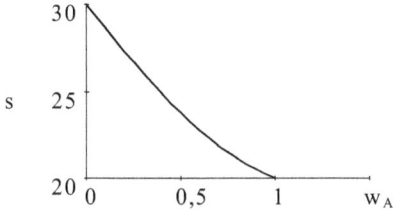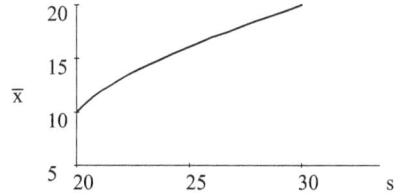

(c) $r_{AB} = 0,5$

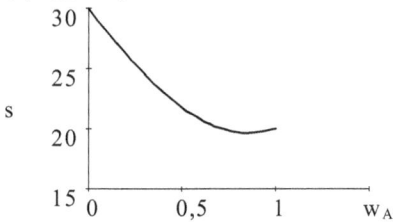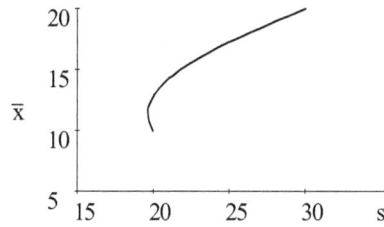

(d) $r_{AB} = -1$

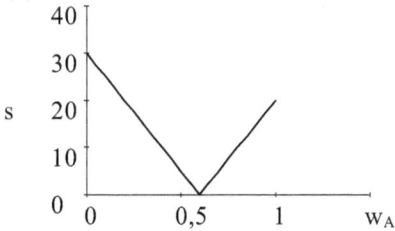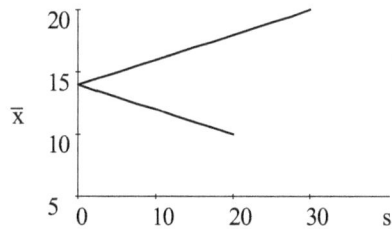

(e) $r_{AB} = -0,5$

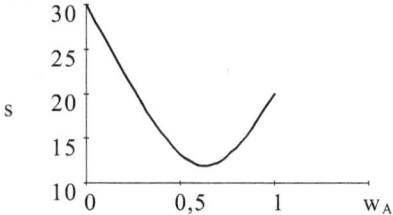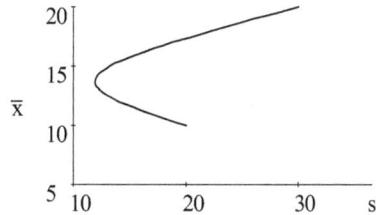

Abb. 7.8 (a) - (e): Optimale Gewichtungen und $\bar{x}$-s-Diagramme bei unterschiedlicher Korrelation

Die effizienten Rendite-Risiko-Kombinationen sind die Portfolios, die bei gegebener Rendite eine minimale Volatilität (Risiko) oder bei gegebener Volatilität (Risiko) eine maximale Rendite aufweisen. In der **Abb. 7.7** sind alle Kombinationen auf der Linie AB nicht effizient. Die endgültige Selektion auf der Linie AC hängt von der individuellen Risikopräferenz des Investors ab. Voraussetzung für die erfolgreiche Selektion ist die Stabilität der Renditeverteilungen.

Die Analyse wird komplizierter, wenn man Korrelation der Aktienrenditen unterstellt. Im allgemeinen sind sie positiv korreliert, vgl. **Tab. 1.1**. Die Graphiken der **Abb. 7.8** stellen die Zusammenhänge bei unterschiedlicher Höhe der Korrelationskoeffzienten dar.

Je höher der positive Korrelationskoeffizient ist, um so geringer ist der Effekt der Risikoreduzierung. Findet man dagegen Aktien, deren Rendite negativ korreliert sind, so kann im Extremfall eines Korrelationskoeffizienten von $r_{AB} = -1$ das Risiko durch geeignete Diversifikation völlig ausgeschaltet werden, vgl. **Abb.7.8 (d)**.

Das Konzept der Portfolioselektion findet nicht nur bei Aktieninvestitionen Anwendung, sondern wird auch bei Diversifikationsentscheidungen herangezogen. Einer der Gründe für die Diversifikation ist die Risikostreuung und die damit verbundene langfristige Stabilisierung der Erträge.

7.3 Regressionsrechnung

Während bei der Korrelationsrechnung die Stärke des Zusammenhangs zwischen zwei Merkmalen X und Y untersucht wurde, wird bei der Regressionsrechnung ein funktionaler Zusammenhang y = f(x) zwischen den Merkmalen hergestellt und bestimmt. Die Regressionsrechnung kann nur für kardinal skalierte Merkmale angewendet werden. Außerdem muß eine einseitige Abhängigkeit zwischen den beiden Merkmalen X und Y angenommen werden, d.h. ein Merkmal X beeinflußt das Auskommen des Merkmals Y. In diesem Fall bezeichnet man X auch als unabhängiges und Y als abhängiges Merkmal.

Beispiel 7.15: In **Tab. 7.18** sind zur Erstellung einer linearen Kostenfunktion die produzierten Stückzahlen X sowie die bei der Herstellung entstandenen Kosten Y zusammengestellt. Im nachfolgenden Streudiagramm, vgl. **Abb. 7.9,** werden diese Beobachtungspaare graphisch veranschaulicht.

Tab. 7.18: Produktionsmenge x_i und Kosten y_i für i=1,...,10

i	Produktionsmenge (1000 Stück) x_i	Kosten (1000 €) y_i
1	2	4
2	3	6
3	4	8
4	5	9
5	6	10
6	6	11
7	7	12
8	8	13
9	9	12
10	10	15

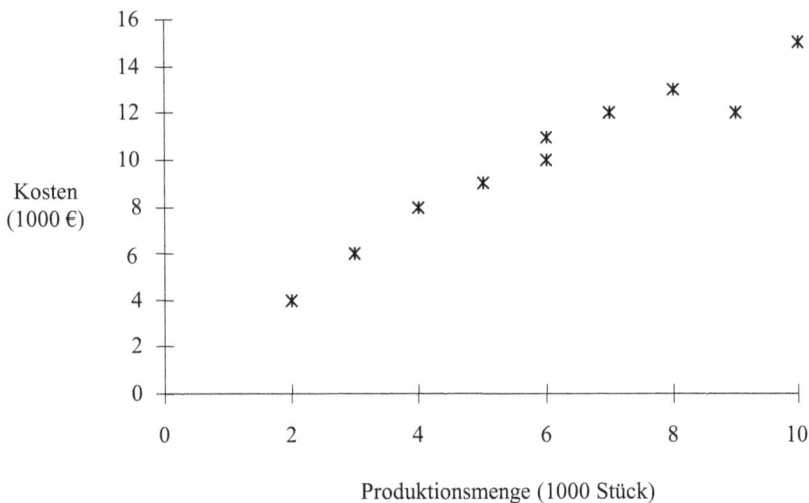

Abb. 7.9: Streudiagramm von Produktionsmenge und Kosten

Das Streudiagramm deutet auf einen tendenziell linear steigenden Zusammenhang zwischen den Produktionsmengen X und den Kosten Y hin.

Es soll versucht werden, in das Streudiagramm eine lineare Funktion (lineare Kostenfunktion)

$$\hat{y} = a + bx$$

zu legen, die sich möglichst gut der Punktewolke anpaßt. Die Parameter a und b sind unbekannt; diese sollen mit Hilfe der Beobachtungspaare $(x_1,y_1),...,(x_n,y_n)$ geschätzt werden. Im Falle einer Kostenfunktion interpretiert man a als Fixkosten und b als variable Stückkosten.

7.3.1 Methode der kleinsten Quadrate

Für die Ermittlung einer geeigneten linearen Funktion $\hat{y} = a + bx$ (Regressionsfunktion) zur optimalen Anpassung an die Punktepaare (x_i, y_i), $i=1,...,n$, wird in der Regel die Methode der kleinsten Quadrate herangezogen.

Die Methode der kleinsten Quadrate liefert Schätzwerte für die unbekannten Größen a und b. Dabei werden a und b so bestimmt, daß

$$Q(a,b) = \sum_{i=1}^{n} (y_i - a - bx_i)^2$$

ein Minimum ist, d.h. die Summe der quadratischen Abweichungen der y_i von den $\hat{y}_i = a + bx_i$ soll möglichst klein sein.

Die Funktion Q ist eine Funktion der noch zu bestimmenden Parameter a und b. Um diese Funktion zu minimieren, differenziert man Q partiell nach a und b und setzt die Ableitungen Null. Man erhält

$$\frac{\partial Q}{\partial a} = -2\sum_{i=1}^{n} (y_i - a - bx_i) = 0$$

$$\frac{\partial Q}{\partial b} = -2\sum_{i=1}^{n} x_i (y_i - a - bx_i) = 0$$

oder durch Umformung das sogenannte Normalengleichungssystem

$$\sum_{i=1}^{n} y_i = n \cdot a + b \sum_{i=1}^{n} x_i ,$$

$$\sum_{i=1}^{n} x_i y_i = a \sum_{i=1}^{n} x_i + b \sum_{i=1}^{n} x_i^2 .$$

Als Lösungen des Normalengleichungssystems ergeben sich die sogenannten **Kleinste-Quadrate-Schätzer** (kurz KQ-Schätzer)

$$b = \frac{\sum_{i=1}^{n}(x_i - \overline{x})(y_i - \overline{y})}{\sum_{i=1}^{n}(x_i - \overline{x})^2} = \frac{\sum_{i=1}^{n} x_i y_i - n \cdot \overline{x} \cdot \overline{y}}{\sum_{i=1}^{n} x_i^2 - n \cdot \overline{x}^2} ,$$

$$a = \overline{y} - b\overline{x}.$$

Beispiel 7.16 (vgl. B.7.15): Da eine lineare Beziehung zwischen den Produktionsmenge X und den Kosten Y vermutet wird, sollen die Parameter a und b dieser Beziehung mittels der Methode der kleinsten Quadrate geschätzt werden. In **Tab. 7.19** ist die Arbeitstabelle zur Berechnung von a und b angegeben.

Tab. 7.19: Arbeitstabelle zur Ermittlung der KQ-Schätzer a und b

i	x_i	y_i	$x_i - \bar{x}$	$y_i - \bar{y}$	$(x_i - \bar{x})^2$	$(x_i - \bar{x})(y_i - \bar{y})$
1	2	4	-4	-6	16	24
2	3	6	-3	-4	9	12
3	4	8	-2	-2	4	4
4	5	9	-1	-1	1	1
5	6	10	0	0	0	0
6	6	11	0	1	0	0
7	7	12	1	2	1	2
8	8	13	2	3	4	6
9	9	12	3	2	9	6
10	10	15	4	5	16	20
Σ	60	100	0	0	60	75

Als KQ-Schätzer für a und b erhält man also

$$b = \frac{\sum_{i=1}^{10}(x_i - \bar{x})(y_i - \bar{y})}{\sum_{i=1}^{10}(x_i - \bar{x})^2} = \frac{75}{60} = 1,25 \;,$$

$$a = \bar{y} - b \cdot \bar{x} = 10 - 1,25 \cdot 6 = 2,5 \;,$$

d.h.

$$\hat{y} = 2,5 + 1,25 \cdot x \;.$$

Die geschätzte Kostenfunktion lautet somit

$$\hat{y} = K = 2,5 + 1,25 \cdot x$$

mit

$$\hat{y} = K = \text{geschätzte Kosten (1000 €)}$$

und x = Produktionsmenge (1000 Stück). Die Regressionsgleichung erlaubt, zu jedem x (Produktionsmenge) einen Schätzwert für das durchschnittliche $\hat{y}$ (Kosten) zu berechnen.

Die Parameter a und b können so gedeutet werden: Unabhängig von der Produktionsmenge fallen Fixkosten in durchschnittlicher Höhe von 2500 € an. Steigt die Produktionsmenge um 1 Stück, dann nehmen die Gesamtkosten K um durchschnittlich 1,25 € zu.

Die nach der Methode der kleinsten Quadrate ermittelte Gerade $\hat{y} = a+bx$ wird oft auch als **Regressionsgerade** bezeichnet. Die Regressionsgerade verläuft stets durch den Punkt ($\overline{x}, \overline{y}$).

Der Steigungsparameter b der Regressionsgeraden läßt sich auch in der Form

$$b = \frac{s_{XY}}{s_X^2}$$

bzw.

$$b = r_{XY} \cdot \frac{s_Y}{s_X}$$

angeben, d.h. dieser kann über die Kovarianz s_{XY} und die Varianz s_X^2 bzw. über den Korrelationskoeffizienten r_{XY} und die Standardabweichungen s_X und s_Y berechnet werden.

Für die Merkmale X und Y werden in der Regressionsrechnung häufig noch weitere Bezeichnungen verwendet

X = exogene Variable = erklärende Variable = Regressor = unabhängige Variable,
Y = endogene Variable = erklärte Variable = Regressand = abhängige Variable.

In einigen Anwendungsbeispielen muß eine Regressionsrechnung mit dem abhängigen Merkmal $Y^* = k \cdot Y$ und dem unabhängigen Merkmal $X^* = c \cdot X$ durchgeführt werden. Wurde mit Hilfe der Beobachtungswerte x_i und y_i, $i=1,...,n$, bereits eine lineare Regressionsbeziehung $\hat{y} = a + bx$ bestimmt, so ist es in diesem Fall nicht notwendig, für die transformierten Daten $y_i^* = k \cdot y_i$ und $x_i^* = c \cdot x_i$, $i=1,...,n$, die KQ-Schätzer erneut zu berechnen, denn für die KQ-Schätzer b^* und a^* der neuen Regressionsgeraden

$$\hat{y}^* = a^* + b^* \cdot x^*$$

gilt wegen $\overline{x}^* = \frac{1}{n}\sum_{i=1}^{n} x_i^* = \frac{1}{n}\sum_{i=1}^{n} c \cdot x_i = c \cdot \frac{1}{n}\sum_{i=1}^{n} x_i = c \cdot \overline{x}$ und analog $\overline{y}^* = k \cdot \overline{y}$

gerade

$$b^* = \frac{\sum_{i=1}^{n}(x_i^* - \overline{x}^*)(y_i^* - \overline{y}^*)}{\sum_{i=1}^{n}(x_i^* - \overline{x}^*)^2} = \frac{\sum_{i=1}^{n} c \cdot (x_i - \overline{x}) \cdot k \cdot (y_i - \overline{y})}{\sum_{i=1}^{n} c^2 \cdot (x_i - \overline{x})^2} = \frac{k}{c} \cdot b$$

und

$$a^* = \overline{y}^* - b^* \cdot \overline{x}^* = k \cdot \overline{y} - \frac{k}{c} \cdot b \cdot c \cdot \overline{x} = k \cdot \overline{y} - k \cdot b \cdot \overline{x} = k \cdot a.$$

Beispiel 7.17 (vgl. B. 7.15, B. 7.16): Im Rahmen einer Konzernrechnung soll die in Beispiel 7.16 behandelte lineare Kostenfunktion jetzt auf Pfundbasis ermittelt werden, wobei 1 € = 0,5 £ sei. Die Grundlage der nun durchzuführenden Regressionsrechung sind somit die in **Tab. 7.20** zusammengestellten Produktionsmengen (in 1000 Stück) und die Kosten (in 1000 £).

Tab. 7.20: Produktionsmengen (in 1000 Stück) und entstandene Kosten (in 1000 £)

i	Produktionsmenge (1000 Stück) x_i	Kosten (1000 £) y_i^*
1	2	2
2	3	3
3	4	4
4	5	4,5
5	6	5
6	6	5,5
7	7	6
8	8	6,5
9	9	6
10	10	7,5

Die KQ-Schätzer für die Parameter der Regressionsgeraden auf €-Basis berechneten sich in Beispiel 7.16 zu a = 2,5 und b=1,25. Da k=0,5 und c=1 sind, ergibt sich für die lineare Kostenfunktion auf Dollarbasis

$$\hat{y}^* = k \cdot a + \frac{k}{c} \cdot b \cdot x = 0,5 \cdot 2,5 + \frac{0,5}{1} \cdot 1,25 \cdot x = 1,25 + 0,625x \ .$$

Neben der Bestimmung der Parameter a und b ist die Ermittlung von Prognosen der y-Werte, für die keine x-Werte beobachtet wurden, ein zweites, wichtiges Ziel der Regressionsrechung. Wird für einen Wert x_0 des unabhängigen Merkmals X eine Prognose des y-Wertes gesucht, so ergibt sich diese durch

$$\hat{y}(x_0) = a + bx_0 \ .$$

Werden dabei y-Werte innerhalb des Stützbereichs der Regression, d.h. für x-Werte, die zwischen dem kleinsten und dem größten Beobachtungswert liegen, prognostiziert, so spricht man auch von Schätzungen, während die Prognosen von y-Werten außerhalb des Stützbereichs der Regression auch als echte Prognosen bezeichnet werden.

Beispiel 7.18 (vgl. B.7.16): Berechnung von Prognosen
(a) **innerhalb des Stützbereiches der Regression (Schätzungen):**

Kosten bei einer Produktion von 6500 Stück:

$$\hat{y}(6,5) = 2,5 + 1,25 \cdot 6,5 = 10,625 \ .$$

Bei einer Produktion von 6500 Stück werden Kosten von 10625 € prognostiziert bzw. geschätzt.

(b) außerhalb des Stützbereiches der Regression (echte Prognosen):

Kosten bei einer Produktion von 20000 Stück:

$$\hat{y}(20) = 2,5 + 1,25 \cdot 20 = 27,5 \;.$$

Bei einer Produktion von 20000 Stück werden Kosten von 27500 € prognostiziert.

Die mit der Regressionsanalyse durchgeführten Prognosen gehören zu der Klasse der **kausalen Prognoseverfahren**, bei welchen Größen, die mit der zu prognostizierenden Größe in einem sinnvollen Zusammenhang stehen, zur Vorausschätzung herangezogen werden. Im Gegensatz dazu werden bei **Zeitreihenprognosen** (vgl. Kapitel 8) die zu prognostizierenden Größen entweder durch Trendextrapolation (vgl. Kapitel 8.3) oder durch ihre eigenen Vergangenheitswerte (vgl. Kapitel 8.5: exponentielle Glättung oder Box-Jenkins-Verfahren) gewonnen.

Die Güte einer kausalen Prognose hängt von der Genauigkeit der Vorhersage der unabhängigen Variablen und von der Spezifikation des Regressionsmodells ab. Im obigen Beispiel werden die Kosten bei einer Produktionsmenge von 20.000 nur dann bei etwa 27.500 € liegen, wenn die Annahme einer linearen Kostenfunktion auch außerhalb des Stützbereiches der Regression gültig ist. Nichtlinearität der Kostenfunktion ab einer bestimmten Produktionsmenge oder sprungfixe Kosten führen zu einer Unterschätzung der Kosten und damit zu einer Fehlprognose.

Soll zwischen zwei kardinalen Merkmalen X und Y, die in einer Kontingenztabelle aufbereitet worden sind, eine lineare Beziehung

$$\hat{y} = a + bx$$

bestimmt werden, so erhält man unter Verwendung von

a_i - i-te Merkmalsausprägung von X, $i=1,...,k$,
b_j - j-te Merkmalsausprägung von Y, $j=1,...,l$,

mit den Werten der entsprechenden Häufigkeitstabelle, vgl. auch Abschnitt 7.2.1, nach der Methode der kleinsten Quadrate:

$$b = \frac{\sum\limits_{i=1}^{k}\sum\limits_{j=1}^{l}(a_i - \overline{x})(b_j - \overline{y})n_{ij}}{\sum\limits_{i=1}^{k}(a_i - \overline{x})^2 n_{i.}} = \frac{\sum\limits_{i=1}^{k}\sum\limits_{j=1}^{l}a_i b_j n_{ij} - n\overline{xy}}{\sum\limits_{i=1}^{k}(a_i)^2 n_{i.} - n\overline{x}^2} = \frac{s_{XY}}{s_X^2}$$

und

$$a = \overline{y} - b\overline{x} .$$

Dabei ist $\overline{x} = \dfrac{1}{n} \sum_{i=1}^{k} a_i n_{i.}$ und $\overline{y} = \dfrac{1}{n} \sum_{j=1}^{l} b_j n_{.j}$.

Der Unterschied zur bisherigen Vorgehensweise der Bestimmung der Parameter besteht nur darin, daß jedes Wertepaar (a_i, b_j) mit der zugehörigen Häufigkeit n_{ij} gewichtet wird.

Beispiel 7.19: Es soll die lineare Abhängigkeit des Mietpreises Y von der Wohnfläche X aus Beispiel 7.5 ermittelt werden. Mit den schon in diesem Beispiel berechneten Ergebnissen

$$\sum_{i=1}^{3} \sum_{j=1}^{4} (m_i^X - \overline{x}_M)(m_j^Y - \overline{y}_M) n_{ij} = 3074408{,}88$$

und

$$\sum_{i=1}^{3} \left(m_i^X - \overline{x}_M \right)^2 \cdot n_{i.} = 424535{,}627 ,$$

ergibt sich für die Steigung

$$b = \frac{3074408{,}88}{424535{,}627} = 7{,}2418$$

bzw. für den Achsenabschnitt

$$a = \overline{y}_M - b \cdot \overline{x}_M = 444 - 7{,}2418 \cdot 57{,}3333 = 28{,}8037.$$

Als Regressionsgerade für den Mietpreis Y in Abhängigkeit von der Wohnfläche X erhält man also

$$\hat{y} = 28{,}8037 + 7{,}2418x.$$

Mit Hilfe dieses Ergebnisses der Regressionsrechnung kann die Mietervereinigung einigermaßen objektiv klären, ob eine Miete billig, angemessen oder teuer ist. Wird eine 60-qm-Wohnung zu einem Mietpreis von 700 € angeboten, so ist die Miete als überhöht anzusehen, da bei dieser Wohnungsgröße eine erwartete Miete von nur

$$\hat{y} = 28{,}8037 + 7{,}2418 \cdot 60 = 463{,}31 \ €$$

berechnet wird.

7.3.2 Bestimmtheitsmaß und Residualanalyse

Zur Beurteilung der Güte der Anpassung der Regressionsgeraden an die beobachteten Werte sind die sogenannten Residuen von Bedeutung.

Die Abweichungen zwischen dem tatsächlich beobachteten Wert y_i und dem durch die Regression erklärten Wert $\hat{y}_i$

$$\hat{u}_i = y_i - \hat{y}_i \ , \ i=1,...,n,$$

heißen **Residuen**.

Je enger die Beobachtungen um die Regressionsgerade streuen, desto besser ist die Anpassung, d.h. um so besser können die Variationen von Y durch Veränderungen von X erklärt werden. In diesem Fall sind die Abweichungen zwischen den tatsächlich beobachteten Werten y_i und dem durch die Regression erklärten Werten $\hat{y}_i$, d.h. die Residuen $\hat{u}_i = y_i - \hat{y}_i$, i=1,...,n, klein.

Im folgenden wird als ein Maß für die Güte der Regression das Bestimmtheitsmaß R^2 vorgestellt, welches den Anteil der Gesamtvariation mißt, der durch die erklärende Variable X bestimmt werden kann. Ausgangspunkt für die Ermittlung des Bestimmtheitsmaßes ist die Abweichung der abhängigen Beobachtung y_i von ihrem arithmetischen Mittel $\overline{y}$.

Beispiel 7.20 (vgl.B. 7.15, 7.16): In **Abb.7.10** sind die Beobachtungspaare (x_i,y_i), i=1,...,10, der Produktionsmenge X und der Kosten Y, die in B. 7.16 berechnete Regressionsgerade $\hat{y} = 2,5 + 1,25 \cdot x$ und das arithmetische Mittel $\overline{y} = 10$ dargestellt.

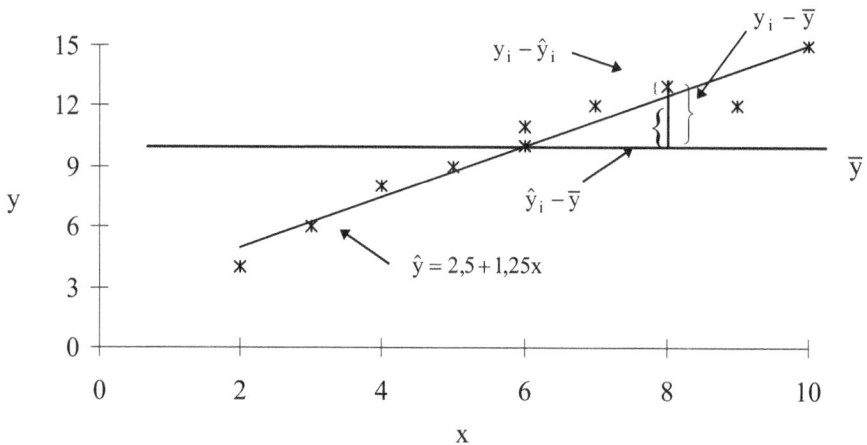

Abb.7.10: Abweichungen $y_i - \overline{y}$, $\hat{y}_i - \overline{y}$, $y_i - \hat{y}_i$

Die Gesamtabweichung setzt sich aus der erklärten Abweichung (Differenz zwischen $\overline{y}$ und der Regressionsgeraden) und der nicht erklärten Abweichung (Rest bzw. Residuen $\hat{u}_i$) zusammen.

$$\left(y_i - \overline{y}\right) \quad = \quad \left(\hat{y}_i - \overline{y}\right) \quad + \quad \left(y_i - \hat{y}_i\right)$$

	erklärte	nicht erklärte
Gesamtabweichung =	Abweichung	+ Abweichung

Die nicht erklärte Abweichung ist auf den Einfluß sonstiger Faktoren auf die abhängige Variable zurückzuführen. Beispielsweise werden die Kosten nicht nur von der Produktionsmenge, sondern auch von anderen Faktoren (z.B. Ausschußanteil, Überstundenzuschläge, Einkaufspreis) beeinflußt.

Zur Berechnung der Gesamtvariation werden die einzelnen Gesamtabweichungen quadriert und aufsummiert. Man erhält

$$\sum_{i=1}^{n}\left(y_i - \overline{y}\right)^2 = \sum_{i=1}^{n}\left(\left(\hat{y}_i - \overline{y}\right) + \left(y_i - \hat{y}_i\right)\right)^2$$

$$= \sum_{i=1}^{n}\left(\hat{y}_i - \overline{y}\right)^2 + 2 \cdot \sum_{i=1}^{n}\left(\hat{y}_i - \overline{y}\right)\left(y_i - \hat{y}_i\right) + \sum_{i=1}^{n}\left(y_i - \hat{y}_i\right)^2.$$

Da

$$\sum_{i=1}^{n}\left(\hat{y}_i - \overline{y}\right)\left(y_i - \hat{y}_i\right) = 0,$$

(wie man unter Verwendung von $\hat{y}_i = a + b \cdot x_i$ zeigen kann), folgt

$$\sum_{i=1}^{n}\left(y_i - \overline{y}\right)^2 \quad = \quad \sum_{i=1}^{n}\left(\hat{y}_i - \overline{y}\right)^2 \quad + \quad \sum_{i=1}^{n}\left(y_i - \hat{y}_i\right)^2,$$

d.h.

	erklärte	nicht erklärte
Gesamtvariation =	Variation	+ Variation

Das ***Bestimmtheitsmaß*** R^2 ist das Verhältnis der erklärten Variation zur Gesamtvariation

$$R^2 = \frac{\sum_{i=1}^{n}(\hat{y}_i - \overline{y})^2}{\sum_{i=1}^{n}(y_i - \overline{y})^2} = 1 - \frac{\sum_{i=1}^{n}(y_i - \hat{y}_i)^2}{\sum_{i=1}^{n}(y_i - \overline{y})^2}.$$

Da $\overline{\hat{y}} = \overline{y}$ gilt, kann das Bestimmtheitsmaß auch als der Anteil der Varianz von Y, der durch die Regression erklärt wird, aufgefaßt werden. Es gilt

$$R^2 = \frac{s_{\hat{y}}^2}{s_y^2}$$

mit

$$s_{\hat{y}}^2 = \frac{1}{n-1} \sum_{i=1}^{n} (\hat{y}_i - \overline{y})^2 \text{ und } s_y^2 = \frac{1}{n-1} \sum_{i=1}^{n} (y_i - \overline{y})^2 \, .$$

Da

$$\left(\hat{y}_i - \overline{y} \right) = b \cdot \left(x_i - \overline{x} \right)$$

ergibt sich für das Bestimmtheitsmaß

$$R^2 = b^2 \cdot \frac{\sum_{i=1}^{n} \left(x_i - \overline{x} \right)^2}{\sum_{i=1}^{n} \left(y_i - \overline{y} \right)^2} \, .$$

Mit

$$b = \frac{\sum_{i=1}^{n} \left(x_i - \overline{x} \right)\left(y_i - \overline{y} \right)}{\sum_{i=1}^{n} \left(x_i - \overline{x} \right)^2}$$

läßt sich zeigen, daß

$$R^2 = \frac{\left(\sum_{i=1}^{n} \left(x_i - \overline{x} \right)\left(y_i - \overline{y} \right) \right)^2}{\left(\sum_{i=1}^{n} \left(x_i - \overline{x} \right)^2 \right)^2} \cdot \frac{\sum_{i=1}^{n} \left(x_i - \overline{x} \right)^2}{\sum_{i=1}^{n} \left(y_i - \overline{y} \right)^2} = \frac{\left(\sum_{i=1}^{n} \left(x_i - \overline{x} \right)\left(y_i - \overline{y} \right) \right)^2}{\sum_{i=1}^{n} \left(x_i - \overline{x} \right)^2 \cdot \sum_{i=1}^{n} \left(y_i - \overline{y} \right)^2} = r_{XY}^2 \, ,$$

d.h. das Bestimmtheitsmaß ist das Quadrat des Korrelationskoeffizienten von Bravais-Pearson. Folglich gilt:

$$0 \le R^2 \le 1 \, .$$

Das Bestimmtheitsmaß nimmt dabei den Wert $R^2 = 1$ an, wenn alle Beobachtungspunkte auf einer Geraden liegen. Ist $R^2 = 0$, dann ist die erklärte Variation

Null und die Regressionsgerade erklärt nichts von der Variation von Y. Die Regressionsgerade verläuft in diesem Fall parallel zur x-Achse.

Beispiel 7.21 (vgl. B. 7.15, 7.16): Es bezeichnet für i=1,...,n

$$y_i \qquad\qquad = \quad \text{tatsächliche Kosten bei der Absatzmenge } x_i,$$
$$\hat{y}_i \quad = 2.5 + 1.25x_i = \quad \text{über die Regressionsgerade geschätzte Kosten bei Produktionsmenge } x_i.$$

In **Tab. 7.21** sind die tatsächlichen Kosten sowie die geschätzten Kosten gegenübergestellt.

Tab. 7.21: Tatsächliche und geschätzte Kosten y_i und $\hat{y}_i$, i=1,...,10, und Hilfsgrößen zur Berechnung des Bestimmtheitsmaßes

i	x_i	y_i	$\hat{y}_i$	$\hat{u}_i = y_i - \hat{y}_i$	$\hat{u}_i^2$	$(y_i - \bar{y})^2$	$(\hat{y}_i - \bar{y})^2$
1	2	4	5	-1	1	36	25
2	3	6	6,25	-0,25	0,0625	16	14,0625
3	4	8	7,5	0,5	0,25	4	6,25
4	5	9	8,75	0,25	0,0625	1	1,5625
5	6	10	10,0	0	0	0	0
6	6	11	10,0	1	1	1	0
7	7	12	11,25	0,75	0,5625	4	1,5625
8	8	13	12,5	0,5	0,25	9	6,25
9	9	12	13,75	-1,75	3,0625	4	14,0625
10	10	15	15,0	0	0	25	25
Σ		100	100	0	6,25	100	93,75

Aus **Tab. 7.21** bzw. **Tab. 7.19** ergibt sich

$$R^2 = \frac{\sum\limits_{i=1}^{10}(\hat{y}_i - \bar{y})^2}{\sum\limits_{i=1}^{10}(y_i - \bar{y})^2} = \frac{93,75}{100} = 1 - \frac{\sum\limits_{i=1}^{n}(y_i - \hat{y}_i)^2}{\sum\limits_{i=1}^{n}(y_i - \bar{y})^2} = 1 - \frac{6,25}{100} = 0,9375$$

bzw.

$$R^2 = r_{XY}^2 = \left(\frac{75}{\sqrt{60 \cdot 100}}\right)^2 = 0,9682^2 = 0,9375.$$

Folglich werden 93,75% der Variationen von Y (Kosten) durch die Regression, d.h. durch X (Produktionsmenge) erklärt.

Beispiel 7.22 (vgl. B. 7.1.d): Das Bestimmtheitsmaß zwischen Werbeausgaben X und Einspielergebnissen von Filmen Y beträgt nur $R^2 = 0,1956$. Daraus erkennt man, daß die Werbeausgaben zwar die Einspielergebnisse beeinflussen, aber nicht von überragender Bedeutung sind. Circa 80% der Variation der Einspielergebnisse werden von anderen Faktoren bestimmt.

Ein graphisches Verfahren, mit dessen Hilfe es möglich ist, Schlüsse über die Güte des Modellansatzes der Regression zu ziehen, ist der Residualplot.

> Werden in einem Koordinatensystem die Punkte $(x_i, \hat{u}_i)$, $i=1,...,n$, eingetragen, so heißt die entstandene Abbildung **_Residualplot_**.

Die Residuen $\hat{u}_i$, $i=1,...,n$, sollten bei Gültigkeit des linearen Zusammenhangs mehr oder weniger stark, und zwar ohne erkennbares Muster, um die x-Achse schwanken. Sind Trends bzw. Muster im Residualplot erkennbar, so deutet dies entweder auf Rechenfehler oder die Wahl eines nicht adäquaten Regressionsansatzes hin, welches eine Änderung der Regressionsfunktion bedingt. Häufig ist in diesem Fall der ursprünglich gewählte lineare Ansatz durch einen nichtlinearen Ansatz zu ersetzen, vgl. Abschnitt 7.3, oder bei einer zeitlichen Abhängigkeit der Variablen ist ein Modell der Zeitreihenanalyse zu wählen, vgl. Abschnitt 8.6.

Beispiel 7.23 (vgl. B. 7.16, 7.20): In **Abb. 7.11** ist der Residualplot der nach der KQ-Methode geschätzten Kostenfunktion $\hat{y} = 2,5 + 1,25 \cdot x$ dargestellt. Es zeigt sich, daß die in Beispiel 7.20 berechneten Residuen einigermaßen gleichmäßig um die Nullachse verteilt sind. Die Wahl einer linearen Regressionsfunktion ist daher als adäquat zu betrachten.

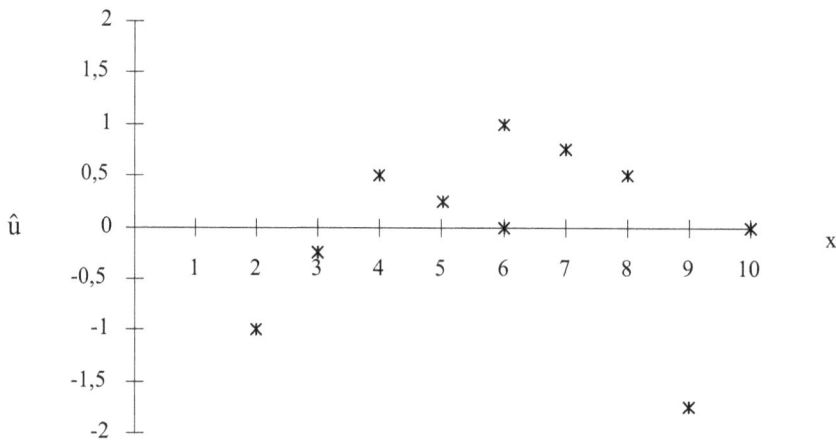

Abb. 7.11: Residualplot der geschätzten Kostenfunktion (nach KQ-Methode)

Beispiel 7.24: Würde bei einer tatsächlich vorliegenden quadratischen Kostenfunktion der lineare Regressionsansatz gewählt werden, so würde die Regressionsgerade die Kosten sowohl bei geringer als auch bei großer Produktionsmenge unterschätzen. Bei mittlerer Produktionsmenge würden die Kosten überschätzt werden, vgl. **Abb. 7.12**. Am Residualplot, vgl. **Abb. 7.13**, wird besonders deutlich, daß die Wahl des linearen Regressionsansatzes hier nicht geeignet ist. Im Gegensatz zum Residualplot in Abb. 7.11 streuen die Residuen nicht mehr gleichmäßig um die Nullachse, sondern sie folgen einem erkennbaren Muster, welches die Form einer Parabel annimmt. Der Residualplot zeigt an, daß ein nichtlinearer - hier ein quadratischer - Regressionsansatz verwendet werden muß, vgl. hierzu Beispiel 7.25 in Abschnitt 7.3.3.

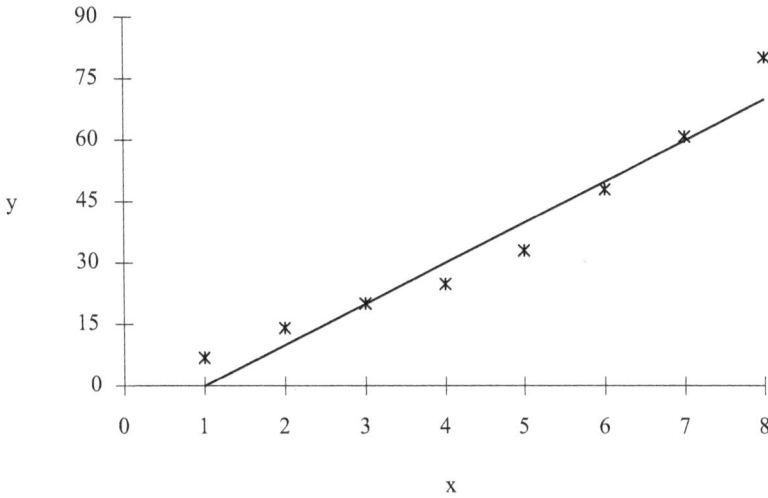

Abb. 7.12: Produktionsmenge x_i und Kosten y_i, $i=1,...,8$, und linearer Regressionansatz

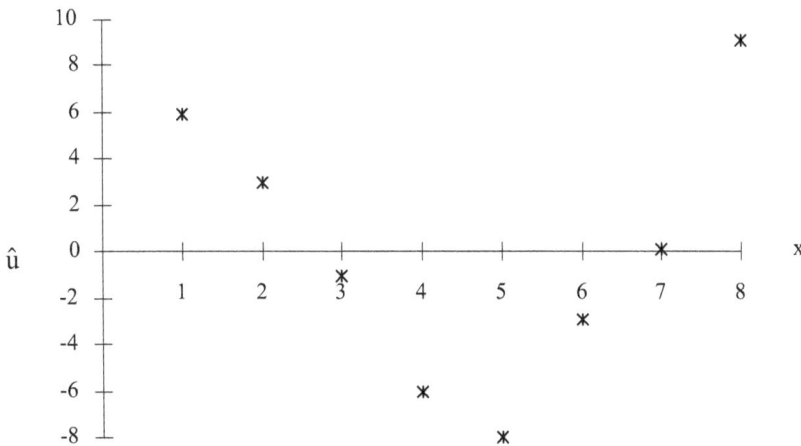

Abb. 7.13: Residualplot der quadratischen Kostenfunktion bei linearem Regressionansatz

7.3.3 Nichtlineare Regression (Spezialfälle)

Weisen Streudiagramm oder Residualplot auf die Nichteignung eines linearen Regressionsansatzes hin, dann ist eine nichtlineare Regressionsfunktion zu wählen. Zur Beschreibung nichtlinearer Zusammenhänge werden in der Betriebswirtschaftslehre häufig folgende Funktionen verwendet:

(1) Potenzfunktionen

$$y = ax^b$$

z.B. $y = ax^2$ (Parabel)
$\quad\quad y = a/x$ (Hyperbel)
$\quad\quad y = ax^{1/2}$ (Wurzelfunktion)

(2) Exponentialfunktionen

a) $y = ab^x$,
b) $y = ae^{bx}$,

(3) Polynome vom Grade n

$$y = a_0 + a_1x + a_2x^2 + a_3x^3 + ... + a_nx^n$$

z.B. $y = a + b\,x^2$ (Quadratische Funktion).

(4) Sonstige Funktionen z.B.

a)   logistische Funktion (vgl. Abschnitt 8.3.2 (4)),

b)   Gompertz-Kurve (vgl. Abschnitt 8.3.2 (5)),

c)   Kassouf-Funktion $y = (x^b + 1)^{\frac{1}{b}} - 1$
   Die Kassouf-Funktion wird bei der Bewertung von Optionen eingesetzt,
   wobei y = standardisierte Optionskurse und x = standardisierte Aktienkurse sind (vgl. u.a. Pflaumer (1991)).

Zur Bestimmung der unbekannten Parameter kann auch bei nichtlinearen Funktionen das Prinzip der Methode der kleinsten Quadrate angewandt werden. Zu gegebenen Beobachtungsdaten muß wiederum die Summe der quadratischen Abweichungen

$$Q(a,b) = \sum_{i=1}^{n}\left(y_t - f(x;a,b)\right)^2$$

minimiert werden, wobei f(x;a,b) eine nichtlineare Funktion mit der Variablen x
und den Parametern a und b sei. Partielle Differentiation und anschließende Null-

setzung dieser Ableitungen führt i.a. zu einem komplexen System von nichtlinearen Normalengleichungen, welches in den meisten Fällen schwierig zu lösen ist.

Häufig lassen sich jedoch nichtlineare Funktionen durch geeignete Transformationen in lineare Beziehungen umwandeln, deren Parameter dann durch die bisher beschriebene Vorgehensweise der Methode der kleinsten Quadrate oder auch des Waldschen Verfahrens, vgl. Abschnitt 7.3.4, bestimmt werden können. Allerdings ist bei der Linearisierung durch Transformation zu beachten, daß die Summe der Abweichungsquadrate i.a. nur für die transformierten, aber nicht für die ursprünglichen Daten minimal ist. Ist eine derartige Transformation nicht möglich (z.B. bei der Kassouf-Funktion), dann kann die Minimierung i.a. nur durch aufwendige numerische Verfahren durchgeführt werden, auf die wir hier nicht eingehen wollen (vgl. etwa Seber/Wild (1989)oder Ratkowsky (1990)).

Anhand zweier Beispiele soll die prinzipielle Vorgehensweise im folgenden erläutert werden, wobei die Linearisierung durch Variablensubstitution und durch Logarithmierung erfolgt.

Bei Zugrundelegung einer quadratischen Funktion der Form

$$\hat{y} = a + bx^2$$

mit x>0 kann durch einfache Umbenennung, man setze

$$x^2 = \tilde{x},$$

die Gewinnung der quadratischen Regressionsfunktion auf die Bestimmung einer einfachen Regressionsgeraden zurückgeführt werden. Die Formeln in Abschnitt 7.3.1 können direkt übernommen werden, wenn dabei $\tilde{x}_i = x_i^2$, i=1,...,n, gesetzt wird.

Beispiel 7.25: Folgende Beobachtungen, vgl. **Tab. 7.22**, liegen für die Bestimmung einer Kostenfunktion vor, vgl. auch **Abb. 7.12**.

Tab. 7.22: Produktionsmenge x_i und Kosten y_i, i=1,...,8,

i	1	2	3	4	5	6	7	8
Produktionsmenge x_i (in 1000 Stück)	1	2	3	4	5	6	7	8
Kosten y_i (in 1000 €)	7	14	20	25	33	48	61	80

Aufgrund des Residualplots in **Abb. 7.13** wird ein quadratischer Ansatz gewählt:

$$\hat{y} = a + bx^2$$

bzw.

$$\hat{y} = a + b\tilde{x}, \text{ mit } \tilde{x} = x^2.$$

Die KQ-Schätzer a und b gewinnt man aus der Arbeitstabelle **Tab. 7.23.** Dabei werden zunächst die Produktionsmengen x_i zu $\tilde{x}_i = x_i^2$, $i=1,...,8$, transformiert. Das arithmetische Mittel dieser transformierten Daten ergibt sich dann zu

$$\overline{\tilde{x}} = \frac{1}{8}\sum_{i=1}^{8}\tilde{x}_i = \frac{1}{8}\cdot 204 = 25,5 .$$

Außerdem liegen die durchschnittlichen Kosten (in 1000 €) bei

$$\overline{y} = \frac{1}{8}\sum_{i=1}^{8}y_i = \frac{1}{8}\cdot 288 = 36 .$$

Tab. 7.23: Arbeitstabelle zur Berechnung der KQ-Schätzer

i	x_i	$\tilde{x}_i$	y_i	$\tilde{x}_i - \overline{\tilde{x}}$	$y_i - \overline{y}$	$(\tilde{x}_i - \overline{\tilde{x}})^2$	$(\tilde{x}_i - \overline{\tilde{x}})(y_i - \overline{y})$
1	1	1	7	-24,5	-29	600,25	710,5
2	2	4	14	-21,5	-22	462,25	473
3	3	9	20	-16,5	-16	272,25	264
4	4	16	25	-9,5	-11	90,25	104,5
5	5	25	33	-0,5	-3	0,25	1,5
6	6	36	48	10,5	12	110,25	126
7	7	49	61	23,5	25	552,25	587,5
8	8	64	80	38,5	44	1482,25	1694
Σ	36	204	288	0	0	3570	3961

Somit ist

$$b = \frac{\sum_{i=1}^{8}(\tilde{x}_i - \overline{\tilde{x}})(y_i - \overline{y})}{\sum_{i=1}^{8}(\tilde{x}_i - \overline{\tilde{x}})^2} = \frac{3961}{3570} = 1,1095 ,$$

$$a = \overline{y} - b\cdot\overline{\tilde{x}} = 36 - \frac{3961}{3570}\cdot 25,5 = 7,7071 .$$

Und die geschätzte quadratische Kostenfunktion lautet

$$\hat{y} = 7,7071 + 1,1095\tilde{x}$$

bzw.

$$\hat{y} = 7,7071 + 1,1095x^2 .$$

Aus dem Residualplot in **Abb. 7.14** ist ein gleichmäßiges Streuen der Residuen um die Nullachse zu erkennen. Folglich ist die Wahl einer quadratischen Regressionsfunktion im vorliegenden Beispiel richtig.

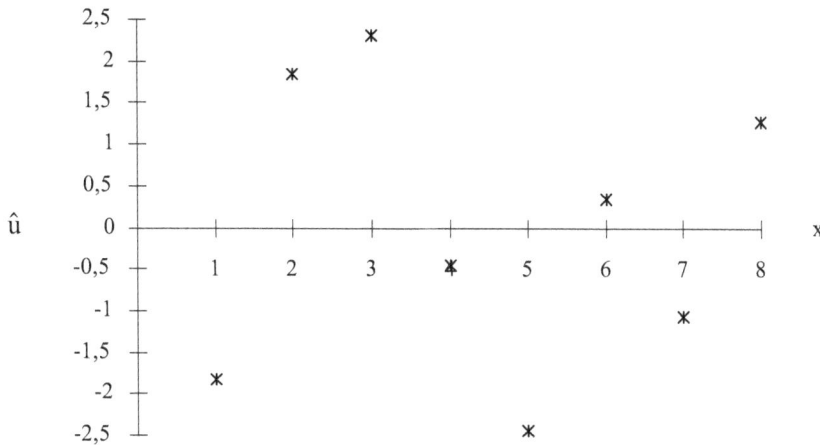

Abb. 7.14: Residualplot der quadratischen Kostenfunktion bei quadratischem Regressionsansatz

Anhand eines weiteren Beispiels soll nun aufgezeigt werden, daß die Linearisierung einer Funktion auch möglich ist, wenn die betrachtete Funktion nicht mehr linear in den Parametern ist.

Das Phänomen, daß die Stückkosten bei der Fertigung von Produkten mit dem kumulierten Produktionsvolumen sinken, ist unter dem Namen **Lern- oder Erfahrungskurve** bekannt, vgl. u.a. Dunst (1982). Diese hat die Form

$$y = ax^b,$$

wobei

$$
\begin{array}{lll}
y & = & \text{Stückkosten,} \\
x & = & \text{kumulierte Produktionsmenge,} \\
a > 0 & & \text{Kosten der ersten Produktionseinheit,} \\
b < 0 & & \text{Elastizität.}
\end{array}
$$

Die **Elastizität** ist dabei das Verhältnis der relativen Änderung einer Größe zu der sie verursachenden relativen Änderung einer anderen Größe. Mathematisch wird die Elastizität wie folgt ausgedrückt:

$$\varepsilon = \frac{\dfrac{dy}{y}}{\dfrac{dx}{x}} = \frac{dy}{dx} \cdot \frac{x}{y} \, ,$$

die für obige Funktion $\varepsilon = b$ lautet, da

$$\frac{dy}{dx} = a \cdot b \cdot x^{b-1}$$

ist.

Die nichtlineare Erfahrungskurve $y = a\, x^b$ läßt sich durch Logarithmierung in eine lineare Funktion transformieren; denn mit

$$\ln(y) = \ln(a) + b\,\ln(x)$$

ergibt sich für die neuen Variablen

$$\tilde{y} = \ln(y),$$
$$\tilde{a} = \ln(a),$$
$$\tilde{x} = \ln(x)$$

der lineare Regressionsansatz

$$\tilde{y} = \tilde{a} + b\,\tilde{x}\ ,$$

auf den die gewohnten Formeln aus Abschnitt 7.3.1 angewendet werden können. Anschließend wird der Parameter a durch die Rücktransformation $a = e^{\tilde{a}}$ ermittelt.

Die Bestimmung von Schätzern für a und b läßt sich damit in vier Schritte untergliedern:

1. Schritt: Transformiere y_i in $\tilde{y}_i = \ln(y_i)$,

2. Schritt: Transformiere x_i in $\tilde{x}_i = \ln(x_i)$,

3. Schritt: Ermittle $\tilde{a}$ und b der Regressionsgeraden $\hat{\tilde{y}} = \tilde{a} + b\tilde{x}$,

4. Schritt: Bestimme $a = e^{\tilde{a}}$.

Beispiel 7.26: Zur Schätzung einer Erfahrungskurve liegen die in **Tab. 7.24** angegebenen Daten für ein elektronisches Element vor.

Tab. 7.24:   Stückkosten y_i und kumulierte Produktionsmenge x_i, i=1,...,7, eines Gutes

i	Stückkosten (in \$) y_i	kumulierte Produktionsmenge (in 1000 Stück) x_i
1	200	10
2	150	20
3	120	50
4	90	100
5	80	150
6	70	300
7	50	1000

Das in **Abb. 7.15** dargestellte Streudiagramm zeigt einen nichtlinearen Verlauf der Stückkosten Y in Abhängigkeit von der kumulierten Produktionsmengen X auf. Durch Logarithmierung sowohl der x- als auch der y-Werte kann dieser Verlauf in eine nahezu lineare Form gebracht werden, vgl. **Abb. 7.16**.

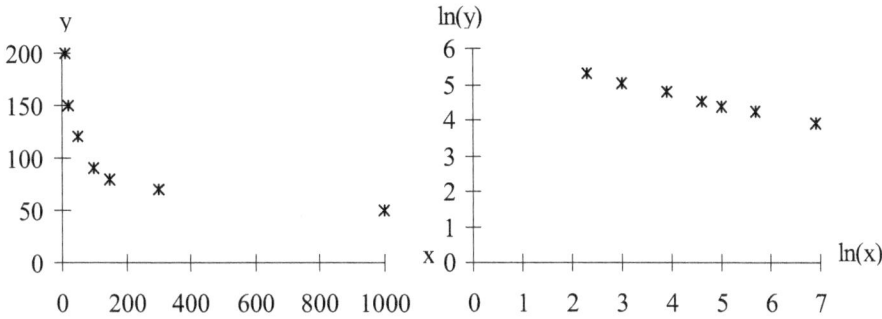

Abb. 7.15 + Abb. 7.16: Streudiagramm der Beobachtungswerte (x_i,y_i) und der logarithmierten Beobachtungswerte $(\ln(x_i),\ln(y_i))$, $i=1,...,7$,

Es scheint daher naheliegend, diesen Verlauf durch eine Erfahrungskurve $\hat{y} = ax^b$ zu beschreiben. Die ersten drei Schritte zur Bestimmung der Parameter $\tilde{a}$ und b der transformierten Funktion erfolgt mit Hilfe von **Tab. 7.25**. Dabei wurden folgende Durchschnittswerte für die transformierten Beobachtungswerte berechnet

$$\overline{\tilde{x}} = \frac{1}{7} \sum_{i=1}^{7} \tilde{x}_i = \frac{1}{7} 31,44 = 4,49$$

und

$$\overline{\tilde{y}} = \frac{1}{7} \sum_{i=1}^{7} \tilde{y}_i = \frac{1}{7} 32,14 = 4,59 \,.$$

Tab. 7.25: Arbeitstabelle zur Berechnung von $\tilde{a}$ und b

i	x_i	y_i	$\tilde{x}_i = \ln(x_i)$	$\tilde{y}_i = \ln(y_i)$	$\left(\tilde{x}_i - \overline{\tilde{x}}\right)^2$	$\left(\tilde{x}_i - \overline{\tilde{x}}\right)\left(\tilde{y}_i - \overline{\tilde{y}}\right)$
1	10	200	2,30	5,30	4,7961	-1,5549
2	20	150	3,00	5,01	2,2201	-0,6258
3	50	120	3,91	4,79	0,3364	-0,1160
4	100	90	4,61	4,5	0,0144	-0,0108
5	150	80	5,01	4,38	0,2704	-0,1092
6	300	70	5,70	4,25	1,4641	-0,4114
7	1000	50	6,91	3,91	5,8564	-1,6456
Σ			31,44	32,14	14,957	-4,4737

Aus der Arbeitstabelle resultiert für

$$b = \frac{\sum_{i=1}^{7}(\tilde{x}_i - \overline{\tilde{x}})(\tilde{y}_i - \overline{\tilde{y}})}{\sum_{i=1}^{7}(\tilde{x}_i - \overline{\tilde{x}})^2} = -\frac{4,4737}{14,9579} = -0,299$$

und

$$\tilde{a} = \ln(a) = \overline{\tilde{y}} - b \cdot \overline{\tilde{x}} = 4,59 + 0,299 \cdot 4,49 = 5,9325.$$

Da der Wert a in logarithmierter Form vorliegt, muß er zur Erstellung der Erfahrungskurve zurücktransformiert werden:

$$a = e^{\tilde{a}} = e^{5,9325} = 377 \ .$$

Folglich lautet die geschätzte Erfahrungskurve

$$\hat{y} = 377x^{-0,299} \ .$$

Die Elastizität der Erfahrungskurve beträgt $\varepsilon = b = -0,299$. Mit einer Erhöhung der kumulierten Produktionsmenge um 10% sinken die Stückkosten um ca. 3%. Als Erfahrungsfaktor α bezeichnet man das Verhältnis

$$\alpha = \frac{\hat{y}(2x)}{\hat{y}(x)} = \frac{a(2x)^{b}}{a \cdot x^{b}} = 2^{b} \ ,$$

das sich im vorhergehenden Fall zu $\alpha = 2^{-0,299} = 0,81$ berechnet. Die geschätzte Erfahrungskurve heißt dann 81%-Erfahrungskurve; bei jeder Verdopplung des kumulierten Produktionsvolumens nehmen die Stückkosten um (circa) 19% ab.

7.3.4 Waldsches Regressionsverfahren

Eine andere, vor allem schnellere und bzgl. Meßfehler (Ausreißer) in den Beobachtungswerten x_i und y_i robustere Methode als die Methode der kleinsten Quadrate zur Bestimmung einer Regressionsgeraden bietet sich mit dem Waldschen Verfahren an. Bei diesem Verfahren zur Bestimmung einer Regressionsgeraden $\hat{y}_w = a_w + b_w x$ wird der Steigungsparameter weit weniger stark von Ausreißern beeinflußt wie bei der Methode der kleinsten Quadrate. Das Prinzip des Waldschen Verfahrens besteht darin, durch die Schwerpunkte der beiden Hälften der Beobachtungsreihe eine Gerade zu legen, auf der auch der Schwerpunkt $(\overline{x}, \overline{y})$ liegt, vgl. **Abb. 7.17**.

Dazu werden die n Beobachtungspaare $(x_1, y_1), ..., (x_n, y_n)$ so geordnet, daß die x_i mit steigendem Index stets größer werden. Anschließend werden die geordneten Paare in zwei gleich große Gruppen unterteilt. Ist dabei die Anzahl n der Beobachtungspaare ungerade, so wird das mittlere Paar vernachlässigt.

Mit den jeweiligen Gruppenmittelwerten $(\overline{x}_I, \overline{y}_I)$ bzw. $(\overline{x}_{II}, \overline{y}_{II})$ und den Gesamtmitteln $(\overline{x}, \overline{y})$ werden dann die Parameter a_w und b_w nach dem *Waldschen Verfahren* durch

$$b_w = \frac{\overline{y}_{II} - \overline{y}_I}{\overline{x}_{II} - \overline{x}_I}$$

und

$$a_w = \overline{y} - b_w \overline{x}$$

bestimmt.

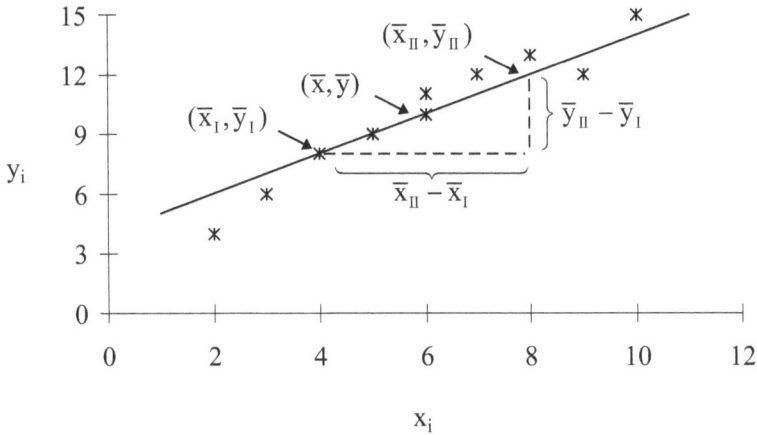

Abb. 7.17: Bestimmung der Regressionsgeraden nach dem Waldschen Verfahren

Beispiel 7.27 (vgl. B. 7.15): Mit den Daten aus **Tab. 7.18** soll nun eine Regressionsgerade nach dem Waldschen Verfahren bestimmt werden. In **Tab. 7.26** sind noch einmal die beobachteten Produktionsmengen x_i sowie die entstandenen Kosten y_i, $i=1,...,10$, zusammengestellt. Die Beobachtungen sind schon nach der Größe der x-Komponente geordnet, so daß nun, da $n=10$ eine gerade Anzahl ist, neben $\bar{x}$ und $\bar{y}$ die Mittelwerte $\bar{x}_I$ und $\bar{y}_I$ der ersten fünf und $\bar{x}_{II}$, $\bar{y}_{II}$ der letzten fünf Beobachtungen berechnet werden müssen.

Tab. 7.26: Arbeitstabelle zur Waldschen Regression

i	x_i	y_i	Gruppe
1	2	4	
2	3	6	
3	4	8	I
4	5	9	
5	6	10	
6	6	11	
7	7	12	
8	8	13	II
9	9	12	
10	10	15	

Mit

$$\bar{x} = \frac{60}{10} = 6, \quad \bar{y} = \frac{100}{10} = 10$$

$$\bar{x}_I = \frac{1}{5}\sum_{i=1}^{5} x_i = \frac{20}{5} = 4, \qquad \bar{y}_I = \frac{1}{5}\sum_{i=1}^{5} y_i = \frac{37}{5} = 7{,}4,$$

$$\bar{x}_{II} = \frac{1}{5}\sum_{i=6}^{10} x_i = \frac{40}{5} = 8, \qquad \bar{y}_{II} = \frac{1}{5}\sum_{i=6}^{10} y_i = \frac{63}{5} = 12{,}6$$

ist

$$b_w = \frac{\overline{y}_{II} - \overline{y}_I}{\overline{x}_{II} - \overline{x}_I} = \frac{12,6 - 7,4}{8 - 4} = \frac{5,2}{4} = 1,3$$

und

$$a_w = \overline{y} - b_w \overline{x} = 10 - 1,3 \cdot 6 = 2,2.$$

Damit lautet die nach dem Waldschen Verfahren bestimmte Regressionsgerade

$$\hat{y}_w = 2,2 + 1,3x \,.$$

Im Vergleich hierzu ergab sich nach der Methode der kleinsten Quadrate

$$\hat{y} = 2,5 + 1,25 \cdot x.$$

Parameter der Methode der kleinsten Quadrate oder des Waldschen Verfahrens sind empfindlich gegenüber sogenannten Ausreißern. **Ausreißer** sind Daten, die weit außerhalb des restlichen Datensatzes liegen. Für das Auftreten von Ausreißern gibt es vielfältige Ursachen. Sie basieren auf Beobachtungs- oder Meßfehlern sowie auf besonders zu erklärenden Umständen. Beispielsweise können Kosten bei gegebener Produktionsmenge in einer Periode deshalb extrem von den anderen Kosten abweichen, weil es zu Störungen im Produktionsablauf gekommen ist. Im Streudiagramm liegt der Ausreißerwert dann weit über der restlichen Punktewolke. Ausreißer beeinflussen Achsenabschnitt und Steigung der Regressionsgeraden. Damit kann es zu Fehlinterpretation der Parameter (z.B. Überschätzung der variablen und Unterschätzung der fixen Kosten) sowie zu Fehlprognosen kommen.

Es gibt zwei Möglichkeiten, Ausreißer bei der Regression zu berücksichtigen. Entweder streicht man sie und führt die Regression nur mit den restlichen Daten durch, oder man verwendet sogenannte ausreißerresistente bzw. gegen Ausreißer **robuste Regressionsverfahren**. Eine plausible robuste Variante des Waldschen Verfahrens besteht darin, die Gruppenmittelwerte durch die Gruppenmediane zu ersetzen, da Mediane von Extremwerten nicht oder nicht wesentlich beeinflußt werden. Die Steigung der Regressionsgeraden ergibt sich analog zu oben als

$$b_{W,r} = \frac{y_{0,5II} - y_{0,5I}}{x_{0,5II} - x_{0,5I}} \,.$$

Der Achsenabschnitt wird jetzt nicht als Mittelwert, sondern als Median der Abweichungen $z_i = y_i - b_{W,r} \cdot x_i$ bestimmt, vgl. Heiler/Michels (1994), S. 287.

Ein anderes ausreißerresistentes Verfahren ist die **Theilsche Methode**, bei der als Anstieg b_T der Median der paarweisen Steigungen der Beobachtungspunkte gewählt wird. Der Achsenabschnitt ist hier der Median des arithmetischen Mittels der paarweisen Abweichungen $z_i = y_i - b_T \cdot x_i$ und $z_j = y_j - b_T \cdot x_j$. Beispiele zur robusten Regression findet man in Übungsaufgabe 39 c) und d).

Details und weitere Verfahren zur robusten Bestimmung der Regressions-
parameter sind in Heiler/Michels (1994) oder in Hartung/Elpelt/Klösener (2005)
beschrieben.

7.3.5 Funktionen mit Achsenabschnitt Null

In einigen Anwendungen erfordert die ökonomische Theorie, daß die anzupas-
sende Funktion durch den Nullpunkt verläuft. Ist beispielsweise bei einer linearen Produktionsfunktion der Faktoreinsatz Null, so ist der Produktionsertrag
ebenfalls Null. In diesem Fall ist den Daten die lineare Funktion

$$\hat{y} = bx$$

anzupassen. Dabei wird der Parameter b so bestimmt, daß

$$Q(b) = \sum_{i=1}^{n} \left(y_i - bx_i \right)^2$$

ein Minimum ist. Zur Minimierung differenziert man Q nach b und setzt die
Ableitung Null. Man erhält

$$\frac{dQ}{db} = -2\sum_{i=1}^{n} x_i \left(y_i - bx_i \right) = -2\sum_{i=1}^{n} x_i y_i + 2b\sum_{i=1}^{n} x_i^2 = 0 \,.$$

Ist der Achsenabschnitt a = 0, so lautet der Kleinste-Quadrate-Schätzer

$$b = \frac{\sum\limits_{i=1}^{n} x_i y_i}{\sum\limits_{i=1}^{n} x_i^2} \,.$$

Das zugehörige Bestimmtheitsmaß ist durch

$$R^2 = 1 - \frac{\sum\limits_{i=1}^{n} \left(y_i - \hat{y}_i \right)^2}{\sum\limits_{i=1}^{n} y_i^2}$$

gegeben (vgl. u.a. Eisenhauer (2003) oder Koutsoyiannis (1977), S. 65 f.). Das
Bestimmtheitsmaß mißt bei der Regression durch den Ursprung den Anteil der
Variabilität der abhängigen Variablen, der durch die Regression erklärt wird. Es
darf aber nicht mit dem Bestimmtheitsmaß der linearen Regression mit
konstantem Glied verglichen oder als solches interpretiert werden.

Beispiel 7.28: Mit Hilfe der in **Tab. 7.27** gegebenen Daten soll eine lineare Materialverbrauchsfunktion, die durch den Nullpunkt geht, geschätzt werden.

Es ergibt sich

$$b = \frac{\sum\limits_{i=1}^{5} x_i y_i}{\sum\limits_{i=1}^{5} x_i^2} = \frac{220}{55} = 4 \; ,$$

d.h. die nach der KQ-Methode ermittelte Regressionsgerade durch den Ursprung lautet $\hat{y} = 4x$.

Tab. 7.27: Produktionsmenge x_i und Materialaufwand y_i, i=1,...,5, sowie Arbeitstabelle zur Ermittlung einer linearen Materialverbrauchsfunktion

i	x_i (in 1000 St.)	y_i (in 1000 €)	x_i^2	y_i^2	$x_i \cdot y_i$	$\hat{y}_i$	$(y_i - \hat{y}_i)^2$
1	1	6	1	36	6	4	4
2	2	10	4	100	20	8	4
3	3	11	9	121	33	12	1
4	4	14	16	196	56	16	4
5	5	21	25	441	105	20	1
Σ	15	62	55	894	220		14

In Tab. 7.27 wurden auch die Residuen $\hat{u}_i = y_i - \hat{y}_i = y_i - 4x_i$, i=1,...,5, sowie deren Quadrate berechnet. Das Bestimmtheitsmaß dieser Regression ergibt sich also zu

$$R^2 = 1 - \frac{\sum\limits_{i=1}^{5} (y_i - \hat{y}_i)^2}{\sum\limits_{i=1}^{5} y_i^2} 1 - \frac{14}{894} = 0,9843 \; .$$

Bei einer geplanten Produktion von beispielsweise 6000 Stück ist mit einem Materialaufwand von

$$\hat{y}(6) = 4 \cdot 6 = 24 \quad (\text{Tausend } €)$$

zu rechnen.

7.3.6 Multiple Regression

Bisher wurde die Abhängigkeit eines Merkmals von einem unabhängigen Merkmal gemessen. In der Anwendung existieren oft abhängige Größen, die von mehreren bzw. multiplen Einflußfaktoren bestimmt werden.

Beispiel 7.29: Der Absatz Y eines Produktes hängt nicht nur von dessen Preis X_1, sondern auch noch von den Werbeausgaben X_2 oder von den Preisen der Konkurrenzprodukte X_3 ab. Formal läßt sich der Zusammenhang zwischen abhängiger Variable und den unabhängigen Variablen durch

$$\hat{y} = f(x_1, x_2, x_3)$$

darstellen, wobei

$\hat{y}$ = geschätzte Absatzmenge eines Gutes

x_1 = Preis eines Gutes

x_2 = Werbeausgaben

x_3 = Preis des Konkurrenzproduktes

ist.

Bei Annahme einer linearen Abhängigkeit lautet der Zusammenhang

$$\hat{y} = a + b_1 x_1 + b_2 x_2 + b_3 x_3 \, ,$$

wobei die $a, b_1, b_2, ..., b_k$ unbekannte Parameter sind, die durch die Daten bestimmt werden müssen.

Allgemein soll zwischen dem Merkmal Y und den Merkmalen $X_1, ..., X_k$ ein funktionaler Zusammenhang der Gestalt

$$\hat{y} = a + b_1 x_1 + b_2 x_2 + ... + b_k x_k$$

hergestellt werden. Die unbekannten Parameter $a, b_1, ..., b_k$ dieser als multiplen Regressionsfunktion bezeichneten Funktion sollen mit Hilfe von Beobachtungen $(y_i, x_{1i}, x_{2i}, ..., x_{ki})$, $i = 1, ..., n$, nach der Methode der kleinsten Quadrate geschätzt werden. Diese werden dabei so bestimmt, daß für die Summe der quadrierten Abstände zwischen y_i und $\hat{y}_i = a + b_1 x_{1i} + b_2 x_{2i} + ... + b_k x_{ki}$ gilt:

$$Q(a, b_1, b_2, ..., b_k) = \sum_{i=1}^{n} (y_i - a - b_1 x_{1i} - b_2 x_{2i} - ... - b_k x_{ki})^2 \quad \rightarrow \quad \text{Minimum!}$$

Durch partielle Differentiation von $Q(a, b_1, ..., b_k)$ und Nullsetzen der Ableitungen erhält man ein Gleichungssystem, das als *Normalengleichungssystem* bezeichnet wird, aus dem dann die Kleinste-Quadrate-Schätzer $b_1, ..., b_k$ ermittelt werden können:

$$b_1 SQ_{X_1} + b_2 SP_{X_1 X_2} + ... + b_k SP_{X_1 X_k} = SP_{X_1 Y}$$
$$b_1 SP_{X_1 X_2} + b_2 SQ_{X_2} + ... + b_k SP_{X_2 X_k} = SP_{X_2 Y}$$
$$\vdots \qquad\qquad \vdots \qquad\qquad \vdots \qquad\qquad \vdots$$
$$b_1 SP_{X_1 X_k} + b_2 SP_{X_2 X_k} + ... + b_k SQ_{X_k} = SP_{X_k Y} \, .$$

Dabei bezeichnet für $j, j' = 1, ..., k$

$$SQ_{X_j} = \sum_{i=1}^{n} (x_{ji} - \overline{x}_j)^2 \qquad , \quad \text{mit } \overline{x}_j = \frac{1}{n} \sum_{i=1}^{n} x_{ji}$$

$$SP_{X_j X_{j'}} = \sum_{i=1}^{n} (x_{ji} - \overline{x}_j)(x_{j'i} - \overline{x}_{j'})$$

$$SP_{X_j Y} = \sum_{i=1}^{n} (x_{ji} - \overline{x}_j)(y_i - \overline{y}), \quad \text{mit } \overline{y} = \frac{1}{n} \sum_{i=1}^{n} y_i \, .$$

Das Absolutglied a der multiplen Regressionsfunktion ist dann bestimmt durch

$$a = \overline{y} - b_1\overline{x}_1 - b_2\overline{x}_2 - \ldots - b_k\overline{x}_k \quad .$$

Beispiel 7.30: Zur Schätzung einer Sparfunktion wurden die monatlichen Ersparnisse Y, die monatlichen Einkommen X_1 (ohne Zinseinkünfte) und das Gesamtvermögen X_2 von n=5 Haushalten ermittelt, vgl. **Tab. 7.28**.

Tab. 7.28: Monatliche Ersparnisse, monatliches Einkommen und Gesamtvermögen von
             n=5 Haushalten

Haushalt i	Ersparnisse y_i (1000 €)	Einkommen x_{1i} (1000 €)	Vermögen x_{2i} (1000 €)
1	0,6	8	120
2	1,2	11	60
3	1,0	9	60
4	0,7	6	30
5	0,5	6	180

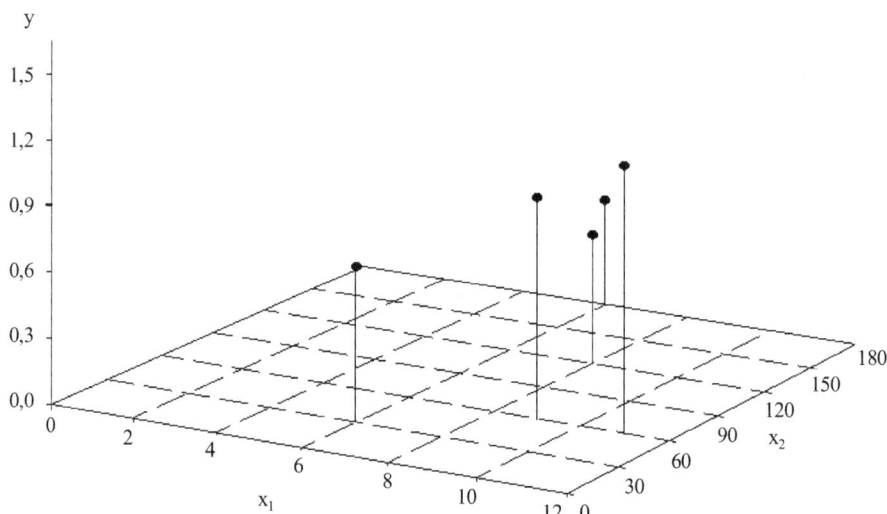

Abb.7.18: Dreidimensionales Streudiagramm zur Darstellung von Ersparnis Y, Einkommen X_1 und
            Gesamtvermögen X_2

Es soll versucht werden, den Zusammenhang zwischen dem Merkmal Ersparnis Y und den Merkmalen Einkommen X_1 und Gesamtvermögen X_2 durch eine lineare Funktion (lineare Sparfunktion)

$$\hat{y} = a + b_1x_1 + b_2x_2$$

zu beschreiben. Die Parameter a, b_1 und b_2 sind unbekannt; diese sollen aus den Beobachtungen $(x_{11}, x_{21}, y_1),\ldots, (x_{1n}, x_{2n}, y_n)$ nach der Methode der kleinsten Quadrate geschätzt werden. Durch die Punktewolke im dreidimensionalen Streudiagramm vgl. **Abb. 7.18,** wird quasi eine Ebene gelegt, so daß die Summe der quadratischen Abstände zwischen den Beobachtungen und der Ebene minimal ist, d.h.

$$Q(a, b_1, b_2) = \sum_{i=1}^{n}\left(y_i - a - b_1 x_{1i} - b_2 x_{2i}\right)^2 \quad \rightarrow \quad \text{Minimum!}$$

Das Normalengleichungssystem, mit Hilfe dessen dann die Kleinste-Quadrate-Schätzer ermittelt werden können, lautet:

$$\sum_{i=1}^{n}\left(y_i - \overline{y}\right)\left(x_{1i} - \overline{x}_1\right) = b_1 \sum_{i=1}^{n}\left(x_{1i} - \overline{x}_1\right)^2 + b_2 \sum_{i=1}^{n}\left(x_{1i} - \overline{x}_1\right)\left(x_{2i} - \overline{x}_2\right)$$

$$\sum_{i=1}^{n}\left(y_i - \overline{y}\right)\left(x_{2i} - \overline{x}_2\right) = b_1 \sum_{i=1}^{n}\left(x_{1i} - \overline{x}_1\right)\left(x_{2i} - \overline{x}_2\right) + b_2 \sum_{i=1}^{n}\left(x_{2i} - \overline{x}_2\right)^2$$

$$a = \overline{y} - b_1 \overline{x}_1 - b_2 \overline{x}_2 .$$

Mit $\overline{y} = 0,8$, $\overline{x}_1 = 8$, $\overline{x}_2 = 90$ und den Werten aus **Tab. 7.29**, die als Arbeitstabelle angelegt die notwendigen Abweichungsprodukte enthält, läßt sich das Gleichungssystem aufstellen.

Tab.7.29: Arbeitstabelle zur Berechnung des KQ-Schätzers

i	y_i	x_{1i}	x_{2i}	$(x_{1i}-\overline{x}_1)^2$	$(x_{2i}-\overline{x}_2)^2$	$(x_{1i}-\overline{x}_1)(y_i-\overline{y})$	$(x_{2i}-\overline{x}_2)(y_i-\overline{y})$	$(x_{1i}-\overline{x}_1)(x_{2i}-\overline{x}_2)$
1	0,6	8	120	0	900	0	-6	0
2	1,2	11	60	9	900	1,2	-12	-90
3	1,0	9	60	1	900	0,2	-6	-30
4	0,7	6	30	4	3600	0,2	6	120
5	0,5	6	180	4	8100	0,6	-27	-180
Σ	4	40	450	18	14400	2,2	-45	-180

Durch Einsetzen folgt

$$2,2 = 18\,b_1 - 180\,b_2$$
$$-45 = -180\,b_1 + 14400\,b_2$$

mit den Lösungen

$$b_1 = 0,10397$$
$$b_2 = -0,001825.$$

Schließlich wird

$$a = \overline{y} - b_1\overline{x}_1 - b_2\overline{x}_2 = 0,8 - 0,10397 \cdot 8 + 0,001825 \cdot 90 = 0,132\,49$$

berechnet. Somit lautet die geschätzte Sparfunktion

$$\hat{y} = 0,13249 + 0,10397 \cdot x_1 - 0,001825 \cdot x_2 .$$

Bei den 5 Haushalten wird vom laufenden Einkommen um so mehr gespart, je höher das Einkommen und je niedriger das Vermögen ist. Die marginale Sparquote von 0,104 bewirkt eine Zunahme der Ersparnisse um etwa 10 €, falls das Einkommen um 100 € steigt.

Den Zusammenhang zwischen den erklärenden Variablen $X_1,...,X_k$ nennt man Multikollinearität. Bei Vorliegen von hoher Multikollinearität überlagern sich die Einflüsse der Regressoren auf die abhängige Variable. Eine Interpretation der einzelnen Schätzer ist dann problematisch, weil sich dann eine Aussage wie "Erhöht sich der Wert des Regressors X um eine Einheit, dann erhöht sich der erwartete Wert der Regressanden Y um b Einheiten" nicht mehr machen läßt.

Wie bei der einfachen linearen Regression ist auch im Fall der multiplen Regression das Bestimmtheitsmaß eine Kennzahl zur Beurteilung der Anpassungsgüte.

Das *multiple Bestimmtheitsmaß* lautet

$$R^2 = 1 - \frac{\sum\limits_{i=1}^{n}\left(y_i - \hat{y}_i\right)^2}{\sum\limits_{i=1}^{n}\left(y_i - \overline{y}\right)^2}$$

mit $\hat{y}_i = a + b_1 x_{1i} + ... + b_k x_{ki}$, i=1,....,n.

Es gibt an, welcher Anteil der Varianz der Merkmals Y durch die Regressoren X_1, $X_2,...,X_k$ erklärt werden kann. Das multiple Bestimmtheitsmaß entspricht dem Quadrat des multiplen Korrelationskoeffizienten, vgl. Abschnitt 7.2.2.

Beispiel 7.31 (vgl. B. 7.29): Die in Beispiel 7.29 ermittelte Sparfunktion lautete $\hat{y} = 0,13249 + 0,10379 \cdot x_1 - 0,001825 \cdot x_2$. Mit Hilfe der Arbeitstabelle **Tab. 7.30** soll die Güte der Anpassung an die Beobachtungswerte ermittelt werden.

Tab. 7.30: Arbeitstabelle zur Berechnung des multiplen Bestimmtheitsmaßes

i	y_i	$\hat{y}_i$	$y_i - \overline{y}$	$y_i - \hat{y}_i$	$(y_i - \overline{y})^2$	$(y_i - \hat{y}_i)^2$
1	0,6	0,7452	-0,2	-0,1452	0,04	0,0211
2	1,2	1,1667	0,4	0,0333	0,16	0,0011
3	1,0	0,9587	0,2	0,0413	0,04	0,0017
4	0,7	0,7016	-0,1	-0,0016	0,01	0,000
5	0,5	0,4278	-0,3	0,0722	0,09	0,0052
Σ	4	4	0	0	0,34	0,0291

Das Bestimmtheitsmaß dieser Regression ist also

$$R^2 = 1 - \frac{0{,}0291}{0{,}34} = 0{,}9144 \,,$$

d.h. 91,44% der Variationen der Ersparnisse werden durch Variationen von Einkommen und Vermögen erklärt.

Für die multiple Regressionsrechnung bei mehr als zwei abhängigen Variablen empfiehlt es sich, bei der Ermittlung der unbekannten Parameter zur Matrizenrechnung überzugehen.

Setzt man

$$y = \begin{pmatrix} y_1 \\ y_2 \\ y_3 \\ \vdots \\ y_n \end{pmatrix}, \qquad X = \begin{pmatrix} 1 & x_{11} & x_{21} & \cdots & x_{k1} \\ 1 & x_{12} & x_{22} & \cdots & x_{k2} \\ 1 & x_{13} & x_{23} & \cdots & x_{k3} \\ \vdots & \vdots & \vdots & \cdot & \vdots \\ 1 & x_{1n} & x_{2n} & \cdots & x_{kn} \end{pmatrix}, \qquad b = \begin{pmatrix} b_0 \\ b_1 \\ b_2 \\ \vdots \\ b_k \end{pmatrix},$$

wobei $y_1, y_2, \ldots, y_n$ die n Beobachtungen des Regressanden Y und $x_{i1}, x_{i2}, \ldots, x_{in}$ die n Werte des i-ten Regressors X_i für $i = 1, \ldots, k$ sind, so erhält man den Kleinste-Quadrate-Schätzer durch das Normalengleichungssystem

$$(X'X)b = X'y.$$

Dabei bezeichnet X' die Transponierte zu X. Ist X'X invertierbar (Determinante $\det(X'X) \neq 0$), so ergibt sich hieraus sofort

$$b = (X'X)^{-1}X'y \,.$$

Zur Berechnung des KQ-Schätzers beim multiplen Regressionsmodell werden i.a. Computer-Programme verwendet.

Beispiel 7.32 (vgl. B. 7.29): Im obigen Beispiel sind

$$y = \begin{pmatrix} 0{,}6 \\ 1{,}2 \\ 1{,}0 \\ 0{,}7 \\ 0{,}5 \end{pmatrix} \qquad X = \begin{pmatrix} 1 & 8 & 120 \\ 1 & 11 & 60 \\ 1 & 9 & 60 \\ 1 & 6 & 30 \\ 1 & 6 & 180 \end{pmatrix}$$

Man berechnet

$$(X'X) = \begin{pmatrix} 5 & 40 & 450 \\ 40 & 338 & 3420 \\ 450 & 3420 & 54900 \end{pmatrix}$$

und mit $\det(X'X) = 1{,}134 \cdot 10^6$

$$(X'X)^{-1} = \begin{pmatrix} \dfrac{3811}{630} & -\dfrac{73}{126} & -\dfrac{17}{1260} \\[2ex] -\dfrac{73}{126} & \dfrac{4}{63} & \dfrac{1}{1260} \\[2ex] -\dfrac{17}{1260} & \dfrac{1}{1260} & \dfrac{1}{12600} \end{pmatrix}.$$

Schließlich ist

$$b = \begin{pmatrix} \dfrac{3811}{630} & -\dfrac{73}{126} & -\dfrac{17}{1260} \\[2ex] -\dfrac{73}{126} & \dfrac{4}{63} & \dfrac{1}{1260} \\[2ex] -\dfrac{17}{1260} & \dfrac{1}{1260} & \dfrac{1}{12600} \end{pmatrix} \cdot \begin{pmatrix} 1 & 1 & 1 & 1 & 1 \\ 8 & 11 & 9 & 6 & 6 \\ 120 & 60 & 60 & 30 & 180 \end{pmatrix} \cdot \begin{pmatrix} 0{,}6 \\ 1{,}2 \\ 1{,}0 \\ 0{,}7 \\ 0{,}5 \end{pmatrix} = \begin{pmatrix} \dfrac{167}{1260} \\[2ex] \dfrac{131}{1260} \\[2ex] -\dfrac{23}{12600} \end{pmatrix} = \begin{pmatrix} 0{,}132539 \\ 0{,}103968 \\ -0{,}00182539 \end{pmatrix}.$$

Man kommt - abgesehen von Rundungsfehlern - zur selben Sparfunktion wie oben , nämlich

$$\hat{y} = 0{,}133 + 0{,}104 \cdot x - 0{,}0018 \cdot z.$$

Die geschätzten Werte der monatlichen Ersparnisse berechnet man aus

$$\begin{pmatrix} \hat{y}_1 \\ \hat{y}_2 \\ \hat{y}_3 \\ \hat{y}_4 \\ \hat{y}_5 \end{pmatrix} = \begin{pmatrix} 313/420 \\ 7/6 \\ 302/315 \\ 221/315 \\ 77/180 \end{pmatrix} = \begin{pmatrix} 0{,}7452 \\ 1{,}6667 \\ 0{,}9587 \\ 0{,}7016 \\ 0{,}4278 \end{pmatrix} = \begin{pmatrix} 1 & 8 & 120 \\ 1 & 11 & 60 \\ 1 & 9 & 60 \\ 1 & 6 & 30 \\ 1 & 6 & 180 \end{pmatrix} \begin{pmatrix} \dfrac{167}{1260} \\[2ex] \dfrac{131}{1260} \\[2ex] -\dfrac{23}{12600} \end{pmatrix} = Xb.$$

Auch bei der multiplen Regression lassen sich durch geeignete Transformationen Methoden der linearen Regression auf nichtlineare Beziehungen zwischen Regressand und Regressoren anwenden (vgl. Übungsaufgabe 34 "Schätzung einer Cobb-Douglas-Produktionsfunktion").

Übungen: *Bearbeiten Sie die Aufgaben 8; 24; 25; 29; 32; 38; 40; 28; 30; 31; 39; 33; 36; 37; 41; 34; 35.*

8 ZEITREIHENANALYSE

8.1 Einführung

Die Zeitreihenanalyse befaßt sich mit der zeitlichen Entwicklung von statistischen Daten, die für eine Reihe von Zeitpunkten oder Zeiträumen tabellarisch oder in graphischer Form vorliegen. Als Beispiele seien die Studentenzahlen am Jahresende oder die Exmatrikulationen innerhalb eines Jahres einer Hochschule der letzten 20 Jahre genannt. Unter einer Zeitreihe versteht man eine zeitlich geordnete Folge von Beobachtungen bzw. Merkmalsausprägungen. Für jede der Zeitperioden t=1,...,n liege der Beobachtungswert y_t vor. Durch die explizite Berücksichtigung der Anordnung der Daten unterscheidet sie sich von anderen statistischen Verfahren.

Beispiel 8.1:
(a) jährliche Umsatzzahlen eines Unternehmens von 1980 bis 2007
(b) monatliche Feststellung der Arbeitslosenzahlen
(c) tägliche Aktienkursnotierungen an der Frankfurter Börse
(d) stündliche Messung der Temperatur an einer Wetterstation
(e) Ergebnisse der US Volkszählung in jedem zehnten Jahr seit 1790

Die wesentliche Aufgabe der Zeitreihenanalyse besteht in der Beschreibung und Erklärung zeitlicher Entwicklungstendenzen eines Merkmals. Die hier behandelte (univariate) Analyse orientiert sich ausschließlich an den vergangenen Zeitreihendaten eines Merkmals und verwendet keine Mittel der Kausalanalyse wie beispielsweise im Falle der Regressionsrechnung, bei welcher die abhängige Variable (kausal) durch die unabhängige Variable erklärt wird. Im einzelnen verfolgt die Zeitreihenanalyse u.a. folgende Zwecke:

(i) Darstellung der historischen Entwicklung einer Variablen zur Erfolgsbeurteilung (z.B. Beurteilung des Umsatz- bzw. Gewinnerfolges).

(ii) Analyse und Kontrolle eines zeitlichen Vorganges zum frühzeitigen Erkennen wichtiger Signale (z. B. Anstieg der Arbeitslosenzahlen, Börsen-Crash).

(iii) Prognose der zukünftigen Entwicklung (z.B. Umsatzprognose). Eine Zeitreihenprognose ist nur dann zuverlässig, wenn die im bisherigen Verlauf der Zeitreihe aufgedeckten Gesetzmäßigkeiten auch für die Zukunft weiter gültig sind.

Eine Zeitreihe kann tabellarisch oder graphisch dargestellt werden. Zur graphischen Darstellung werden die Punkte (t,y_t), t=1,...,n, in ein Koordinatensystem eingetragen und linear miteinander verbunden. Das so entstandene Diagramm nennt man ein **Zeitreihenpolygon**. Die zeitlichen Abstände der einzelnen Beobachtungen sollten gleich groß, d.h. äquidistant sein.

Beispiel 8.2: Die Zeitreihe des Bierausstoßes einer Brauerei von Januar 1993 bis Dezember 1997 (vgl. auch Beispiel 8.5) ist in **Abb. 8.3** als Zeitreihenpolygon dargestellt.

Da sowohl auf der Abszisse als auch auf der Ordinate der Maßstab beliebig gewählt werden kann, ergibt sich die Möglichkeit einer graphischen Manipulation. Je nach Zweck können die Achsenwerte so eingeteilt werden, daß das Zeitreihenpolygon entweder steil oder flach verläuft.

Die Zeitreihenanalyse hat sich in den letzten Jahrzehnten zu einem eigenständigen Gebiet der Statistik entwickelt. Schwerpunkt der neueren Methoden ist die Analyse von Zeitreihen auf der Basis stochastischer Prozesse. Für ein tieferes Eindringen in diese Gebiete, die gute Kenntnisse der Mathematik und vor allem der schließenden Statistik voraussetzen, wird dem interessierten Leser Hartung/Elpelt/Klösener (2005), Kapitel XII 2-4, oder Schlittgen/Streitberg (1997) zur Lektüre empfohlen. Im folgenden werden nun einige deskriptive Methoden zur Klärung und zum Verständnis wichtiger Begriffe wie Trend-, Saisonkomponente oder Zeitreihenprognose vorgestellt.

8.2 Zeitreihenmodell

Der Verlauf einer Zeitreihe wird durch das Zusammenwirken mehrerer Einflußgrößen verursacht, welche die Erscheinungsform der Zeitreihe bestimmen. Die Zeitreihenanalyse versucht, gemeinsame Strukturen zu erkennen und in Komponenten aufzugliedern. Dadurch wird die Beurteilung von Zeitreihen erleichtert. Daher wird häufig in wirtschaftlichen Anwendungen unterstellt, daß sich die Beobachtungswerte y_t einer Zeitreihe aus vier Komponenten zusammensetzen:

$\quad$ (1) T_t $\quad$ die langfristige Trendkomponente
$\quad$ (2) Z_t $\quad$ die zyklische Komponente
$\quad$ (3) S_t $\quad$ die saisonale Komponente
$\quad$ (4) R_t $\quad$ die irreguläre Restkomponente.

Gewöhnlich faßt man die Trend- und die zyklische Komponente zu einer glatten Komponente G_t zusammen.

Die Trendkomponente zeigt die langfristige Entwicklung. Ihr Verlauf ist durch langfristige Ursachen bedingt entweder wachsend, gleichbleibend oder fallend. Beispielsweise ist das Bruttosozialprodukt in Deutschland tendenziell immer gestiegen, obwohl der Zuwachs, durch andere kurzfristige Einflüsse überlagert, jedes Jahr schwankt.

Die zyklische Komponente hingegen besitzt einen wellenförmigen Verlauf, der in mehrjährigen Abständen wiederkehrt. Meist läßt sich die zyklische Komponente durch konjunkturell bedingte Schwankungen erklären. Konjunkturschwankungen sind hauptsächlich für den unterschiedlichen Zuwachs des Bruttosozialprodukts verantwortlich.

Die glatte Komponente gibt den fiktiven Verlauf der Zeitreihe bei Fehlen saisonaler und Restschwankungen an.

Ebenfalls wellenförmig ist der Verlauf der saisonalen Komponente, der durch einen periodischen jahreszeitlichen Einfluß auf die Beobachtungswerte hervorgerufen wird. Der saisonale Einfluß zeigt sich deutlich bei den Arbeitslosenzahlen, die im Winter regelmäßig ansteigen, weil bestimmte Wirtschaftszweige ihre Produktionstätigkeit wegen ungünstigen Witterungsverhältnissen einschränken müssen.

Die Restkomponente ist das Ergebnis kurzfristiger, sich unregelmäßig verändernder Ursachen (z.B. Streiks, plötzliche Erhöhung der Energiepreise, Naturkatastrophen u.ä.). Es soll angenommen werden, daß die Restkomponente zufällig um Null schwankt. In diesem Sinne ist auch der Hollywood-Film „Titanic" für die Schiffahrtslinie Cunard als Restkomponente zu interpretieren. Wegen des Filmerfolges verzeichnet sie für den Liniendienst zwischen England und den USA mit der „Queen Elizabeth 2" Buchungszuwächse von 42% (vgl. touristik aktuell 8. April 1998).

Für das Zusammenwirken der Komponenten wird i.a. ein additiver Ansatz gewählt, da dies der Annahme entspricht, daß sich die Einflüsse additiv überlagern.

Im folgenden soll also das ***additive Zeitreihenmodell***

$$y_t = T_t + Z_t + S_t + R_t \, , \; t=1,2,...,n,$$

betrachtet werden.

Ziel der Zeitreihenzerlegung ist es, die nicht unmittelbar beobachtbaren Komponenten aus den Zeitreihendaten zu ermitteln. Es wird dabei vorausgesetzt, daß sich der Verlauf der saisonalen Komponente nach einer festen Anzahl p von Zeitpunkten wiederholt (**konstante Saisonfigur**), d.h. es gilt $S_t = S_{t+p}$, $t=1,...,n-p$.

Manchmal treten aber auch Zeitreihen auf, deren Saisonfigur sich im Laufe der Zeit verändert. Oft bleibt dabei die Form der Schwankungen gleich, nicht aber ihre Intensität (**Saisonfigur mit variabler Amplitude**). Verhält sich die Amplitude dabei proportional zur glatten und zur Restkomponente, so lassen sich die Beobachtungswerte durch das multiplikative Zeitreihenmodell

$$y_t = T_t \cdot Z_t \cdot S_t \cdot R_t \ , \ t=1,...,n,$$

erklären. Werden die Beobachtungswerte logarithmiert

$$\ln y_t = \ln T_t + \ln Z_t + \ln S_t + \ln R_t \ , \ t=1,...,n,$$

so ergibt sich für diese wieder obiges additives Zeitreihenmodell mit konstanter Saisonfigur. Für die logarithmierten Werte kann wieder das additive Zeitreihen-modell zur Analyse herangezogen werden

Beispiel 8.3: In **Abb. 8.1** ist die Zeitreihe der Passagierzahlen einer Fluggesellschaft graphisch dargestellt. Mit steigendem Trend nehmen die Amplituden der Saisonschwankungen zu. Die logarithmierten Werte zeigen eine konstante Saisonfigur (vgl. **Abb. 8.2**).

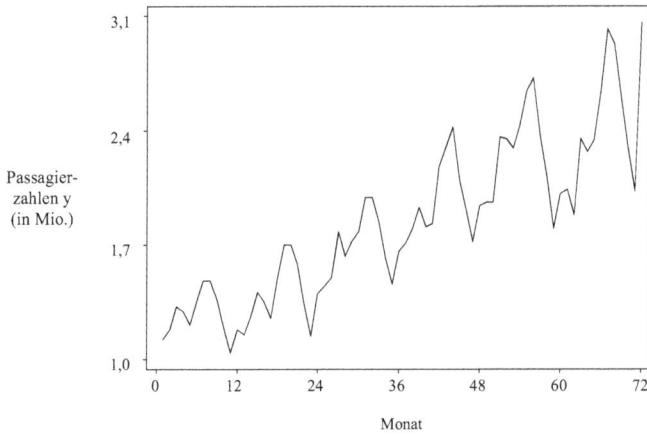

Abb. 8.1: Monatliche Entwicklung der Passagierzahlen einer Regionalfluggesellschaft (in Mio.)

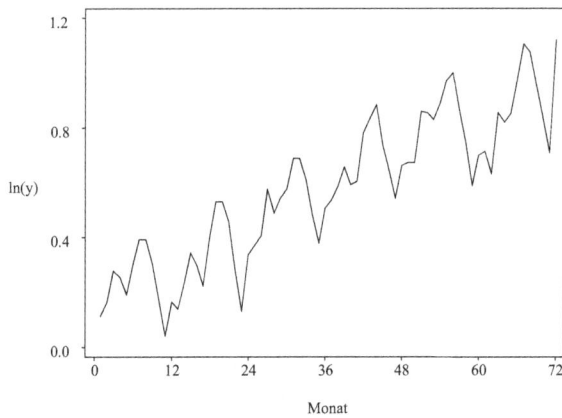

Abb. 8.2: Monatliche Entwicklung der Passagierzahlen einer Regionalfluggesellschaft
(Logarithmen)

8.3 Methoden der Trendermittlung

Mittel- und langfristige Einflüsse werden sich im Zeitverlauf im wesentlichen nur langsam und kontinuierlich ändern. Die Realisationen werden daher durch einen glatten Verlauf gekennzeichnet sein. Daher ist es sinnvoll, die glatte Komponente durch gleitende Durchschnitte oder durch geeignete mathematische Funktionen der Zeit zu approximieren.

8.3.1 Methode der gleitenden Durchschnitte

Mit Hilfe der Methode der gleitenden Durchschnitte kann bei einer Zeitreihe $y_1,...,y_n$ mit konstanter Saisonfigur oder bei einer Zeitreihe ohne saisonale Komponente die glatte Komponente näherungsweise berechnet werden.

Unter einem *gleitenden Durchschnitt der (ungeraden) Ordnung 2k+1* für den Beobachtungswert y_t einer Zeitreihe versteht man

$$\overline{y}_t^{(2k+1)} = \frac{1}{2k+1} \sum_{j=-k}^{k} y_{t+j} \quad , t=k+1,...,n-k.$$

Dabei steht die Variable k für die Anzahl der benachbarten Werte von y_t, die in die Mittelwertberechnung eingehen. Ist z.B. k=1, so werden neben y_t nur dessen direkte Nachbarn zur Mittelwertbildung verwendet. Insgesamt werden also 2k+1 = 3 Zeitreihenwerte benutzt. Es entsteht ein gleitender Durchschnitt der Ordnung 3.

Ein *gleitender Durchschnitt der (geraden) Ordnung 2k* zum Wert y_t einer Zeitreihe ist gegeben durch

$$\overline{y}_t^{(2k)} = \frac{1}{2k} \left(\frac{1}{2} y_{t-k} + \sum_{j=-(k-1)}^{k-1} y_{t+j} + \frac{1}{2} y_{t+k} \right) \quad , t=k+1,...,n-k.$$

Bei einem gleitenden Durchschnitt der geraden Ordnung geht ebenfalls eine ungerade Anzahl von Beobachtungswerten in die Berechnung des Mittelwertes ein. Ist etwa k=2, so geschieht dies dadurch, daß neben y_t und seinen direkten Nachbarn y_{t+1} und y_{t-1} die Zeitreihenwerte y_{t+2} und y_{t-2}, aber jeweils nur zur Hälfte, bei der Mittelwertbildung berücksichtigt werden.

Die wichtigsten Spezialfälle sind der

(a) gleitende 3er-Durchschnitt (k = 1, Anwendung bei Dritteljahresdaten):

$$\overline{y}_t^{(3)} = \frac{1}{3}(y_{t-1} + y_t + y_{t+1}) \quad ,t=2,...,n-1,$$

(b) gleitende 4er-Durchschnitt (k = 2, Anwendung bei Vierteljahresdaten):

$$\overline{y}_t^{(4)} = \frac{1}{4}(\frac{1}{2}y_{t-2} + y_{t-1} + y_t + y_{t+1} + \frac{1}{2}y_{t+2}) \quad ,t=3,...,n-2,$$

(c) gleitende 12er-Durchschnitt (k = 6, Anwendung bei Monatsdaten):

$$\overline{y}_t^{(12)} = \frac{1}{12}(\frac{1}{2}y_{t-6} + y_{t-5}+...+y_t+...+y_{t+5} + \frac{1}{2}y_{t+6}) \quad , t=7,...,n-6,$$

d) gleitende 200er-Durchschnitt (k = 100, Anwendung bei täglichen Aktien- oder Devisenkursnotierungen):

$$\overline{y}_t^{(200)} = \frac{1}{200}(\frac{1}{2}y_{t-100} + y_{t-99}+...+y_t+...+y_{t+99} + \frac{1}{2}y_{t+100}) \quad ,t=101,...,n-100.$$

Beispiel 8.4: Für die gegebene Zeitreihe y_t, t=1,...,13, gelte $y_t = G_t + S_t$. In **Tab. 8.1** wurden zunächst über die 3er Summen die gleitenden Durchschnitte der Ordnung 3 bestimmt. Diese Ergebnisse kommen den als bekannt vorausgesetzten Werten der glatten Komponente G_t zwar schon recht nahe, aber erst die gleitenden Durchschnitte der Ordnung 4, die auch hier mit Hilfe der 4er- Summen berechnet wurden, liefern das exakte Ergebnis. Daß es sich hier um Durchschnitte der Ordnung 4 handeln muß, ist naheliegend, da es sich um eine Zeitreihe mit konstanter Saisonfigur bei 4 Zeitperioden handelt.

Tab. 8.1: Berechnung der gleitenden 3er- und 4er Durchschnitte für eine Zeitreihe y_t, deren Komponenten G_t und S_t bekannt sind

t	G_t	S_t	y_t	3er-Summe	$\overline{y}_t^{(3)}$	4er-Summe	$\overline{y}_t^{(4)}$
1	100	0	100	.-	-	-	-
2	102	2	104	307	102,3	-	-
3	104	-1	103	312	104	416	104
4	106	-1	105	316	105,3	424	106
5	108	0	108	325	108,3	432	108
6	110	2	112	331	110,3	440	110
7	112	-1	111	336	112	448	112
8	114	-1	113	340	113,3	456	114
9	116	0	116	349	116,3	464	116
10	118	2	120	355	118,3	472	118
11	120	-1	119	360	120	480	120
12	122	-1	121	364	121,3	-	-
13	124	0	124	-	-	-	-

Ist die glatte Komponente wie im vorherigen Beispiel eine lineare Funktion, so läßt sich diese immer exakt durch die Methode der gleitenden Durchschnitte bestimmen. In realen Beispielen ist die glatte Komponente jedoch keine lineare

Funktion.

Beispiel 8.5: Für die Zeitreihe des monatlichen Bierausstoßes einer Brauerei von Januar 1993 bis Dezember 1997 liegen die in **Tab. 8.2** gegebenen Beobachtungswerte vor. Diese Zeitreihe, die in **Abb. 8.3** graphisch in Form eines Zeitreihenpolygons dargestellt wurde, soll mit Hilfe der gleitenden 12er-Durchschnitte geglättet werden.

Tab. 8.2: Monatlicher Bierausstoß einer Brauerei von 1993 bis 1997 (in 1000 hl) und die gleitenden Durchschnitte der Ordnung 12

Mo-nat	Jahr									
	1993		1994		1995		1996		1997	
	y_t	$\bar{y}_t^{(12)}$	y_t	$\bar{y}_t^{(12)}$	y_t	$\bar{y}_t^{(12)}$	y_t	$\bar{y}_t^{(12)}$	y_t	$\bar{y}_t^{(12)}$
1	61	-	61	73,917	65	76,625	71	77,083	66	79,250
2	57	-	65	74,458	66	76,750	65	77,167	67	79,292
3	67	-	71	74,708	76	76,917	70	77,375	73	79,042
4	75	-	78	74,708	76	77,125	82	77,667	82	78,875
5	73	-	79	74,833	85	77,417	83	77,458	84	79,208
6	87	-	80	74,917	87	77,250	83	77,667	94	79,542
7	82	72,500	88	75,083	87	77,250	91	77,875	95	-
8	79	72,833	86	75,292	90	77,458	88	77,750	85	-
9	76	73,333	75	75,542	75	77,167	82	77,958	79	-
10	69	73,625	70	75,667	75	77,167	75	78,083	74	-
11	67	74,000	69	75,833	71	77,333	66	78,125	75	-
12	77	73,958	77	76,375	71	77,083	81	78,625	80	-

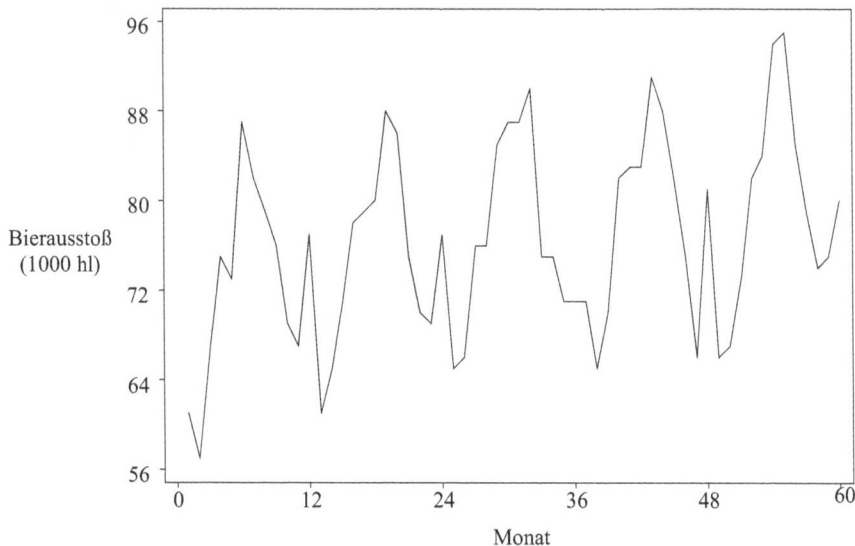

Abb. 8.3: Monatliche Entwicklung des Bierausstoßes einer Brauerei

In **Abb. 8.4** ist neben der Originalzeitreihe auch die Reihe der gleitenden Durchschnitte der Ordnung 12 $\overline{y}_t^{(12)}$, t= 7,...,54, graphisch dargestellt.

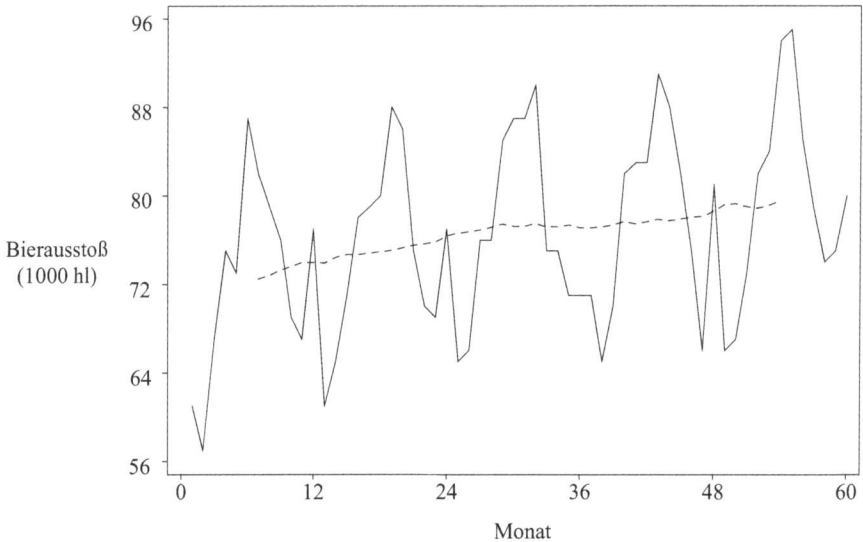

Abb. 8.4: Gleitender 12er-Durchschnitt des Bierausstoßes

Der Trend in Abb. 8.4. verdeutlicht die langfristige Zunahme des Bierausstoßes. Die Erfolgsbilanz eines neuen Geschäftsführers, der im Juli 1996 ($y_t = 91$) die Geschäftsleitung der Brauerei übernommen hat, darf am Ende des Jahres 1996 ($y_t = 81$) nicht anhand des aktuellen Bierausstoßes beurteilt werden, da der Bierausstoß saisonbedingt abnimmt. Der steigende Trend des Bierausstoßes hat sich fortgesetzt. Erst eine Wende vom steigenden zum fallenden Trend sollte bei den Eigentümern der Brauerei Kritik an der Geschäftsführung hervorrufen, damit geeignete Unternehmensstrategien entwickelt werden.

Bei der Berechnung gleitender Durchschnitte lassen sich auch Rekursionsformeln anwenden. So gilt für den Fall einer ungeraden Ordnung 2k+1

$$\overline{y}_{t+1}^{(2k+1)} = \overline{y}_t^{(2k+1)} + \frac{1}{2k+1}(y_{t+k+1} - y_{t-k})$$

bzw. für den Fall der geraden Ordnung 2k

$$\overline{y}_{t+1}^{(2k)} = \overline{y}_t^{(2k)} + \frac{1}{4k}(y_{t+k+1} + y_{t+k} - y_{t-k} - y_{t-k+1}).$$

Beispiel 8.6 (vgl. B. 8.5): Beispielsweise gilt für den gleitenden Durchschnitt des Bierausstoßes für August 1993:

$$\overline{y}_8^{(12)} = 72,5 + \frac{1}{24}(y_{14} + y_{13} - y_1 - y_2) = 72,5 + \frac{1}{24}(65 + 61 - 61 - 57) = 72,833 \ .$$

Gleitende Durchschnitte spielen auch bei der „Technischen Aktienanalyse" eine bedeutende Rolle. Sie werden zusammen mit Kursverläufen in einem Kursbild bzw. Chart dargestellt. Kurzfristige Schwankungen werden geglättet, um länger anhaltende Trends bzw. Trendwenden besser erkennen zu können. Aus dem Verlauf von Aktienkurs und gleitendem Durchschnitt können Handlungsalternativen für Kauf und Verkauf von Aktien abgeleitet werden. So schreibt etwa Welcker (1994, S. 48):"Wenn sich eine Aufwärtsbewegung in eine Abwärtsbewegung wandelt, so schneidet die Kurskurve somit den gleitenden Durchschnitt von oben nach unten und wenn sich eine Abwärtsbewegung in eine Aufwärtsbewegung umwandelt, schneidet die Kurskurve den gleitenden Durchschnitt von unten nach oben." Diese Methode kann natürlich auch zu falschen Prognosen führen. Je kürzer die Periode für den gleitenden Durchschnitt ist, um so größer ist die Gefahr für ein Fehlsignal.

8.3.2 Mathematische Trendformeln

Eine Zeitreihe $y_1,...,y_n$, deren Beobachtungswerte nur aus einer Trend- und einer Restkomponente zusammengesetzt sind, läßt sich oft durch eine mathematische Funktion approximieren. An die Trendkomponente kann also eine Funktion der Zeit angepaßt werden, die von unbekannten Parametern abhängt.

(1) Linearer Trend

An die Zeitreihe y_t, t=1,...,n, soll eine lineare Funktion y = a + bt mit den unbekannten Parametern a und b angepaßt werden. Mit der ersten Ableitung

$$\frac{dy}{dt} = b$$

besitzt die lineare Trendfunktion für b>0 einen steigenden Trend, für b<0 einen fallenden Trend. Die Wachstumsrate r ist dann durch

$$r = \frac{dy/dt}{y} = \frac{b}{a + bt}$$

gegeben.

Folgt beispielsweise die jährliche Umsatzentwicklung eines Unternehmens einem steigenden linearen Trend, so nimmt jedes Jahr der Umsatz durchschnittlich um b € bei jährlich fallenden Wachstumsraten zu.

(2) Parabolischer Trend

Der parabolische Trend ist gekennzeichnet durch die Funktion

$$y = a + bt + ct^2$$

mit den unbekannten Parametern a, b und c. Für die Wachstumsrate gilt

$$r = \frac{dy/dt}{y} = \frac{b + 2ct}{a + bt + ct^2} \; .$$

Die Trendentwicklung hängt von der Parameterkonstellation a, b und c ab. Der Einfachheit halber wollen wir positive Parameter unterstellen. Dann haben es wir mit einem eindeutig steigenden Trend zu tun. Die Entwicklung der Wachstumsrate hängt ebenfalls von den Parametern ab. Entweder ist die Wachstumsrate zuerst steigend und dann fallend, oder sie ist von Anfang an fallend. Genaue Bedingungen für den Verlauf der Wachstumsrate kann man (als Übung!) mit Hilfe der Differentialrechnung angeben.

Obwohl bei Unterstellung eines parabolisch steigenden Trends die absoluten Zuwächse jedes Jahr zunehmen, sinken die Wachstumsraten langfristig. Entwickelt sich beispielsweise das Bruttosozialprodukt nach einem parabolischen Trend, dann steigt jedes Jahr der Wohlstand, gemessen am Bruttosozialprodukt, um einen größeren Betrag. Verfolgt man jedoch die Wachstumsrate einer solchen Volkswirtschaft, so wird sie langfristig gegen Null streben. Bei der Interpretation von Wachstumsraten sollte man daher sorgfältig vorgehen; man muß die Basis und den absoluten Zuwachs berücksichtigen. Eine Gehaltserhöhung von 20% hört sich wesentlich besser als eine von 5% an. Ist aber im ersten Fall das Ausgangsgehalt 1000 € und im zweiten Fall 5000 €, so ist der absolute Zuwachs von 250 € im zweiten Falle trotz geringer Wachstumsrate höher als im ersten Fall mit einem absolutem Zuwachs von 200 €.

(3) Exponentieller Trend

Die exponentielle Funktion

$$y = ae^{rt}$$

mit den unbekannten Parametern a und r = Wachstumsrate eignet sich zur

Beschreibung von exponentiellem Wachstum, wie dies z.B. bei Umsatz-, Wirt-
schafts- oder Bevölkerungsentwicklungen der Fall ist. Wegen

$$\frac{dy}{dt} = are^{rt}$$

gilt für die Wachstumsrate

$$r = \frac{dy/_{dt}}{y} = \text{konstant.}$$

Ist die Wachstumsrate positiv, dann liegt ein steigender Trend vor. Ein exponentielles Trendmodell unterstellt also immer konstante Wachstumsraten mit steigenden absoluten Zuwächsen, falls $r > 0$. Seine Anwendung ist immer dann sinnvoll,
wenn für einen längeren Zeitraum konstante Wachstumsraten angenommen
werden können. Dies ist beispielsweise bei Wachstumsmodellen von Bevölkerungen und Tierpopulationen der Fall. Zu beachten ist allerdings, daß eine sehr langfristige Prognose mit dem exponentiellen Trendmodell i.d.R. zu Überschätzungen
führt, da jedes Merkmal irgendwann einmal an die Grenzen des Wachstums stößt.
Unbegrenztes Wachstum ist in einer begrenzten Welt auf Dauer nicht möglich.

Beispiel 8.7: Die durchschnittliche Bruttostundenlohnentwicklung der Industrie zwischen 1950 und
1970 in der Bundesrepublik Deutschland läßt sich durch

$$\hat{y} = 1{,}388 \cdot e^{0{,}077 \cdot t}, \; t=\text{Jahr} - 1950,$$

annähern, d.h. die jährliche Lohnsteigerung beträgt etwa 7,7%. Langfristig führt aber eine Anpassung durch eine exponentielle Funktion zu einer Überschätzung der tatsächlichen Entwicklung.
Aufgrund dieser Funktion würde der durchschnittliche Bruttostundenlohn 1997

$$\hat{y} = 1{,}388 \cdot e^{0{,}077 \cdot 47} = 51{,}77 \; \text{DM}$$

betragen. Tatsächlich ist der durchschnittliche Bruttostundenlohn aber wesentlich geringer.

Mit Hilfe des exponentiellen Trendmodells kann die durchschnittliche stetige
Wachstumsrate eines Merkmals zwischen zwei Zeitpunkten berechnet werden.
Zum Zeitpunkt t_1 liege die Beobachtung y_1 und zum Zeitpunkt t_2 die Beobachtung
y_2 eines Merkmals vor. Unterstellt man exponentielles Wachstum zwischen den
beiden Zeitpunkten, dann gilt

$$y_1 = a \cdot e^{\bar{r} \cdot t_1} \; \text{und} \; y_2 = a \cdot e^{\bar{r} \cdot t_2}.$$

Aus dem Quotienten

$$\frac{y_2}{y_1} = e^{\bar{r}(t_2 - t_1)},$$

der die relative Veränderung des Merkmals im betrachteten Zeitraum widerspiegelt, läßt sich die durchschnittliche stetige Wachstumsrate als

$$\bar{r} = \frac{\ln\left(\frac{y_2}{y_1}\right)}{t_2 - t_1} = \frac{\ln(y_2) - \ln(y_1)}{t_2 - t_1} \approx \left(t_2 - t_1\sqrt{\frac{y_2}{y_1}} - 1\right),$$

vgl. auch Kap. 4.1 (5), berechnen.

(4) Logistische Funktion

Die logistische Funktion

$$y = \frac{k}{1 + be^{-ct}} \quad , \quad c > 0,$$

wobei k, b und c unbekannt sind, besitzt gegenüber der exponentiellen Trendfunktion bei der Repräsentation von Wachstumsverläufen den Vorteil, daß sie in einem s-förmigen Verlauf einer Sättigungsgrenze k zustrebt, wie dies zum Beispiel bei Produktlebenskurven oder bei Bevölkerungsentwicklungen zu erwarten ist. Daher kann sie auch zur Prognose von Werten in einen größeren zukünftigen Zeitbereich hinein verwandt werden.

Es gilt

$$\frac{dy}{dt} = cy(1 - \frac{y}{k})$$

und somit ist die Wachstumsrate

$$r = \frac{dy/dt}{y} = c(1 - \frac{y}{k}).$$

Durch den Faktor $(1 - \frac{y}{k})$ wird das ungehinderte Wachstum c um so mehr gebremst, je näher die Bevölkerung y an ihrer Sättigungsgrenze k liegt.

Beispiel 8.8: Die Approximation der logistischen Funktion an die Bevölkerungsentwicklung der USA, vgl. **Abb. 8.5**, (Anpassungszeitraum 1790 bis 1980) lautet (in Mio.):

$$\hat{y} = \frac{365{,}56}{1 + 53{,}29 \cdot e^{-0{,}233 \cdot t}} \ , \quad t = (\text{Jahr} - 1790)/10.$$

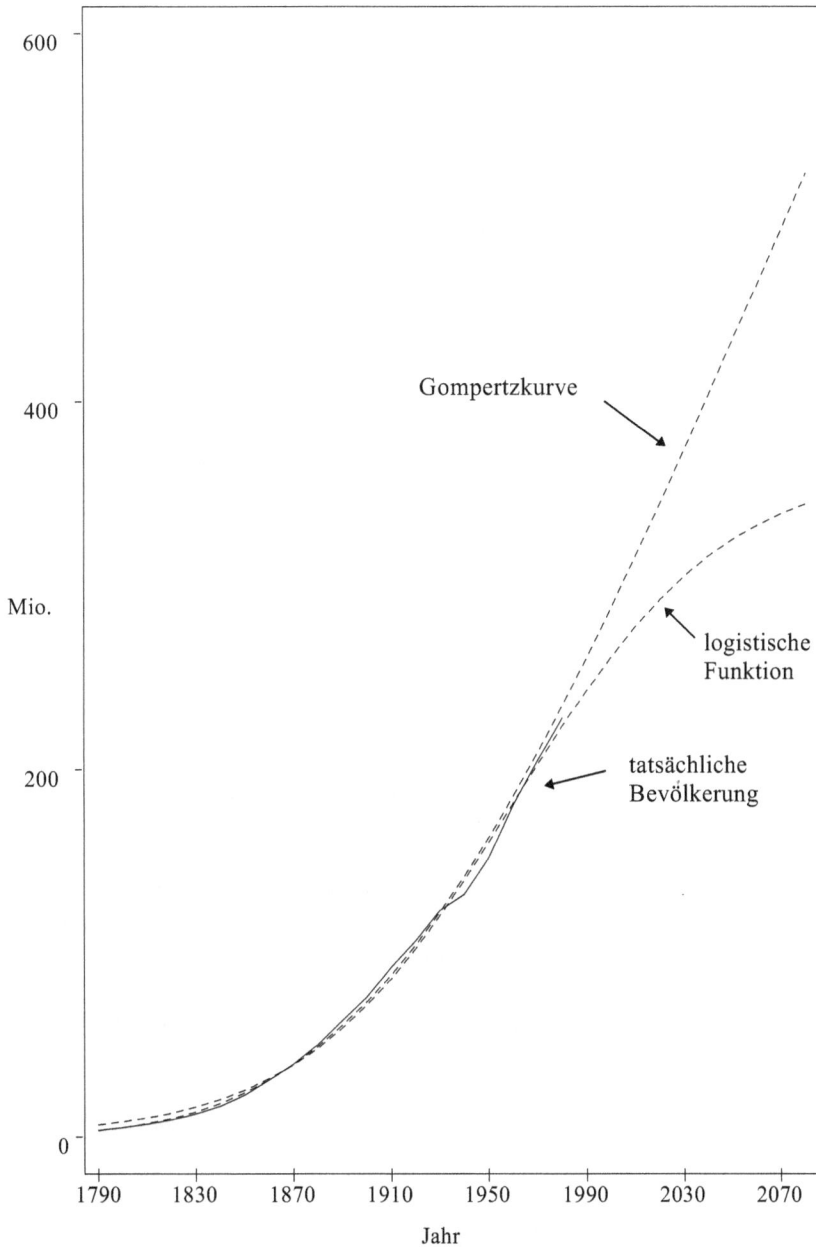

Abb. 8.5: Logistische Funktion und Gompertz-Kurve: Bevölkerungsentwicklung in den USA

Dabei ist die Wachstumsrate (bezogen auf einen Zeitraum von 10 Jahren)

$$r = 0{,}233 \cdot (1 - \frac{y}{365{,}56})$$

und die Sättigungsgrenze liegt bei

$$k = 365{,}56 \text{ (Mio.)}.$$

(5)   Gompertz-Kurve

Neben der logistischen Funktion wird häufig auch die Gompertz-Kurve

$$y = e^{a - bc^t}, \qquad b > 0, \quad 0 < c < 1,$$

wobei a, b und c unbekannte Parameter sind, zur Beschreibung von Wachstumsverläufen eingesetzt.

Diese nichtlineare Funktion wurde erstmals 1825 von Benjamin Gompertz zur Analyse von Sterbetafeln (mit $c > 1$) verwendet. Sie wächst von $e^{(a-b)}$ für $t = 0$ bis zu e^a (Sättigungsniveau) für t gegen unendlich, falls $0 < c < 1$.

Für die Wachstumsrate gilt dann

$$r = \frac{dy/dt}{y} = -bc^t \cdot \ln c = \ln c \cdot (\ln y - a) = \ln c \cdot \ln\left(\frac{y}{e^a}\right).$$

Die Gompertz-Kurve ist bei s-förmigen Wachstumsverläufen durch geometrisch bzw. exponentiell sinkende Wachstumsraten gekennzeichnet. Sie eignet sich daher auch bei der Modellierung von Größen, deren Wachstum durch ein Sättigungsniveau beschränkt ist. Gegenüber der logistischen Funktion unterscheidet sie sich durch die Tatsache, daß ihr Wendepunkt nicht beim halben Sättigungsniveau liegen muß. Daher ist sie als Anpassungskurve flexibler zu handhaben.

Beispiel 8.9: Wird an die Bevölkerungsentwicklung der USA, vgl. B. 8.8, eine Gompertz-Kurve angepaßt, so ergibt sich (in Mio.):

$$\hat{y} = e^{7{,}119 - 5{,}84 \cdot 0{,}936^t} \quad \text{mit } t = (\text{Jahr-}1790)/10, \qquad \text{vgl. } \textbf{Abb. 8.5}.$$

Die (auf einen Zeitraum von 10 Jahren bezogene) Wachstumsrate ist

$$r = -5{,}84 \cdot 0{,}936^t \cdot \ln(0{,}936) = 0{,}386 \cdot 0{,}936^t = 0{,}386 \cdot e^{-0{,}066t} \quad .$$

Die Sättigungsgrenze liegt bei

$$k = e^a = e^{7{,}119} = 1235{,}2 \text{ (Mio.)}.$$

8.3.3 Identifikation geeigneter Trendfunktionen

Vor Bestimmung der unbekannten Parameter der bisher betrachteten Trendformeln muß aus der Vielzahl der möglichen mathematischen Funktionen ein
geeigneter Funktionstyp (z.B. linearer oder exponentieller Trend) für die konkret
vorliegende Zeitreihe gefunden bzw. identifiziert werden. Es sollen zunächst drei
verschiedene Identifikationsmerkmale vorgestellt werden, anhand deren Eigenschaften sich geeignete Trendfunktionen zur Approximation der Zeitreihe
bestimmen lassen.

Bei einer Zeitreihe $y_1,...,y_n$ heißt

$$\nabla y_t = y_t - y_{t-1} \ , \ t=2,...,n,$$

die *Reihe der ersten Differenzen*,

$$\nabla^2 y_t = \nabla(\nabla y_t) = \nabla(y_t - y_{t-1}) = y_t - 2y_{t-1} + y_{t-2} \ , \ t=3,...,n,$$

die *Reihe der zweiten Differenzen* und

$$r_t = \frac{\nabla y_t}{y_{t-1}} = \frac{y_t - y_{t-1}}{y_{t-1}} = \frac{y_t}{y_{t-1}} - 1 \ , \ t=2,...,n,$$

die *Reihe der Wachstumsraten*.

Aus den Eigenschaften dieser Merkmale lassen sich die wichtigsten Trendfunktionen ableiten, wie die nachfolgende Übersicht, vgl. **Tab. 8.3**, zeigt.

Tab. 8.3:   Übersicht zur Identifikation einiger Trendfunktionen

Merkmal	Eigenschaft	Trend
∇y_t	konstant	linear
$\nabla^2 y_t$	konstant	parabolisch
r_t	$r = a - b \cdot y$	logistische Funktion
r_t	$r = a - b \cdot \ln(y)$	Gompertz-Kurve
r_t	konstant	exponentiell

Bei einem linearen Trend sind die 1. Differenzen (1. Ableitungen), bei einem
parabolischen Trend die 2. Differenzen (2. Ableitungen) konstant. Exponentielle
Trends sind durch konstante Wachstumsraten gekennzeichnet. Bei der logistischen
Funktion ist die Wachstumsrate eine fallende lineare Funktion von y, während bei
der Gompertz-Kurve die Wachstumsrate eine fallende lineare Funktion von $\ln(y)$
ist, vgl. Abschnitt 8.3.2.

Bei empirischen Zeitreihen streuen die vorgestellten Identifikationsmerkmale um eine Konstante oder um eine fallende lineare Funktion von y bzw. ln(y).

<u>Beispiel 8.10</u>: Für die nachfolgend gegebene Zeitreihe $y_1,...,y_{12}$, die die Entwicklung der Mitarbeiterzahlen eines Betriebes zeigt, soll ein geeigneter Trend ermittelt werden, vgl. **Tab. 8.4**. Zu diesem Zweck sind die verschiedenen Identifikationsmerkmale berechnet worden.

Tab. 8.4:   Entwicklung der Mitarbeiterzahlen eines Betriebes

t	y_t	∇y_t	$\nabla^2 y_t$	r_t
1	120			
2	176	56		0,467
3	230	54	-2	0,307
4	299	69	15	0,300
5	363	64	-5	0,214
6	425	62	-2	0,171
7	499	74	12	0,174
8	551	52	-22	0,104
9	611	60	8	0,109
10	663	52	-8	0,085
11	710	47	-5	0,071
12	751	41	-6	0,058

Weder die 1. und 2. Differenzen, noch die Wachstumsraten streuen um eine Konstante, so daß in den nachfolgenden **Abb. 8.6** und **Abb. 8.7** die Wachstumsraten r_t als Funktion der Mitarbeiterzahlen y_t bzw. als Funktion ihrer Logarithmen $ln(y_t)$ graphisch dargestellt sind. Daraus läßt sich ableiten, daß die Entwicklung der Mitarbeiterzahlen vermutlich einer Gompertz-Kurve folgt.

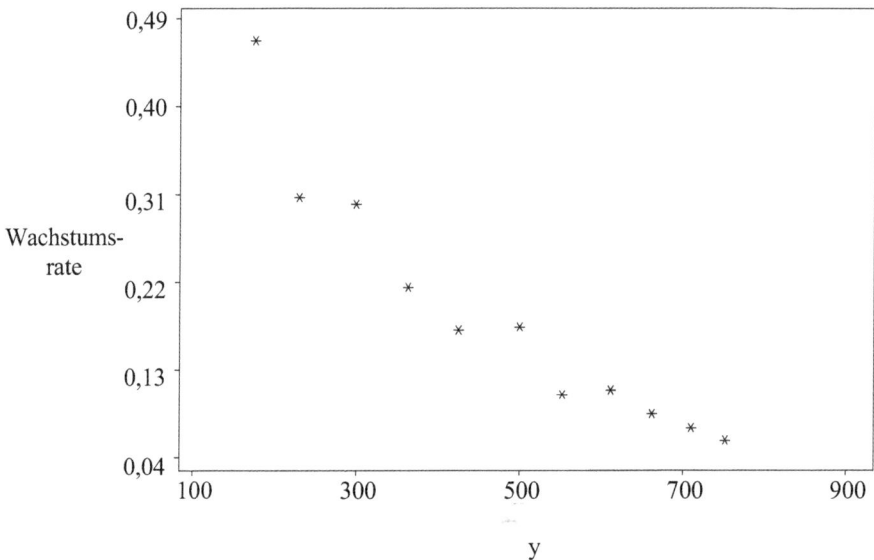

Abb. 8.6: Identifikationsdiagramm für die logistische Funktion

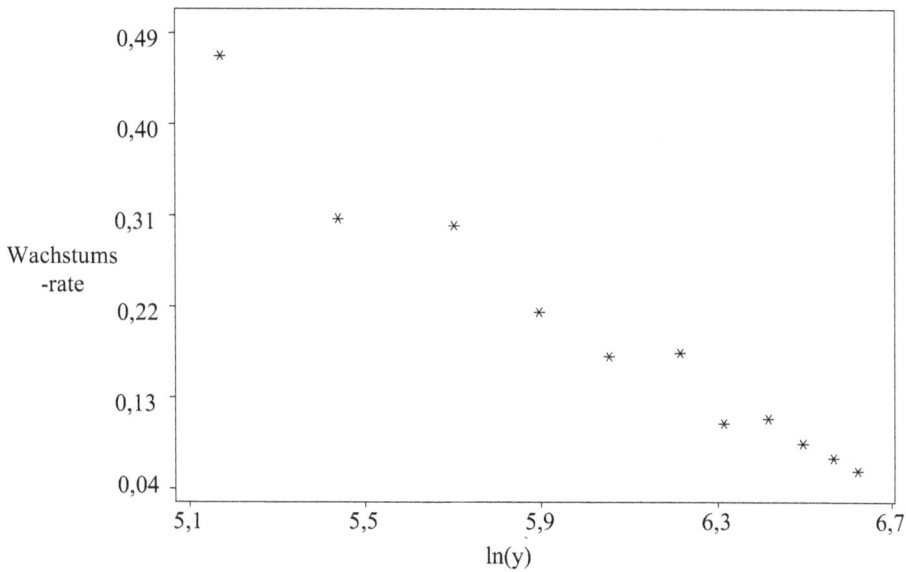

Abb. 8.7: Identifikationsdiagramm für die Gompertz-Kurve

8.3.4 Schätzung der unbekannten Parameter

Im folgenden Abschnitt werden für die in Abschnitt 8.3.2 vorgestellten mathematischen Trendformeln Schätzer für die jeweils unbekannten Parameter angegeben. Dabei werden zunächst nur Schätzer nach der Methode der kleinsten Quadrate, vgl. Kapitel 7.3.1, bestimmt. Es können natürlich auch alternativ nach der Waldschen Methode, vgl. Kapitel 7.3.4, Schätzungen berechnet werden.

(1) Linearer Trend: $y = a + bt$

Analog zu Kapitel 7.3.1 ergibt sich nach der KQ-Methode für die unbekannten Parameter a und b:

$$b = \frac{\sum\limits_{t=1}^{n} (t - \bar{t})(y_t - \bar{y})}{\sum\limits_{t=1}^{n} (t - \bar{t})^2},$$

$$a = \bar{y} - b\bar{t}.$$

Beispiel 8.11: In **Tab. 8.5** sind die Gewerbesteuereinnahmen y_t (in Mio. DM), t=1980,1981,...,1988, einer Gemeinde jeweils zum Jahresende zusammengestellt. Außerdem sind in dieser Tabelle alle wichtigen Berechnungsschritte zur Ermittlung von a und b angegeben. Dabei werden zunächst die Zeitpunkte t transformiert zu

$$t^* = t - 1984,$$

so daß gilt:

$$\bar{t}^* = \frac{1}{9}(-4 - 3 - 2 - 1 + 0 + 1 + 2 + 3 + 4) = 0,$$

was die weiteren Berechnungen wesentlich vereinfacht. Außerdem ist

$$\bar{y} = \frac{1}{9}\sum_t y_t = 112.$$

Tab. 8.5: Arbeitstabelle zur Berechnung der KQ-Schätzer

t	y_t	t^*	$y_t - \bar{y}$	$t^*(y_t - \bar{y})$	t^{*2}
1980	100	-4	-12	48	16
1981	104	-3	-8	24	9
1982	102	-2	-10	20	4
1983	106	-1	-6	6	1
1984	110	0	-2	0	0
1985	118	1	6	6	1
1986	118	2	6	12	4
1987	120	3	8	24	9
1988	130	4	18	72	16
Σ	1008	0	0	212	60

Als KQ-Schätzer für den Steigungsparameter b und das Absolutglied a dieser linearen Trendfunktion ergibt sich, da $\bar{t}^* = 0$

$$b = \frac{\sum t^*(y_t - \bar{y})}{\sum t^{*2}} = \frac{212}{60} = 3,5333,$$

$$a = \bar{y} - b\bar{t}^* = \bar{y} = 112.$$

Somit ist

$$\hat{y} = 112 + 3,5333 \cdot t^*$$

bzw.

$$\hat{y} = 112 + \tfrac{212}{60}(t - 1984) = -6898,1333 + 3,5333t$$

die geschätzte Trendfunktion.

Aus dieser Funktion lassen sich beispielsweise für das Jahr 1990 Gewerbesteuereinnahmen von

$$\begin{aligned}\hat{y} &= 112 + 3,5333 \cdot 6 \\ &= -6898,1333 + 3,5333 \cdot 1990 \\ &= 133,2 \text{ (Mio. DM)}\end{aligned}$$

prognostizieren.

(2) Parabolischer Trend: $y = a + bt + ct^2$

Die Methode der kleinsten Quadrate führt bei dieser nichtlinearen Trendfunktion zu drei Normalengleichungen, die linear in den Parametern sind.

Die Parameter a, b und c der parabolischen Trendfunktion ergeben sich als Lösung des Normalengleichungssystems:

$$na + b\sum_t t + c\sum_t t^2 = \sum_t y_t$$

$$a\sum_t t + b\sum_t t^2 + c\sum_t t^3 = \sum_t ty_t$$

$$a\sum_t t^2 + b\sum_t t^3 + c\sum_t t^4 = \sum_t t^2 y_t \; .$$

Beispiel 8.12: Für die Jahre t=1987,1988,...,1993 ist in **Tab. 8.6** der Ausstoß für Schankbier (in 1000 hl) einer Brauerei angegeben. An die beobachteten Werte soll eine parabolische Trendfunktion angepaßt werden.

Tab. 8.6: Bierausstoß y_t (in 1000 hl) einer Brauerei für t=1987,1988,...,1993

t	1987	1988	1989	1990	1991	1992	1993
y_t	98	109	124	133	152	164	181

In der nachfolgenden Arbeitstabelle sind die notwendigen Größen zusammengestellt, die zur Aufstellung des Normalengleichungssystems gebraucht werden. Dabei wurde t zu t*=t-1986 transformiert.

Tab. 8.7: Arbeitstabelle zur Erstellung des Normalengleichungssystems

t	t*	y_t	t^{*2}	t^{*3}	t^{*4}	$t^* y_t$	$t^{*2} y_t$
1987	1	98	1	1	1	98	98
1988	2	109	4	8	16	218	436
1989	3	124	9	27	81	372	1116
1990	4	133	16	64	256	532	2128
1991	5	152	25	125	625	760	3800
1992	6	164	36	216	1296	984	5904
1993	7	181	49	343	2401	1267	8869
Σ	28	961	140	784	4676	4231	22351

Das resultierende Normalengleichungssystem

$$7a + 28b + 140c = 961$$
$$28a + 140b + 784c = 4231$$
$$140a + 784b + 4676c = 22351$$

wird gelöst durch

$$a = 87, \ b = 10{,}488, \ c = 0{,}4167.$$

Somit ergibt sich:

$$\hat{y} = 87 + 10{,}488 \cdot t* + 0{,}4167 \cdot t*^2 \ .$$

Der prognostizierte Bierausstoß für 1997 (t*=11):

$$\hat{y} = 87 + 10{,}488 \cdot 11 + 0{,}4167 \cdot 11^2 = 252{,}8 \quad (1000 \ \text{hl}) \ .$$

Die geschätzte Wachstumsrate des Bierausstoßes beträgt, vgl. 8.3.2.(2),

$$\hat{r} = \frac{\dfrac{d\hat{y}}{dt*}}{\hat{y}} = \frac{10{,}488 + 0{,}8334 \cdot t*}{87 + 10{,}488 \cdot t* + 0{,}4167 \cdot t*^2} \ .$$

Sie ist von Anfang an fallend. Ausgewählte Werte der Wachstumsrate sind aus folgender Tabelle **Tab. 8.8** ersichtlich.

Tab. 8.8: Wachstumsraten des Bierausstoßes

t*	1	5	10	20	50	100
$\hat{r}$	0,116 (11,6%)	0,098 (9,8%)	0,081 (8,1%)	0,059 (5,9%)	0,036 (3,6%)	0,018 (1,8%)

Wie man leicht nachprüfen kann, steigt der absolute Zuwachs des Bierausstoßes jedes Jahr an, obwohl die Wachstumsraten fallen.

(3) Exponentieller Trend $y = ae^{rt}$

Auch bei nichtlinearen Trendfunktionen können die Parameter mit Hilfe der Methode der kleinsten Quadrate bestimmt werden. Jedoch führt dieses Verfahren in den meisten Fällen zu komplexen Berechnungen. Eine Ausnahme bildet die Bestimmung der Parameter beim parabolischen Trend. Ein wesentlich einfacheres Verfahren ist die Transformation der nichtlinearen Trendfunktion in eine lineare Beziehung, deren Parameter dann wie bisher nach der Methode der kleinsten Quadrate ermittelt werden. Anschließend erfolgt die Rücktransformation (vgl. Kap. 7.3.4).

Die exponentielle Trendfunktion $y = ae^{rt}$ mit den unbekannten Parametern a und r läßt sich durch Logarithmieren überführen in

$$\ln y = \ln a + rt.$$

Die Ermittlung der Parameter a und r aus den Zeitreihenwerten y_t, t=1,...,n, läßt sich in drei Schritte untergliedern:

1. Schritt: Transformiere y_t in $y_t^* = \ln y_t$.

2. Schritt: Ermittle α und β der Regressionsgeraden $\hat{y}^* = \alpha + \beta t$ nach der Methode der kleinsten Quadrate.

3. Schritt: Bestimme $a = e^{\alpha}$ und $r = \beta$.

Beispiel 8.13: In **Tab. 8.8** wird die Entwicklung des Bruttosozialprodukts in den Jahren 1950-1980 aufgezeigt. Neben den beobachteten Werten enthält **Tab. 8.9** in Form einer Arbeitstabelle die wichtigsten Hilfsgrößen zur Ermittlung der KQ-Schätzer α und β. Dazu werden zunächst die beobachteten Werte y_t transformiert zu $y_t^* = \ln y_t$. Die Zeitpunkte t =1950,...,1980 wurden ebenfalls wegen der einfacheren Berechnungen zu $t^* = (t-1965)/5$ transformiert, so daß $\bar{t}^* = 0$ ergibt.

Tab. 8.9: Nominales Bruttosozialprodukt y_t (in Mrd. DM) für die Jahre t=1950,1955,...,1980 und Hilfsgrößen zur Bestimmung der KQ-Schätzer

t	y_t	t^*	$y_t^* = \ln y_t$	$y_t^* - \bar{y}^*$	$t^*(y_t^* - \bar{y}^*)$	t^{*2}
1950	98	-3	4,585	-1,469	4,407	9
1955	181	-2	5.198	-0,856	1,712	4
1960	303	-1	5,714	-0,341	0,341	1
1965	458	0	6,127	0,073	0	0
1970	676	1	6,516	0,462	0,462	1
1975	1029	2	6,936	0,882	1,764	4
1980	1484	3	7,302	1,248	3,744	9
Σ		0	42,377	0	12,430	28

Wegen

$$\bar{y}^* = \frac{1}{7}\Sigma y_t^* = \frac{42{,}377}{7} = 6{,}054$$

und den Werten aus obiger Arbeitstabelle ist

$$\beta = r = \frac{\Sigma t^*(y_t^* - \bar{y}^*)}{t^{*2}} = \frac{12{,}430}{28} = 0{,}444,$$

$$\alpha = \bar{y}^* - r\bar{t}^* = \bar{y}^* = 6{,}054.$$

Somit ergibt sich

$$\hat{y}^* = 6{,}054 + 0{,}444\, t^*$$

bzw. (mit $e^{6,054} = 425{,}813$)

$$\hat{y} = 425{,}813\, e^{0{,}444 t^*}.$$

Da $t^* = (t-1965)/5$, hat die geschätzte exponentielle Trendfunktion folgende Form:

$$\hat{y} = 425{,}813 \; e^{0{,}444(t-1965)/5}.$$

Das exponentielle Wachstumsmodell unterstellt für den Zeitraum zwischen 1950 und 1980 eine jährliche konstante Wachstumsrate von $r=0{,}444/5=0{,}0888$ bzw. 8,88%. Die durchschnittliche Wachstumsrate beträgt bei exponentieller Betrachtung und lediglicher Berücksichtigung des Anfangs- und des Endwertes

$$\bar{r} = \frac{\ln(1484) - \ln(98)}{30} = 0{,}0906 \text{ bzw. } 9{,}06\%.$$

Für das Jahr 1985 soll eine Prognose für das Bruttosozialprodukt angegeben werden. Zuvor werden außerdem die geschätzten Werte $\hat{y}_t$ für $t = 1950, 1955, ..., 1980$ berechnet, vgl. **Tab. 8.10**.

Tab. 8.10: Gegenüberstellung der tatsächlichen (y_t) und der geschätzten Werte $(\hat{y}_t)$ des Bruttosozialprodukts

t	t*	y_t	$\hat{y}_t$
1950	-3	98	112,4
1955	-2	181	175,2
1960	-1	303	273,1
1965	0	458	425,8
1970	1	676	663,8
1975	2	1029	1034,8
1980	3	1484	1613,2
1985	4		2514.9

(4) Logistische Funktion $y = k\big/(1+be^{-ct})$

Bei der Schätzung der Parameter der logistischen Funktion mit Hilfe der Methode der kleinsten Quadrate soll davon ausgegangen werden, daß das Sättigungsniveau k bekannt ist. Denn dann läßt sich die logistische Funktion wie folgt linearisieren:

Wegen

$$\frac{1}{y} = \frac{1 + be^{-ct}}{k}$$

gilt

$$\left(\frac{k}{y} - 1\right) = be^{-ct}$$

und

$$\ln\left(\frac{k}{y} - 1\right) = \ln(b) - ct.$$

Die Berechnung der unbekannten Größen b und c erfolgt dann wiederum in drei Schritten:

1. Schritt: Transformiere y_t in $y_t^* = \ln(\frac{k}{y_t} - 1)$.

2. Schritt: Ermittle α und β der Regressionsgeraden $\hat{y}^* = \alpha + \beta t$ nach der Methode der kleinsten Quadrate.

3. Schritt: Bestimme $b = e^{\alpha}$ und $c = -\beta$.

Beispiel 8.13a: Der Entwicklung der Ausstattung der Haushalte mit Farbfernsehgeräten soll eine logistische Funktion angepaßt werden. Dabei wird von einer Sättigungsgrenze von k=90% ausgegangen. In **Tab. 8.11** wird die prozentuale Entwicklung der Haushalte mit einem Farbfernsehgerät angegeben.

Tab. 8.11: Prozentuale Anteile der Haushalte mit Farbfernsehgeräten y_t, t=1968,...,1980

t	t*=t-1974	y_t	$y_t^* = \ln(\frac{90}{y_t} - 1)$	t*²	$t^*(y_t^* - \bar{y}^*)$
1968	-6	2	3,78	36	-15,36
1969	-5	3,4	3,24	25	-10,10
1970	-4	3,5	3,21	16	-7,96
1971	-3	3,8	3,12	9	-5,70
1972	-2	9,1	2,18	4	-1,92
1973	-1	10,9	1,98	1	-0,76
1974	0	21,1	1,18	0	0
1975	1	29,3	0,73	1	-0,49
1976	2	42,2	0,12	4	-2,20
1977	3	50,1	-0,23	9	-4,35
1978	4	60,9	-0,74	16	-7,84
1979	5	69,2	-1,20	25	-12,10
1980	6	73,8	-1,52	36	-16,44
Σ	0		15,85	182	-85,22

In einem ersten Schritt müssen die Beobachtungswerte y_t in $y_t^* = \ln(\frac{90}{y_t} - 1)$ transformiert werden.

Zusätzlich wurden die Zeitpunkte t transformiert zu t* = t-1974, so daß $\bar{t}^* = 0$ gilt.

Die unbekannten Parameter α und β der Regressionsgeraden $y_t^* = \alpha + \beta t^*$ werden nach der Methode der kleinsten Quadrate bestimmt durch

$$\beta = -\frac{85,22}{182} = -0,47$$

$$\alpha = \bar{y}^* = \frac{15,85}{13} = 1,22 \, ,$$

d.h.

$$\hat{y}^* = 1,22 - 0,47 \, t^*.$$

Nach dem Rücktransformieren $b = e^{1,22}$ und $c = 0,47$ ergibt sich

$$\hat{y} = \frac{90}{1 + 3,39e^{-0,47t*}} \, .$$

Mit Hilfe der o.a. logistischen Funktion, die den Trend bei der langfristigen Entwicklung des Farbfernsehgerätemarktes beschreibt, lassen sich auf einfache Weise Prognosen erstellen.

Es soll der Frage nachgegangen werden, in welchem Jahr 86% der Haushalte ein Farbfernsehgerät besitzen werden?

Aus

$$86 = \frac{90}{1 + 3,39e^{-0,47t*}}$$

folgt

$$3,39 \cdot e^{-0,47t*} = (\frac{90}{86} - 1)$$

bzw.

$$t* = -\frac{\ln((90/86 - 1)/3,39)}{0,47} = 9,1 \quad \left(\hat{=} 1983\right).$$

Ein einfaches Verfahren zur Schätzung der logistischen Funktion bei unbekannter Sättigungsgrenze k wird von Tintner (1960) vorgeschlagen, das auf H. Hotelling zurückzuführen ist. Man geht von der Wachstumsratengleichung der logistischen Funktion aus

$$\frac{dy/dt}{y} = r = c(1 - \frac{y}{k}) = c - \frac{c}{k} \cdot y \, .$$

Auf die obige Gleichung wird die Methode der kleinsten Quadrate angewandt und man erhält Schätzungen für c und c/k und daher auch für c und k. Den fehlenden Parameter b gewinnt man aus der transformierten Funktionsgleichung der logistischen Funktion. Da

$$\ln\left(\frac{k}{y} - 1\right) = \ln b - ct$$

ist, folgt

$$\ln b = ct + \ln\left(\frac{k}{y} - 1\right) \, .$$

Setzt man die äquidistanten Beobachtungen y_t für t = 1,2,...,n in obige Gleichung ein, so läßt sich ln b durch

$$\ln(b) = \frac{1}{n} \cdot \sum_{t=1}^{n} ct + \frac{1}{n} \cdot \sum_{t=1}^{n} \ln\left(\frac{k}{y_t} - 1\right)$$

$$= \frac{c \cdot (1+n)}{2} + \frac{1}{n} \cdot \sum_{t=1}^{n} \ln\left(\frac{k}{y_t} - 1\right),$$

der sogenannten Formel von Rhodes, schätzen, wobei $\sum t = \frac{1+n}{2} \cdot n$ ist.

Allerdings eignet sich diese Formel nur dann, wenn alle Beobachtungen y_t, t=1,...,n, unterhalb der geschätzten Sättigungsgrenze k liegen. Ist dies nicht der Fall, so ist die Schätzformel für b entsprechend zu modifizieren, vgl. Hartung/Elpelt/Klösener (2005), S.644ff. Ein Anwendungsbeispiel der Formel von Rhodes findet man in der Übungsaufgabe 48.

(5) Gompertz-Kurve $y = e^{a - bc^t}$

Damit die Gompertz-Kurve in eine lineare Funktion transformiert werden kann, muß unterstellt werden, daß das Sättigungsniveau $k = e^a$ bekannt ist. Wegen

$$y = e^a \cdot e^{-bc^t}$$

gilt

$$\frac{y}{e^a} = e^{-bc^t}$$

bzw.

$$a - \ln(y) = bc^t$$

und

$$\ln(a - \ln(y)) = \ln(b) + \ln(c) \cdot t.$$

Die Berechnung der unbekannten Größen b und c erfolgt in drei Schritten:

1. Schritt:Transformiere y_t in $y_t^* = \ln(a - \ln(y_t))$ mit $a > \ln(y_t)$.

2. Schritt: Ermittle α und β der Regressionsgeraden $\hat{y}^* = \alpha + \beta t$.

3. Schritt: Bestimme $b = e^{\alpha}$, $c = e^{\beta}$ und $a = \ln(k)$.

Beispiel 8.14: An die Entwicklung der Motorsegelflugzeuge in der Bundesrepublik Deutschland von 1962 bis 1977 (**Tab. 8.12**) soll eine Gompertz-Kurve angepaßt werden, wobei das Sättigungsniveau $k = 907 = e^{6,81}$ unterstellt werde.

Tab. 8.12: Bestand der Motorsegelflugzeuge in der Bundesrepublik Deutschland

Jahr	t	y_t	y_t^*	$y_t^* - \overline{y}^*$	$t - \overline{t}$	$(t - \overline{t})^2$	$(t - \overline{t})(y_t^* - \overline{y}^*)$	$\hat{y}_t$
1962	1	23	1,3014	1,4108	-7,5	56,25	-10,5810	3
1963	2	29	1,2363	1,3457	-6,5	42,25	-8,7471	11
1964	3	33	1,1980	1,3074	-5,5	30,25	-7,1907	29
1965	4	50	1,0640	1,1734	-4,5	20,25	-5,2803	61
1966	5	88	0,8470	0,9564	-3,5	12,25	-3,3474	110
1967	6	109	0,7508	0,8602	-2,5	6,25	-2,1505	174
1968	7	133	0,6521	0,7615	-1,5	2,25	-1,1423	249
1969	8	247	0,2628	0,3722	-0,5	0,25	-0,1861	329
1970	9	356	-0,0671	0,0423	0,5	0,25	0,0212	410
1971	10	473	-0,4294	-0,3200	1,5	2,25	-0,4800	487
1972	11	543	-0,6677	-0,5583	2,5	6,25	-1,3958	558
1973	12	660	-1,1465	-1,0371	3,5	12,25	-3,6299	620
1974	13	701	-1,3568	-1,2474	4,5	20,25	-5,6133	673
1975	14	739	-1,5862	-1,4768	5,5	30,25	-8,1224	718
1976	15	760	-1,7334	-1,6240	6,5	42,25	-10,5560	755
1977	16	800	-2,0763	-1,9669	7,5	56,25	-14,7518	786
Summe	**136**		**-1,7510**	**~0**	**0**	**340**	**-83,1532**	
Prognose								

1978	1979	1980	1981	1982	1983	1984	1985
811	831	847	859	869	877	884	889

Wegen $\overline{y}^* = \dfrac{-1,7510}{16} = -0,1094$ und den Werten aus obiger Arbeitstabelle sind die KQ-Schätzer

$$\beta = -\frac{83,1532}{340} = 0,2446 \text{ und } \alpha = \overline{y}^* - \beta\overline{t} = -0,1094 + 0,2446 \cdot 8,5 = 1,9697 .$$

Somit erhält man

$$\hat{y}^* = 1,9697 - 0,2446t.$$

Mit

$$b = e^{1,9697} \approx 7,17$$

und

$$c = e^{-0,2446} \approx 0,783$$

erhält man die Schätzung der Gompertz-Kurve

$$\hat{y} = e^{6,81 - 7,17 \cdot 0,783^t} .$$

Abb. 8.8 zeigt die tatsächliche und die geschätzte Entwicklung der Motorsegelflugzeuge. Die Anpassung ist nicht in allen Jahren gut. Mitte der sechziger Jahre wird die Zahl der Flugzeuge durch die vorliegende Gompertz-Kurve überschätzt.

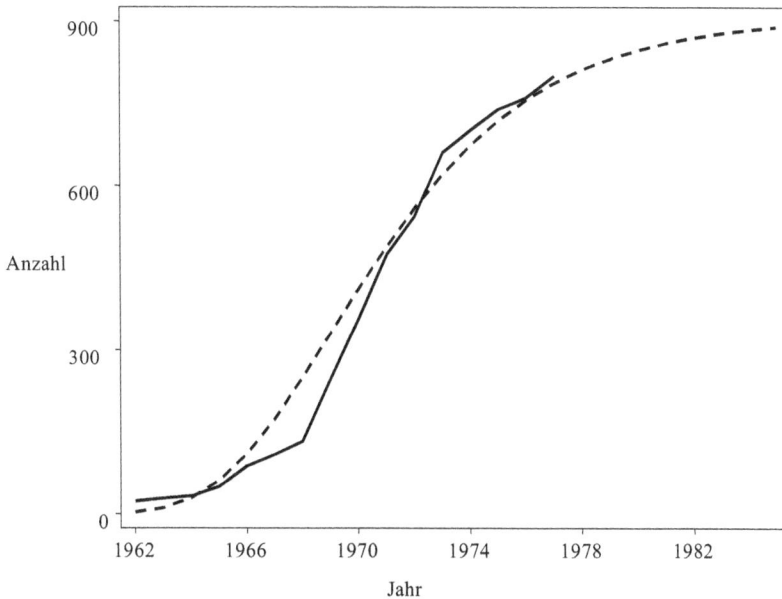

Abb. 8.8: Tatsächliche (——) und geschätzte (--) Entwicklung der Motorsegelflugzeuge in der Bundesrepublik Deutschland

Bei unbekannter Sättigungsgrenze k können die Parameter entsprechend der Vorgehensweise bei der logistischen Funktion auf einfache Weise bestimmt werden. Ausgangspunkt ist die Wachstumsratengleichung der Gompertz-Kurve

$$\frac{dy/dt}{y} = r = \ln c \cdot (\ln y - a) = -a \cdot \ln c + \ln c \cdot \ln y ,$$

die Schätzungen für die Parameter a und c liefert.

Den fehlenden Parameter b erhält man durch Einsetzen der Beobachtungen y_t für $t = 1,2,...,n$ in die transformierte Funktionsgleichung der Gompertz-Kurve

$$b = \frac{1}{n} \cdot \sum_{t=1}^{n} \frac{a - \ln y_t}{c^t} .$$

8.4 Methoden der Saisonbereinigung

Die Saisonbereinigung hat den Zweck, den Einfluß saisonaler Schwankungen auf die ursprüngliche Zeitreihe aufzuzeigen. Man erhält als Ergebnis eine saisonbereinigte Zeitreihe, d.h. eine Reihe bei der die jahreszeitlich wiederkehrenden Schwankungen fehlen. Durch die Saisonbereinigung werden saisonale Einflußgrößen ausgeschaltet, und die Beurteilung über die Entwicklung der Zeitreihe kann sich auf den Einfluß anderer Faktoren beschränken.

Zur Quantifizierung des Saisoneinflusses subtrahiert man von der ursprünglichen Reihe zunächst die glatte Komponente. Wie bereits in Abschnitt 8.3 erläutert, kann die Reihe der gleitenden Durchschnitte der Ordnung P $\overline{y}_t^{(P)}$ zur Ermittlung der glatten Komponente herangezogen werden. Da weiterhin das additive Zeitreihenmodell aus Abschnitt 8.2 unterstellt wird, betrachtet man zur Berechnung einer saisonbereinigten Zeitreihe zunächst die Differenzen

$$d_t = y_t - \overline{y}_t^{(P)}.$$

Denn diese Differenzen setzen sich näherungsweise aus saisonaler und Restkomponente zusammen, d.h.

$$d_t \approx S_t + R_t.$$

Liegt eine Zeitreihe mit konstanter Saisonfigur der Periode P vor, so gilt, daß d_j, d_{j+P}, d_{j+2P},... für j=1,...,P näherungsweise um das arithmetische Mittel dieser Größen schwanken, das im folgenden mit $\overline{d}_j$ bezeichnet werden soll. Mit den normierten Größen

$$\hat{s}_j = \overline{d}_j - \frac{1}{P} \sum_{i=1}^{P} \overline{d}_i$$

kann durch

$$\hat{s}_j = \hat{s}_{j+P} = \hat{s}_{j+2P} = ... \qquad j = 1,...,P \quad ,$$

die konstante Saisonkomponente $S_j = S_{j+P} = S_{j+2P} = ...$ einer Zeitreihe ermittelt werden. Die Differenzen

$$y_1 - \hat{s}_1,...,y_n - \hat{s}_n$$

bilden dann eine saisonbereinigte Zeitreihe.

Beispiel 8.15: In **Tab. 8.13** sind die Lagerbestände y_t einer Firma für t=1,...,12 Quartale angegeben. Aufgrund des Zeitreihenpolygons, vgl. **Abb. 8.9**, kann von einer vierperiodigen Saisonfigur ausgegangen werden. Daher wurden in **Tab. 8.13** auch die gleitenden Durchschnitte der Ordnung 4 berechnet.

Tab. 8.13:   Lagerbestände y_t einer Firma, t=1,...,12

	y_t ($\overline{y}_t^{(4)}$)		
	1990	1991	1992
I	100 (-)	109 (108,375)	118 (116,25)
II	105 (-)	113 (110)	122 (118,5)
III	103 (104,375)	110 (111,875)	118 (-)
IV	105 (106,5)	111 (114,125)	121 (-)

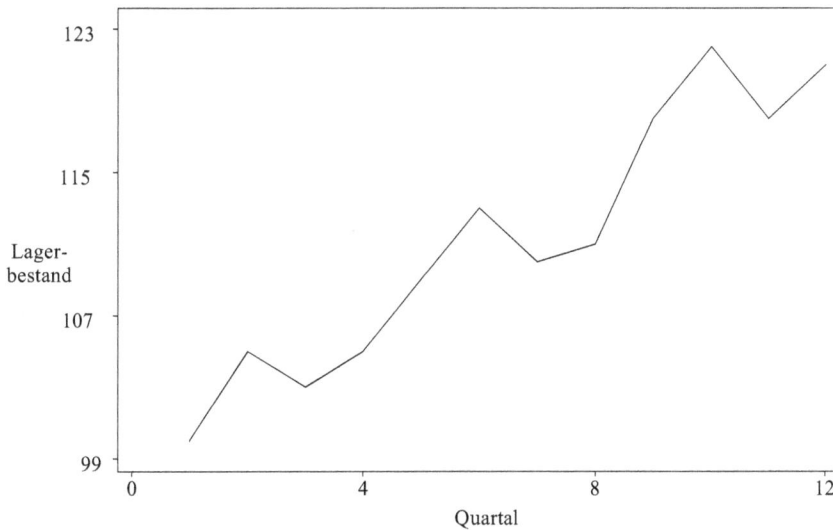

Abb. 8.9: Lagerbestände einer Firma

In **Tab. 8.14** sind die zur Bestimmung der saisonbereinigten Zeitreihe notwendigen Werte d_t, t=1,...,12, $\overline{d}_j$, $\hat{s}_j$, j=1,2,3,4, zusammengestellt.

Tab. 8.14:   Arbeitstabelle zur Ermittlung der saisonbereinigten Zeitreihe

	d_t			$\overline{d}_j$	$\hat{s}_j$
	1990	1991	1992		
I	-	0,625	1,750	1,1875	1,0625
II	-	3,000	3,500	3,250	3,1250
III	-1,375	-1,875	-	-1.625	-1,7500
IV	-1,500	-3,125	-	-2,3125	-2,4375

Da das arithmetische Mittel der $\overline{d}_j$-Werte für j=1,2,3,4 bei

$$\frac{1}{4}\sum_{j=1}^{4}\overline{d}_j = \frac{1}{4}(1,1875+...+(-2,3125)) = 0,125$$

liegt, wird die Saisonkomponente bestimmt durch

$$\hat{s}_j = \overline{d}_j - 0,125.$$

Somit ist

$$\hat{s}_1 = \hat{s}_5 = \hat{s}_9 = 1,0625$$

$$\hat{s}_2 = \hat{s}_6 = \hat{s}_{10} = 3,125$$

$$\hat{s}_3 = \hat{s}_7 = \hat{s}_{11} = -1,7500$$

$$\hat{s}_4 = \hat{s}_8 = \hat{s}_{12} = -2,4375$$

und die saisonbereinigte Zeitreihe $y_t - \hat{s}_t$ kann angegeben werden.

Das folgende Beispiel zeigt die Saisonbereinigung mit konstanter Saisonfigur bei monatlichen Daten.

Beispiel 8.16 (vgl. Beispiel 8.5): Für die Zeitreihe des monatlichen Bierausstoßes einer Brauerei von Januar 1993 bis Dezember 1997 wurde in Beispiel 8.5 die Reihe der gleitenden Durchschnitte der Ordnung 12 $\overline{y}_t^{(12)}$, t=7,...,54 ermittelt. Die zur Bestimmung der saisonbereinigten Zeitreihe benötigten Hilfsgrößen d_t und $\overline{d}_j$ sowie die geschätzten Werte $\hat{s}_j$ für die Saisonkomponente sind in **Tab. 8.15** zusammengestellt.

Dabei ergibt sich etwa für das arithmetische Mittel $\overline{d}_1$ der Januarwerte von 1994, ..., 1997 d_{13}, d_{25}, d_{37}, d_{49}

$$\overline{d}_1 = \frac{1}{4}(-12,917 - 11,625 - 6,083 - 13,25) = -\frac{1}{4}\cdot 43,875 = -10,969$$

Entsprechend werden die Werte $\overline{d}_j$ für die anderen Monate berechnet.

Januar	$\overline{d}_1 = -10,969$
Februar	$\overline{d}_2 = -11,167$
März	$\overline{d}_3 = -4,510$
April	$\overline{d}_4 = 2,406$
Mai	$\overline{d}_5 = 5,521$
Juni	$\overline{d}_6 = 8,656$
Juli	$\overline{d}_7 = 11,323$
August	$\overline{d}_8 = 9,917$
September	$\overline{d}_9 = 1$
Oktober	$\overline{d}_{10} = -3,885$
November	$\overline{d}_{11} = -8,073$
Dezember	$\overline{d}_{12} = -0,010$

Tab. 8.15: Monatlicher Bierausstoß einer Brauerei von 1993 bis 1997 (in 1000 hl)

		t	y_t	$\bar{y}_t^{(12)}$	d_t	$\bar{d}_t$	$\hat{s}_t$	$y_t^{bereinigt}$
1993	Jan	1	61,000					
	Feb	2	57,000					
	Mar	3	67,000					
	Apr	4	75,000					
	Mai	5	73,000					
	Jun	6	87,000					
	Jul	7	82,000	72,500	9,500	11,323	11,306	70,694
	Aug	8	79,000	72,833	6,167	9,917	9,899	69,101
	Sept	9	76,000	73,333	2,667	1,000	0,983	75,017
	Okt	10	69,000	73,625	-4,625	-3,885	-3,903	72,903
	Nov	11	67,000	74,000	-7,000	-8,073	-8,090	75,090
	Dez	12	77,000	73,958	3,042	-0,010	-0,028	77,028
1994	Jan	13	61,000	73,917	-12,917	-10,969	-10,986	71,986
	Feb	14	65,000	74,458	-9,458	-11,167	-11,184	76,184
	Mar	15	71,000	74,408	-3,708	-4,510	-4,528	75,528
	Apr	16	78,000	74,708	3,292	2,406	2,389	75,611
	Mai	17	79,000	74,833	4,167	5,521	5,503	73,497
	Jun	18	80,000	74,917	5,083	8,656	8,639	71,361
	Jul	19	88,000	75,083	12,917	11,323	11,306	76,694
	Aug	20	86,000	75,292	10,708	9,917	9,899	76,101
	Sept	21	75,000	75,542	-0,542	1,000	0,983	74,017
	Okt	22	70,000	75,667	-5,667	-3,885	-3,903	73,903
	Nov	23	69,000	75,833	-6,833	-8,073	-8,090	77,090
	Dez	24	77,000	76,375	0,625	-0,010	-0,028	77,028
1995	Jan	25	65,000	76,625	-11,625	-10,969	-10,986	75,986
	Feb	26	66,000	76,750	-10,750	-11,167	-11,184	77,184
	Mar	27	76,000	76,917	-0,917	-4,510	-4,528	80,528
	Apr	28	76,000	77,125	-1,125	2,406	2,389	73,611
	Mai	29	85,000	77,417	7,583	5,521	5,503	79,497
	Jun	30	87,000	77,250	9,750	8,656	8,639	78,361
	Jul	31	87,000	77,250	9,750	11,323	11,306	75,694
	Aug	32	90,000	77,458	12,542	9,917	9,899	80,101
	Sept	33	75,000	77,167	-2,167	1,000	0,983	74,017
	Okt	34	75,000	77,167	-2,167	-3,885	-3,903	78,903
	Nov	35	71,000	77,333	-6,333	-8,073	-8,090	79,090
	Dez	36	71,000	77,083	-6,083	-0,010	-0,028	71,028
1996	Jan	37	71,000	77,083	-6,083	-10,969	-10,986	81,986
	Feb	38	65,000	77,167	-12,167	-11,167	-11,184	76,184
	Mar	39	70,000	77,375	-7,375	-4,510	-4,528	74,528
	Apr	40	82,000	77,667	4,333	2,406	2,389	79,611
	Mai	41	83,000	77,458	5,542	5,521	5,503	77,497
	Jun	42	83,000	77,667	5,333	8,656	8,639	74,361
	Jul	43	91,000	77,875	13,125	11,323	11,306	79,694
	Aug	44	88,000	77,750	10,250	9,917	9,899	78,101
	Sept	45	82,000	77,958	4,042	1,000	0,983	81,017
	Okt	46	75,000	78,083	-3,083	-3,885	-3,903	78,903
	Nov	47	66,000	78,125	-12,125	-8,073	-8,090	74,090
	Dez	48	81,000	78,625	2,375	-0,010	-0,028	81,028

- Tabelle wird fortgesetzt -

Tab. 8.15 (Fortsetzung): Monatlicher Bierausstoß einer Brauerei von 1993 bis 1997 (in 1000 hl)

		t	y_t	$\bar{y}_t^{(12)}$	d_t	$\bar{d}_t$	$\hat{s}_t$	$y_t^{\text{bereinigt}}$
1997	Jan	49	66,000	79,250	-13,250	-10,969	-10,986	76,986
	Feb	50	67,000	79,292	-12,292	-11,167	-11,184	78,184
	Mar	51	73,000	79,042	-6,042	-4,510	-4,528	77,528
	Apr	52	82,000	78,875	3,125	2,406	2,389	79,611
	Mai	53	84,000	79,208	4,792	5,521	5,503	78,497
	Jun	54	94,000	79,542	14,458	8,656	8,639	85,361
	Jul	55	95,000					
	Aug	56	85,000					
	Sept	57	79,000					
	Okt	58	74,000					
	Nov	59	75,000					
	Dez	60	80,000					

Da

$$\frac{1}{12} \sum_{j=1}^{12} \bar{d}_j = \frac{0,209}{12} = 0,0174$$

ergibt sich die Saisonkomponente durch

$$\hat{s}_t = \bar{d}_t - 0,0174 .$$

Die Januar-Saisonkomponente $\hat{s}_1$ wird also bestimmt durch

$$\hat{s}_1 = \bar{d}_1 - 0,0174 = -10,969 - 0,0174 = -10,9864 .$$

Der saisonbereinigte Januarwert 1997 ist

$$y_{49} - \hat{s}_1 = 66 - (-10,986) = 76,986 .$$

Analog dazu wird bei der Berechnung der übrigen Saisonkomponenten und der saisonbereinigten Zeitreihenwerte verfahren.

In den **Abb. 8.10** und **8.11** sind die Ergebnisse graphisch dargestellt.

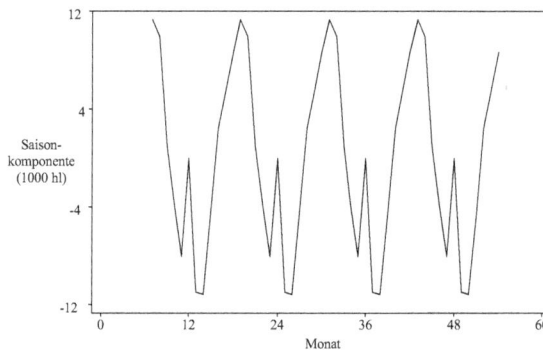

Abb. 8.10: Saisonkomponente des monatlichen Bierausstoßes

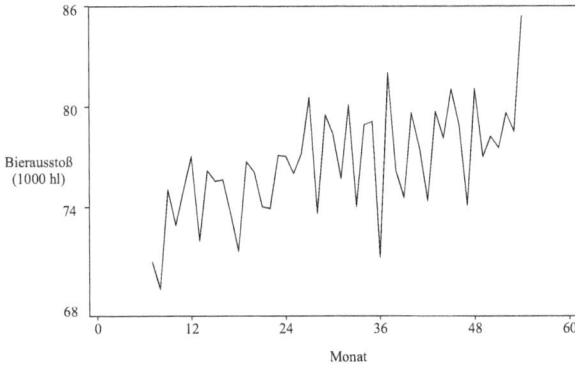

Abb. 8.11: Saisonbereinigte Entwicklung des Bierausstoßes

8.5 Exponentielles Glätten

Mit Zeitreihen können auf einfache Weise Prognosen für die Zukunft erstellt werden. Zeitreihenprognosen erfordern im Gegensatz zu kausalen Prognosen keine Annahmen über erklärende Einflußfaktoren. Die Prognosewerte basieren allein auf dem Zeitreihenmodell. Bei der Fortschreibung der Zeitreihe muß unterstellt werden, daß die Gesetzmäßigkeiten, die in der Vergangenheit den Verlauf der Zeitreihe beeinflußt haben, auch in Zukunft Bestand haben. Ein in der Praxis beliebtes Modell für kurzfristige Prognosen ist das der exponentiellen Glättung. Im Gegensatz zu den bisher behandelten Zeitreihenmodellen wird die Prognose nicht erstellt, indem man für die Zeitvariable t einen bestimmten Wert einsetzt, sondern die Prognose beruht auf Vergangenheitswerten der abhängigen Variablen. Damit ist das exponentielle Glätten schon den sogenannten neueren Methoden der Zeitreihenanalyse zuzuordnen, deren Modelle ebenfalls unterstellen, daß die Beobachtungen von ihren Vergangenheitswerten abhängen. Zusätzlich ist aber noch ein stochastischer Einfluß zu berücksichtigen. Diese Modelle sind in der Literatur als autoregressive Zeitreihenmodelle bekannt. Das bekannteste ist wohl das Box-Jenkins-Modell, welches teilweise recht erfolgreich für kurz- und mittelfristige Prognosen eingesetzt wurde (vgl. Box/Jenkins (1970) oder Hartung/Elpelt/Klösener (2005), S. 678 f.).

Das hier beschriebene Grundmodell der exponentiellen Glättung ist nicht für Prognosen geeignet, wenn die zugrunde liegende Zeitreihe einen Trend oder eine Saisonkomponente aufweist. In diesen Fällen verwendet man exponentielle Glättungsverfahren höherer Ordnung (vgl. u.a. Makridakis / Wheelwright (1978)), die zuerst eine Trend- bzw. Saisonbereinigung berücksichtigen.

Das exponentielle Glätten 1. Ordnung ist ein Verfahren zur Erstellung von kurzfristigen Prognosen für trend- und saisonbereinigte Zeitreihen $y_1,...,y_n$.

Falls t hinreichend groß ist, kann mit seiner Hilfe der unbekannte Wert y_{t+1} prognostiziert werden:

$$\hat{y}_{t+1} = \sum_{j=0}^{\infty} \alpha(1-\alpha)^j \cdot y_{t-j} .$$

Der Gewichtungsfaktor $\alpha(1-\alpha)^j$ nimmt mit wachsendem j exponentiell ab, wenn die Glättungskonstante α zwischen 0 und 1 liegt.

Setzt man $\hat{y}_1 = y_1$, so lassen sich $\hat{y}_2,..., \hat{y}_{n+1}$ auch iterativ bestimmen, denn für t = 1,...,n gilt

$$\hat{y}_{t+1} = \alpha \cdot y_t + (1-\alpha)\hat{y}_t = \hat{y}_t + \alpha(y_t - \hat{y}_t) .$$

Dabei heißt

$\hat{y}_t$	Prognosewert in t
y_t	tatsächlicher Wert in t
$y_t - \hat{y}_t$	Prognosefehler in t,

d.h. die Prognose für den Zeitpunkt t+1 ist ein gewogenes arithmetisches Mittel aus tatsächlichem und prognostiziertem Wert für den Zeitpunkt t, bzw. sie setzt sich aus dem Prognosewert der Vorperiode und einem Anteil des Prognosefehlers zusammen.

Wird als Glättungskonstante $\alpha=1$ gewählt, so ergibt sich die sogenannte naive Prognose

$$\hat{y}_{t+1} = y_t,$$

d.h. die Prognose für den Zeitpunkt t+1 stimmt überein mit dem tatsächlichen Wert in t.

Auf der anderen Seite wird bei $\alpha = 0$ wegen

$$\hat{y}_{t+1} = \hat{y}_t$$

für die Prognose in t+1 die Prognose für den Zeitpunkt t herangezogen.

Eine Entscheidung über die Wahl einer geeigneten Glättungskonstante α für die Zeitreihe $y_1,...,y_n$ wird durch die Berechnung einer geeigneten Prognosefehler-kennzahl getroffen, wie z.B. des mittleren absoluten Prognosefehlers MAE (mean absolute error), der im vorliegenden Fall wie folgt definiert wird:

$$MAE = \frac{1}{n-1} \sum_{t=2}^{n} \left| y_t - \hat{y}_t \right|.$$

Die gewählte Glättungskonstante α ist um so besser geeignet, je kleiner der MAE ist. Falls α klein (groß) ist, werden aktuelle Werte weniger (stärker), dagegen vergangene Werte stärker (weniger) berücksichtigt.

Beispiel 8.17: Die folgende Tabelle **Tab. 8.16** zeigt die jährliche Gewinnentwicklung (in Mio. €) eines Unternehmens.

Tab. 8.16: Jährliche Gewinne y_t (in Mio. €) eines Unternehmens, t=1,...,10

t	y_t
1	1,83
2	0,32
3	-0,02
4	0,48
5	-0,30
6	-1,07
7	0,48
8	2,09
9	-0,11
10	-1,78

Mittels exponentieller Glättung soll der Gewinn für das nächste Jahr prognostiziert werden. Als Glättungsparameter wird zunächst $\alpha = 0,3$, $\alpha = 0,45$, $\alpha = 0,6$, $\alpha = 1,0$ alternativ in Betracht gezogen. Man beginnt mit der naiven Prognose

$$\hat{y}_2 = y_1 = 1,83.$$

Dann folgt entsprechend der Formel

$$\hat{y}_3 = 0,3 \cdot y_2 + 0,7 \cdot \hat{y}_2 = 0,3 \cdot 0,32 + 0,7 \cdot 1,83 = 1,377,$$

$$\hat{y}_4 = 0,3 \cdot y_3 + 0,7 \cdot \hat{y}_3 = 0,3 \cdot (-0,02) + 0,7 \cdot 1,377 = 0,9579.$$

Die restlichen Berechnungen sind in den folgenden Tabellen **Tab. 8.17** bis **Tab. 8.20** dargestellt.

Tab. 8.17: Exponentielles Glätten mit $\alpha = 0,3$

t	y_t	$\hat{y}_t$	$y_t - \hat{y}_t$
1	1,83		
2	0,32	1,83000	-1,51000
3	-0,02	1,37700	-1,39700
4	0,48	0,95790	-0,47790
5	-0,30	0,81453	-1,11453
6	-1,07	0,48017	-1,55017
7	0,48	0,01512	0,46488
8	2,09	0,15458	1,93542
9	-0,11	0,73521	-0,84521
10	-1,78	0,48165	-2,26165
11		-0,19685	

Der mittlere absolute Fehler berechnet sich zu $\mathrm{MAE} = \dfrac{11,5568}{9} = 1,2841$.

Tab. 8.18: Exponentielles Glätten mit $\alpha = 0,45$

t	y_t	$\hat{y}_t$	$y_t - \hat{y}_t$
1	1,83		
2	0,32	1,83000	-1,51000
3	-0,02	1,15050	-1,17050
4	0,48	0,62378	-0,14378
5	-0,30	0,55908	-0,85908
6	-1,07	0,17249	-1,24249
7	0,48	-0,38663	0,86663
8	2,09	0,00335	2,08665
9	-0,11	0,94234	-1,05234
10	-1,78	0,46879	-2,24879
11		-0,54317	

Der mittlere absolute Fehler berechnet sich zu $\mathrm{MAE} = \dfrac{11,1803}{9} = 1,2423$.

Tab. 8.19: Exponentielles Glätten mit $\alpha = 0,6$

t	y_t	$\hat{y}_t$	$y_t - \hat{y}_t$
1	1,83		
2	0,32	1,83000	-1,51000
3	-0,02	0,92400	-0,94400
4	0,48	0,35760	0,12240
5	-0,30	0,43104	-0,73104
6	-1,07	-0,00758	-1,06242
7	0,48	-0,64503	1,12503
8	2,09	0,02999	2,06001
9	-0,11	1,26599	-1,37599
10	-1,78	0,44040	-2,22040
11		-0,89184	

Der mittlere absolute Fehler berechnet sich zu $\mathrm{MAE} = \dfrac{11,1513}{9} = 1,2390$.

Tab. 8.20:   Exponentielles Glätten mit $\alpha = 1{,}0$

t	y_t	$\hat{y}_t$	$y_t - \hat{y}_t$
1	1,83		
2	0,32	1,83	-1,51
3	-0,02	0,32	-0,34
4	0,48	-0,02	0,50
5	-0,30	0,48	-0,78
6	-1,07	-0,30	-0,77
7	0,48	-1,07	1,55
8	2,09	0,48	1,61
9	-0,11	2,09	-2,20
10	-1,78	-0,11	-1,67
11		-1,78	

Der mittlere absolute Fehler berechnet sich zu $MAE = \dfrac{10{,}93}{9} = 1{,}2144$.

Als Prognose für den nächsten Jahresgewinn wird die naive Prognose $\hat{y}_{11} = -1{,}78$ (Mio. €) gewählt, da für $\alpha = 1{,}0$ der MAE am kleinsten ist.

8.6 Autokorrelationsfunktion

Ein wichtiges Hilfsmittel zur Beurteilung der Eigenschaften einer Zeitreihe ist die empirische Autokorrelationsfunktion. Aus ihr kann ersehen werden, ob eine Zeitreihe Trend- oder saisonalen Einflüssen unterliegt.

Eine Zeitreihe, deren gegenwärtige Beobachtung von vergangenen Beobachtungen abhängt, nennt man autokorreliert. Die empirische Autokorrelationsfunktion mißt den Zusammenhang zwischen Beobachtungen, die einen bestimmten zeitlichen Abstand von einander haben.

Der *Autokorrelationskoeffizient* r_k zwischen y_t und y_{t+k} wird analog zum Korrelationskoeffizienten (vgl. Kapitel 7.2) definiert als

$$r_k = \frac{\sum\limits_{t=1}^{n}(y_t - \overline{y})(y_{t+k} - \overline{y})}{\sum\limits_{t=1}^{n}(y_t - \overline{y})^2} \ .$$

Trägt man r_k als Funktion der Verzögerung (lag) k ab, dann erhält man die Autokorrelationsfunktion (AKF). Für k=0 ist $r_0 = 1$. Die graphische Darstellung nennt man Korrelogramm. Aus ihm kann man ersehen, ob eher langfristige oder eher kurzfristige Schwankungen für den Verlauf der Zeitreihe von Bedeutung sind. Nehmen die Autokorrelationen nur langsam ab, so ist der Trendeinfluß überragend. Eine ähnliche Position nimmt bei den neueren Zeitreihenverfahren das Spektrum oder die Spektraldichte ein. Ziel der Spektralanalyse ist es, Schwingungen einer Zeitreihe zu identifizieren. Im Gegensatz zur Analyse im Zeitbereich zeichnet sich aber die Spektralanalyse durch die Untersuchung im Frequenz- oder Schwingungsbereich einer Zeitreihe aus. Die Spektraldichte liefert wie das Korrelogramm wichtige Aufschlüsse über das zyklische Verhalten einer Zeitreihe, vgl. Hartung/Elpelt/Klösener (2005), S.701 ff.

Beispiel 8.18: In **Tab. 8.21** ist die Anzahl der verlorengegangenen Gepäckstücke einer Fluggesellschaft zwischen 1989 und 1998 auf einer bestimmten Route aufgezeigt. Es soll die Autokorrelationsfunktion für k=1 bis k=6 ermittelt werden, vgl. **Tab. 8.22**.

Tab. 8.21: Anzahl verlorengegangener Gepäckstücke y_t, t=1,...,10

Jahr	1989	1990	1991	1992	1993	1994	1995	1996	1997	1998
t	1	2	3	4	5	6	7	8	9	10
y_t	47	64	23	71	38	64	55	41	59	48

Tab. 8.22: Arbeitstabelle zur Berechnung des Autokorrelationskoeffizienten r_1

t	y_t	y_{t+1}	$y_t - \bar{y}$	$y_{t+1} - \bar{y}$	$(y_t - \bar{y})(y_{t+1} - \bar{y})$	$(y_t - \bar{y})^2$
1	47	64	-4	13	-52	16
2	64	23	13	-28	-364	169
3	23	71	-28	20	-560	784
4	71	38	20	-13	-260	400
5	38	64	-13	13	-169	169
6	64	55	13	4	52	169
7	55	41	4	-10	-40	16
8	41	59	-10	8	-80	100
9	59	48	8	-3	-24	64
10	48		-3			9
Σ			0	4	-1497	1896

Man erhält r_1 =-1497/1896 = -0,79. Entsprechend können die anderen Autokorrelationskoeffizienten berechnet werden. Damit lautet die Autokorrelationsfunktion:

k	1	2	3	4	5	6
r_k	-0,790	0,462	-0,164	-0,123	0,253	-0,227

Der Autokorrelationskoeffizient r_1 ist ein Maß für den Zusammenhang von y_t und y_{t+1}, während r_2 ein Maß für den Zusammenhang zwischen y_t und y_{t+2} ist. Der Autokorrelationskoeffizient r_1 drückt einen hohen negativen Zusammenhang zwischen verlorengegangenen Gepäckstücken zweier aufeinanderfolgender Jahre aus. Ist in einem Jahr die Anzahl hoch (niedrig), so wird sie im nächsten Jahr tendenziell niedrig (hoch) sein. Über die Gründe kann man nur mutmaßen, da die Zeitreihenanalyse keine kausalen Erklärungen liefert. Ein Grund könnte beispielsweise ein antizyklisches

Verhalten der Sorgfalt bei der Fluggepäckabwicklung sein. Jedenfalls sollte das Ergebnis der Zeit-reihenanalyse die Fluggesellschaft veranlassen, die Gründe genauer zu untersuchen. Der positive Autokorrelationskoeffizient r_2 erklärt sich aus dem zyklischen Verhalten der Zeitreihe.

Für umfangreichere Datensätze verwendet man zur Berechnung der Autokorrela-tionen i.a. ein Statistikprogramm.

Beispiel 8.19 (vgl. B. 8.5): In Abb. 8.12 ist das Korrelogramm des monatlichen Bieraustoßes einer Brauerei dargestellt.

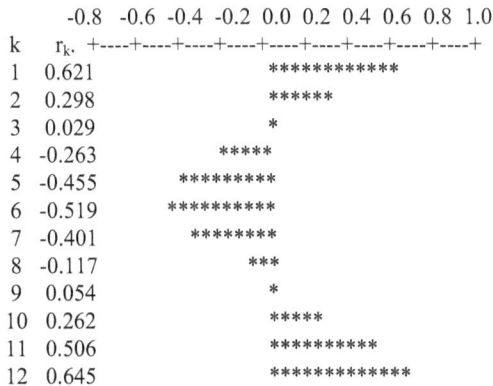

```
         -0.8  -0.6  -0.4  -0.2  0.0  0.2  0.4  0.6  0.8  1.0
  k    r_k  +----+----+----+----+----+----+----+----+
  1   0.621                      ***********
  2   0.298                      ******
  3   0.029                      *
  4  -0.263                 *****
  5  -0.455             *********
  6  -0.519            **********
  7  -0.401              ********
  8  -0.117                 ***
  9   0.054                      *
 10   0.262                      *****
 11   0.506                      **********
 12   0.645                      *************
```

Abb. 8.12: Korrelogramm des monatlichen Bierausstoßes (Originaldaten)

Aus dem Korrelogramm erkennt man deutlich den Einfluß der eher moderaten Trendkomponente (r_1=0,621) und der starken jährlichen Saisonschwankung (r_{12}=0,645 bzw. r_6 = -0,519). Trend und Saison sind hier für die Erscheinungsform der Zeitreihe gleichermaßen wichtig. Ist der Trend zu stark ausgeprägt, dann sollte man das Korrelogramm nur verwenden, wenn zuvor die Zeitreihe trendbereinigt wurde, da sonst die Gefahr besteht, daß der Trend alle übrigen Informationen über-deckt. **Abb. 8.13** zeigt das Korrelogramm für die Trendkomponente, d.h. den gleitenden 12-Durch-schnitt für den Bierausstoß. Die langsam abnehmenden Autokorrelationen spiegeln den Trend deutlich wider.

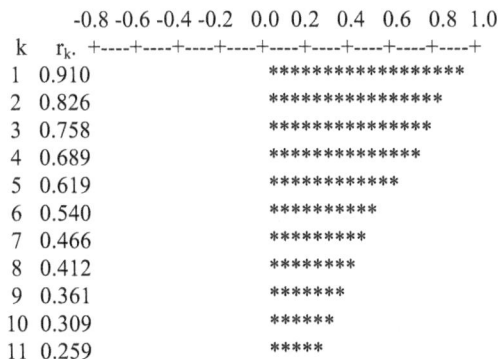

```
         -0.8 -0.6 -0.4 -0.2  0.0  0.2  0.4  0.6  0.8  1.0
  k    r_k  +----+----+----+----+----+----+----+----+
  1   0.910                    ******************
  2   0.826                    ****************
  3   0.758                    ***************
  4   0.689                    **************
  5   0.619                    ************
  6   0.540                    **********
  7   0.466                    *********
  8   0.412                    ********
  9   0.361                    *******
 10   0.309                    ******
 11   0.259                    *****
```

Abb. 8.13: Korrelogramm für die Trendkomponente des monatlichen Bierausstoßes

8.7 Prognosefehleranalyse

Die Erkundung der Zukunft ist schon immer als Herausforderung betrachtet worden. In früheren Zeiten sagten sie Hellseher, Propheten und Wahrsager mittels angeblich überirdischer Fähigkeiten, magischer Praktiken oder Sterndeutung voraus. Seit Beginn des 20. Jahrhunderts ist jedoch das Erstellen von Prognosen ein wissenschaftliche Tätigkeit, die

> 1. auf der Analyse vergangener Daten,
> 2. auf der Konstruktion von Modellen,
> 3. auf der Nachvollziehbarkeit durch Dritte

beruht.

Die zukünftigen Werte einer Zeitreihe können durch eine Vielzahl von Prognoseverfahren vorausgesagt werden. Welches spezielle Verfahren Anwendung findet, hängt vom Problem, von den Kosten der Prognoseerstellung und nicht zuletzt von der Datenverfügbarkeit ab. Bei der Einführung eines neuen Produktes etwa ist man auf **qualitative** Prognoseverfahren angewiesen, da keine oder nur wenige Daten vorhanden sind. Zur Vorausschätzung der zukünftigen Entwicklung wird man Experten über ihre subjektive Meinung befragen, die z.B. die Delphi-Methode anwenden, die eine Folge von Expertenbefragungen verbunden mit Rückkopplungseffekten ist, oder man wird im Analogieschluß aus der Ähnlichkeit einer schon bekannten Zeitreihe auf die Ähnlichkeit der zu prognostizierenden Zeitreihe schließen.

Hat man viele Daten zur Hand, dann wird man **quantitative** Prognoseverfahren einsetzen. Als Alternativen bieten sich Zeitreihenverfahren oder Regressionsverfahren an. Wie wir schon gesehen haben, erfolgt die Prognose einer Variablen bei den Zeitreihenverfahren entweder als Funktion der Zeit (z.B. logistische Funktion) oder aus ihren Vergangenheitswerten (z.B. exponentielles Glätten), während bei den Regressionsverfahren, die zu den kausalen Verfahren gezählt werden, zur Prognose unabhängige Variable, die mit der zu prognostizierenden Variablen in einem sinnvollen Zusammenhang stehen, herangezogen werden. Zur fundamentalen Aktienkursprognose stellt man beispielsweise ein multiples Regressionsmodell auf, welches als unabhängige Variablen Zinssätze und Gewinnwachstumsreihen und als abhängige Variable das Kurs-Gewinn-Verhältnis besitzt (vgl. Damodaran (1994) S. 207ff).

Die Aussage über die Zukunft durch Prognosen kann nicht exakt sein, sondern sie ist mit Unsicherheiten behaftet. Der Grund liegt in der Komplexität des Gesellschafts- und Wirtschaftsablaufs, in der Bedeutung der individuellen Einflußmöglichkeiten der Wirtschaftssubjekte sowie in der Störung durch kaum vorhersehbare Ereignisse (Restkomponenten in der Zeitreihenanalyse). Oft sind aber die Ursachen falscher Prognosen auch in der Verwendung ungeeigneter Methoden zu finden. Daher ist die folgende altchinesische Spruchweisheit geeignet, das Selbstvertrauen der Prognostiker in Grenzen zu halten: "Voraussagen sind immer schwierig, besonders für die Zukunft".

Sollen Prognosen als rationale Entscheidungsgrundlage dienen, dann müssen Vorstellungen über die Unsicherheit bei Prognosen vorhanden sein. Daher ist es naheliegend, die Abweichungen zwischen prognostizierter und realisierter Zeitreihe zu vergleichen und Kennzahlen zur Beurteilung der Abweichungen zu definieren. Ziel der folgenden Prognosefehleranalyse ist die Quantifizierung der Unsicherheit einer Prognose. Erst durch sie wird dem Anwender von Prognosen i.a. die unvermeidliche Unsicherheit, mit welcher Vorausschätzungen verbunden sind, bewußt, und es wird ihm ermöglicht, das Risiko seiner individuellen Planung, die ganz oder teilweise auf der Prognose beruht, kalkulierbar zu machen. Perfekte Prognosen sind i.a. nicht zu erwarten. Wichtig aber sind die Beurteilung der Fehler und die Korrektur des Prognoseinstrumentariums.

Um die Güte einer Prognose zu beurteilen, bestimmt man zu der Zeitreihe der ex-post-Prognosewerte und der tatsächlich realisierten Werte die der Prognosefehler und ermittelt dann für diese ein sogenanntes Prognosefehlermaß. Als Prognosefehler e_t bezeichnet man die Differenz zwischen prognostiziertem Wert $\hat{y}_t$ und tatsächlichem Wert y_t zum Zeitpunkt t

$$e_t = \hat{y}_t - y_t,$$

wobei die Beobachtungswerte als Niveaugrößen (z.B. Gewinn, Umsatz) oder als Wachstumsraten (z.B. Gewinnwachstum, Umsatzwachstum) vorliegen können.

Einen ersten Eindruck über die Prognosegüte vermittelt ein Koordinatensystem, bei welchem der Prognosewert auf der Ordinate und der tatsächliche Wert auf der Abszisse abgetragen werden. Auf der Winkelhalbierenden dieses sogenannten Prognose-Realisations-Diagramms entsprechen die prognostizierten Werte den realisierten Werten. Je weniger die Punkte $(y_t, \hat{y}_t)$ um die Winkelhalbierende streuen, desto besser ist die Prognose zu beurteilen. Aus dem Diagramm lassen sich leicht Über- und Unterschätzungen der Niveaus bzw. der Wachstumsraten erkennen (vgl. **Abb. 8.14**).

Vor allem bei der Verwendung von Wachstumsraten kann es bei der Prognose zu Vorzeichenfehlern kommen. Beispielsweise wird ein Umsatzwachstum von 10% prognostiziert, während der Umsatz tatsächlich um 5% sinkt. Alle Punkte $(y_t, \hat{y}_t)$, die im II. und IV. Quadranten des Diagramms liegen, zeigen einen Vorzeichenfehler bei der Prognose.

Obwohl das Prognose-Realisations-Diagramm in einfacher Weise die Treffsicherheit von Prognosen widerspiegelt, ist es oft erforderlich, die Prognosegenauigkeit durch die Angabe von Kennzahlen zu beschreiben.

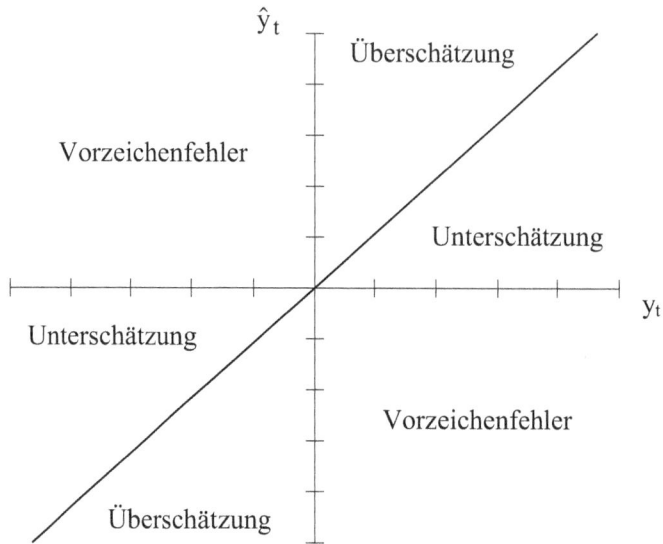

Abb. 8.14: Prognose-Realisations-Diagramm

In Anlehnung an die Varianz s_0^2 wird für n Beobachtungen $\left(y_t, \hat{y}_t\right)$ der ***mittlere quadratische Prognosefehler MSE*** (mean square error) definiert:

$$MSE = \frac{1}{n}\sum_{t=1}^{n}\left(\hat{y}_t - y_t\right)^2 .$$

Der MSE läßt sich wie folgt zerlegen:

$$MSE = \frac{1}{n}\sum_{t=1}^{n}\left[\left(\hat{y}_t - y_t\right) - \left(\overline{\hat{y}} - \overline{y}\right)\right]^2 + \left(\overline{\hat{y}} - \overline{y}\right)^2$$

$$= \underbrace{\frac{1}{n}\sum_{i=1}^{n}\left(e_t - \overline{e}\right)^2}_{\substack{\text{Varianz des} \\ \text{Prognosefehlers}}} + \underbrace{\overline{e}^2}_{\substack{\text{Quadrat des} \\ \text{Mittelwertfehlers} \\ \text{(Bias)}}} .$$

Wird im Mittel richtig prognostiziert, d.h. der Mittelwertfehler ist Null, dann entspricht der MSE der Varianz der Prognosefehler.

Ein Prognosefehlermaß, welches die gleiche Dimension wie prognostizierte und realisierte Werte hat, ist die Wurzel des mittleren quadratischen Fehlers RMSE (root mean square error)

$$RMSE = \sqrt{MSE} = \sqrt{\frac{1}{n}\sum_{t=1}^{n}(\hat{y}_t - y_t)^2}\;.$$

Um sogenannte systematische Prognosefehler besser erkennen zu können, schlägt Theil (1971) folgende Zerlegung des MSE vor:

$$MSE = \frac{1}{n}\sum_{t=1}^{n}(\hat{y}_t - y_t)^2 = (\overline{\hat{y}} - \overline{y})^2 + (s_{0\hat{y}} - s_{0y})^2 + 2\cdot(1 - r_{\hat{y},y})\cdot s_{0\hat{y}}\cdot s_{0y},$$

wobei $\overline{\hat{y}}$ bzw. $\overline{y}$ die Mittelwerte

$$\overline{\hat{y}} = \frac{1}{n}\sum_{t=1}^{n}\hat{y}_t \quad bzw. \quad \overline{y} = \frac{1}{n}\sum_{t=1}^{n}y_t$$

und $s_{0\hat{y}}$ bzw. s_{0y} die Standardabweichungen

$$s_{0\hat{y}} = \sqrt{\frac{1}{n}\sum_{t=1}^{n}(\hat{y}_t - \overline{\hat{y}})^2}$$

bzw.

$$s_{0y} = \sqrt{\frac{1}{n}\sum_{t=1}^{n}(y_t - \overline{y})^2}$$

sind und $r_{\hat{y},y}$ der Korrelationskoeffizient

$$r_{\hat{y},y} = \frac{\sum_{t=1}^{n}(\hat{y}_t - \overline{\hat{y}})(y_t - \overline{y})}{\sqrt{\sum_{t=1}^{n}(\hat{y}_t - \overline{\hat{y}})^2 \cdot \sum_{t=1}^{n}(y_t - \overline{y})^2}}$$

ist.

Der mittlere quadratische Fehler setzt sich aus drei Summanden zusammen, nämlich dem Mittelwertfehler, dem Varianzfehler und dem Kovarianzfehler.

Der Mittelwertfehler ist Null, falls die prognostizierten Werte im Mittel den tatsächlichen Größen entsprechen. Der Varianzfehler ist Null, falls die Standardabweichungen der prognostizierten Werte mit denen der tatsächlichen Größen übereinstimmen. Mittelwert- und Varianzfehler lassen auf einen systematischen Fehler schließen. Niveau und Schwankungsbreite der tatsächlichen Werte werden systematisch unter- oder überschätzt. Der Kovarianzfehler ist Null, falls der Korrelationskoeffizient gleich 1 ist.

Dividiert man diese drei Fehlerkomponenten durch den mittleren quadratischen Fehler, so erhält man folgende Ungleichheitsverhältniszahlen

$$U^M = \frac{\left(\bar{\hat{y}} - \bar{y}\right)^2}{MSE} \text{ (Mittelwertanteil)}$$

$$U^S = \frac{\left(s_{0\hat{y}} - s_{0y}\right)^2}{MSE} \quad \text{(Varianzanteil)}$$

$$U^C = \frac{2 \cdot \left(1 - r_{\hat{y},y}\right) \cdot s_{0\hat{y}} \cdot s_{0y}}{MSE} \quad \text{(Kovarianzanteil)}.$$

Definitionsgemäß gilt, daß

$$U^M + U^S + U^C = 1$$

ist. Hohe Mittelwert- und Varianzanteile lassen systematische Fehler bei der Prognose erkennen. Zur weitgehenden Ausschaltung eines systematischen Fehlers sind ein geringer Mittelwert- und Varianzanteil und damit ein hoher Kovarianzanteil am mittleren quadratischen Prognosefehler wünschenswert.

Grundlage für eine andere von Theil vorgeschlagene Zerlegung des MSE, nämlich

$$MSE = \frac{1}{n} \sum_{t=1}^{n} \left(\hat{y}_t - y_t\right)^2 = \left(\bar{\hat{y}} - \bar{y}\right)^2 + \left(s_{0\hat{y}} - r_{\hat{y},y} s_{0y}\right)^2 + \left(1 - r_{\hat{y},y}^2\right) \cdot s_{0y}^2 ,$$

ist das lineare Regressionsmodell

$$y = a + b\hat{y}.$$

Die Schätzwerte für b und a werden durch

$$b = \frac{\sum_{t=1}^{n}\left(y_t - \bar{y}\right)\left(\hat{y}_t - \bar{\hat{y}}\right)}{\sum_{t=1}^{n}\left(\hat{y}_t - \bar{\hat{y}}\right)^2} = r_{\hat{y},y} \cdot \frac{s_{0y}}{s_{0\hat{y}}}$$

und

$$a = \bar{y} - b\bar{\hat{y}}$$

ermittelt. Die Parameter a und b werden in der Literatur ebenfalls als Maße für die Prognosegüte angesehen, da im Falle einer Prognose ohne systematische Fehler die Parameter die Werte a = 0 und b = 1 annehmen. Die beiden ersten Ausdrücke in der obigen Zerlegungsformel werden dann gleich Null. Dividiert man die drei Fehlerkomponenten dieser Zerlegungsformel durch den mittleren quadratischen Fehler, dann ergeben sich folgende Ungleichheitsverhältniszahlen:

$$U^M = \frac{(\bar{\hat{y}} - \bar{y})^2}{MSE} \qquad \text{(Mittelwertanteil)}$$

$$U^R = \frac{(s_{0\hat{y}} - r_{\hat{y},y} \cdot s_{0y})^2}{MSE} \qquad \text{(Regressionsanteil)}$$

$$U^D = \frac{(1 - r_{\hat{y},y}^2) \cdot s_{0y}^2}{MSE} \qquad \text{(Störanteil)}.$$

U^R ist der Regressionsanteil am Prognosefehler; er zeigt die Abweichung des Anstiegs der Regressionsgeraden von 1 an. U^D ist der Störanteil, der den Einfluß der zufälligen Komponente mißt. Es ist offensichtlich, daß

$$U^M + U^R + U^D = 1$$

ist. Bei einer Prognose ohne systematischen Fehler sollten der Mittelwertanteil und der Regressionsanteil nahe bei Null liegen, während sich der Störanteil in der Nähe von Eins befinden sollte.

Bei der Verwendung von Veränderungen oder Wachstumsraten hat sich bei der Beurteilung der Treffsicherheit von Prognosen besonders der Theilsche Ungleichheitskoeffizient U^2 bewährt:

$$U^2 = \frac{\sum_{t=1}^{n}(\hat{y}_t - y_t)^2}{\sum_{t=1}^{n} y_t^2} \, .$$

Der Ungleichheitskoeffizient nimmt den Wert $U^2 = 0$ an, wenn es sich um eine Prognose ohne jeden Fehler handelt. Ist $U^2 = 1$, dann ist die Prognosegüte des verwendeten Verfahrens genauso gut wie die Güte der sogenannten naiven Prognose, bei der erwartet wird, daß der zuletzt beobachtete Niveauwert einer Beobachtungsreihe erneut realisiert wird, d. h. die Wachstumsrate bzw. die Veränderung $\hat{y}_t = 0$ ist.

Wird als naive Prognose die Wachstumsrate bzw. Veränderung der Vorperiode y_{t-1} prognostiziert, dann verwendet man bei diesem Vergleichsverfahren

$$V^2 = \frac{\sum\limits_{t=1}^{n}(\hat{y}_t - y_t)^2}{\sum\limits_{t=2}^{n}(y_t - y_{t-1})^2}$$

als Ungleichheitskoeffizient. V^2 ist in entsprechender Weise wie U^2 zu interpretieren, ist aber bei trendbehafteten Beobachtungsreihen aussagefähiger.

Um die Anwendung der eben vorgestellten Prognosefehlermaße zu verdeutlichen, sollen Einjahresprognosen des Sachverständigenrats zur Begutachtung der gesamtwirtschaftlichen Entwicklung (5 Weisen) zwischen 1970 und 1984 auf ihre Treffsicherheit hin untersucht werden (vgl. auch Pflaumer (1986)). Aus den ökonomischen Größen, für die Prognosen erstellt werden, sollen exemplarisch die Bauinvestitionen ausgewählt werden.

<u>Beispiel 8.20</u>: Der **Tab. 8.23** entnimmt man die tatsächliche und prognostizierte Wachstumsrate für die Bauinvestitionen der Bundesrepublik Deutschland zwischen 1970 und 1984.

Tab. 8.23: Tatsächliche und prognostizierte Wachstumsraten für die Bauindustrie

Jahr t	tatsächliche Wachstumsrate y_t	prognostizierte Wachstumsrate $\hat{y}_t$	$(\hat{y}_t - y_t)^2$
1970	0,245	0,115	0,0169
1971	0,163	0,140	0,0005
1972	0,105	0,060	0,0020
1973	0,055	0,120	0,0042
1974	-0,025	0,045	0,0049
1975	-0,064	0,010	0,0055
1976	0,064	0,070	0,0000
1977	0,054	0,055	0,0000
1978	0,089	0,100	0,0001
1979	0,154	0,125	0,0008
1980	0,135	0,145	0,0001
1981	-0,003	0,025	0,0008
1982	-0,027	-0,015	0,0001
1983	0,025	0,090	0,0042
1984	0,040	0,110	0,0049

Aus dem Prognose-Realisations-Diagramm in **Abb. 8.15** erkennt man die große Unsicherheit bei der Prognose der Bauinvestitionen, da die Punkte stark um die Winkelhalbierende (= Linie der perfekten Prognose) streuen. In drei Fällen wurde das Vorzeichen der Wachstumsrate der Bauinvestitionen falsch vorausgesagt.

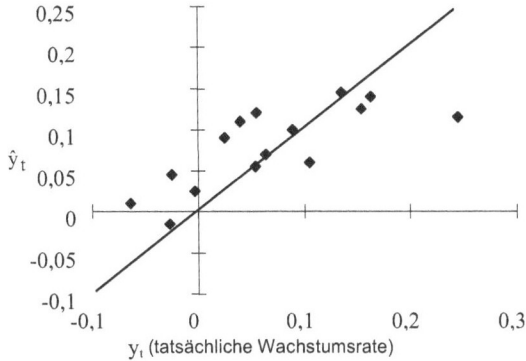

Abb. 8.15: Prognose-Realisations-Diagramm der Bauinvestitionen

In **Tab. 8.24** sind die wichtigsten Prognosefehlermaße zusammengestellt.

Tab. 8.24: Prognosefehlermaße der Bauinvestitionen

$\overline{y}$	$\overline{\hat{y}}$	$\overline{\hat{y}} - \overline{y}$	s_{0y}	$s_{0\hat{y}}$	s_{0e}	MSE	RMSE	$r_{\hat{y},y}$
0,0673	0,0797	0,0123	0,0805	0,0472	0,0535	0,003014	0,0549	0,77

U^M	U^S	U^C	U^R	U^D	a	b	U^2	V^2
0,05	0,37	0,59	0,07	0,88	-0,037	1,313	0,27	0,69

Der Mittelwertfehler ist positiv; die tatsächlichen Wachstumsraten wurden im betrachteten Zeitraum im Mittel um etwa 1,2 Prozentpunkte überschätzt. Wie bei den meisten Prognosen ist auch hier die Standardabweichung der Realisationen größer als die der Prognose. Sowohl Ungleichheitsverhältniszahlen als auch die Parameter a und b deuten auf systematische Prognosefehler hin. Die Theilschen Ungleichheitskoeffizienten U^2 und V^2 zeigen, daß die Prognose des Sachverständigenrates besser war als die Prognosen mit den naiven Methoden.

Die Standardabweichung des Prognosefehlers s_{0e} beträgt 5,4 Prozentpunkte. Unterstellt man eine unimodale symmetrische Verteilung der Prognosefehler mit dem Mittelwert Null, dann liegen 90 % der Prognosefehler zwischen -10,8 und +10,8 Prozentpunkten, vgl. **Tab. 4.7**.

Übungen: *Bearbeiten Sie die Aufgaben 42-50 und 52.*

9 STATISTISCHE MASSEN IM ZEITABLAUF

9.1 Bestands- und Bewegungsmassen

Bereits in Kapitel 2.1 wurden die Begriffe Bestands- und Bewegungsmassen erläutert. Bestandsmassen sind Grundgesamtheiten, deren Elemente eine bestimmte Verweildauer haben. Jedem Element einer Bewegungsmasse kann dagegen ein bestimmter Ereigniszeitpunkt zugeordnet werden.

Eine übersichtliche Darstellung der Beziehung zwischen Bestands- und Bewegungsmassen liefert das **Beckersche Schema**, vgl. **Abb. 9.1**. Dabei trägt man in einem Koordinatensystem auf der Abszisse die Zeit und auf der Ordinate die Zugangszeitpunkte ab. Alle Zugangszeitpunkte liegen auf einer Geraden, die bei gleichem Maßstab von Abszisse und Ordinate der Winkelhalbierenden entspricht.

Jedes Element einer Bestandsmasse wird also durch eine zeitliche Strecke (Lebenslinie, Verweildauer) dargestellt. Die Anfangspunkte (Zugänge) und Endpunkte der Strecken (Abgänge) veranschaulichen die Bewegungsmassen.

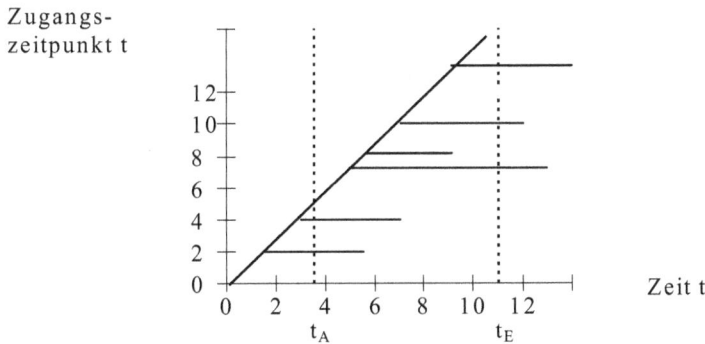

Abb. 9.1: Bestands- und Bewegungsmassen im Beckerschen Schema

Aus der **Abb. 9.1** wird offensichtlich, warum gelegentlich für Bestandsmassen der Ausdruck Streckenmassen und für Bewegungsmassen der Ausdruck Punktmassen verwendet wird.

Der Bestand zum Zeitpunkt t_A bzw. t_E ist die Anzahl der in t_A bzw. t_E schneidenden Strecken bzw. Lebenslinien. Die Zu- bzw. Abgänge im Beobachtungszeitraum sind die Anzahl der Anfangs- bzw. Endpunkte der Lebenslinien im Zeitraum $[t_A, t_E]$. Eine Bestandsmasse heißt geschlossen, wenn alle Lebenslinien im Untersuchungszeitraum $[t_A, t_E]$ beginnen und enden. In diesem Fall entspricht die Anzahl der Zugänge der der Abgänge. Eine Bestandsmasse heißt offen, wenn mindestens eine Lebenslinie außerhalb des Untersuchungszeitraums $[t_A, t_E]$ beginnt oder endet.

In der folgenden Tabelle **Tab. 9.1** sind einige Beispiele für Bestands- und Bewegungsmassen zusammengestellt, vgl. auch Kellerer (1951), der viele Beispiele aus der Praxis für Bestands- und Bewegungsmassen beschreibt.

Tab. 9.1: Beispiele für Bestands- und Bewegungsmassen

Bestandsmasse	Bewegungsmasse	üblicher Name für die Lebenslinie
Gäste in einem Hotel	anreisende bzw. abreisende Gäste	Aufenthaltsdauer
Studierende einer Hochschule	Immatrikulationen Exmatrikulationen	Studiendauer
Waren in einem Lager	Warenzugang Warenabgang	Lagerdauer
Arbeitnehmer	Beginn und Beendigung des Arbeitsverhältnisses	Beschäftigungsdauer

<u>Beispiel 9.1</u>: In der folgenden **Tab. 9.2** sind die Zu- und Abgänge eines Statistik-Lehrbuches in einer Buchhandlung im Jahre 1997 dargestellt.

Tab. 9.2: Bewegungen und Bestände für ein Buch

Exemplar i	Zugangszeitpunkt am Ende des Monats...	Abgangszeitpunkt am Ende des Monats...	Verweildauer d_i in Monaten im Jahr 1997
1	2	6	4
2	3	7	4
3	4	12	8
4	6	7	1
5	7	12	5
6	10	12	2

In **Abb. 9.2** ist das Beckersche Schema dargestellt. Dabei gibt die unter dem Beckerschen Schema abgebildete Bestandsfunktion B(t) den jeweiligen Bestand des Statistik-Lehrbuches zum Zeitpunkt t an.

Die Bestandsfunktion B(t) gibt an, wie groß der Bestand zu jedem Zeitpunkt t ist. Die Summe der Verweildauern d_i im Beobachtungszeitraum $[t_A, t_E]$ nennt man Zeitmengenfläche D_{t_A, t_E}, da sie im Zeitabschnitt t_A, t_E der Fläche unter der Bestandsfunktion B(t) entspricht:

$$D_{t_A, t_E} = \sum_{i=1}^{n} d_i = \int_{t_A}^{t_E} B(t)\, dt \,.$$

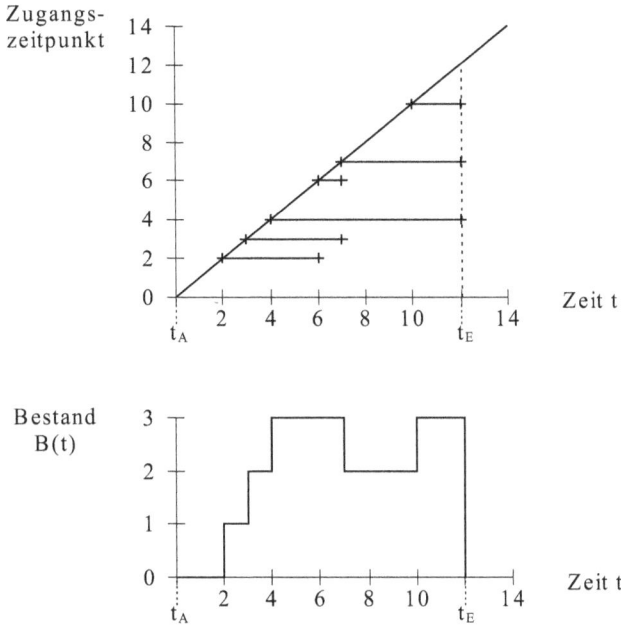

Abb. 9.2: Beckersches Schema und Bestandsfunktion

Aus der Zeitmengenfläche kann die mittlere Verweildauer

$$\overline{d}_{t_A,t_E} = \frac{D_{t_A,t_E}}{n}$$

und der Durchschnittsbestand

$$\overline{B}_{t_A,t_E} = \frac{D_{t_A,t_E}}{t_E - t_A}$$

berechnet werden.

Die Umschlagshäufigkeit

$$U_{t_A,t_E} = \frac{t_E - t_A}{\overline{d}_{t_E,t_A}} = \frac{n}{\overline{B}_{t_A,t_E}}$$

besagt, wie oft sich der durchschnittliche Bestand im Beobachtungszeitraum $[t_A,t_E]$ erneuert bzw. umschlägt.

Beispiel 9.2 (vgl. B. 9.1): Für die Zu- und Abgänge eines Lehrbuches ergeben sich folgende Kennzahlen für das Jahr 1997 (Beobachtungszeitraum [0,12]):

Zeitmengenfläche	$D_{0,12} = \sum\limits_{i=1}^{6} d_i = \int\limits_{0}^{12} B(t)\, dt = 24$
Mittlere Verweildauer	$\overline{d}_{0,12} = \dfrac{24}{6} = 4$ (Monate)
Durchschnittsbestand	$\overline{B}_{0,12} = \dfrac{24}{12} = 2$ (Bücher)
Umschlagshäufigkeit	$U_{0,12} = \dfrac{12}{4} = 3$

Sind die Verweildauern nicht bekannt, so kann der Durchschnittsbestand $\overline{B}$ aus den (T+1) Beständen B_0, B_1, B_2,....B_T, die zu äquidistanten Zeitpunkten festgestellt wurden, durch

$$\overline{B} = \frac{\dfrac{B_0}{2} + B_1 + B_2 + ... + B_{T-1} + \dfrac{B_T}{2}}{T}$$

ermittelt werden. Dabei muß unterstellt werden, daß sich die Bestände zwischen den Zeitpunkten linear verändern.

Beispiel 9.3: Bei einer 1-stündigen Fernsehshow werden alle 15 Minuten die Zuschauerzahlen ermittelt, vgl. **Tab. 9.3**. Wie groß war die durchschnittliche Zuschauerzahl?

Tab. 9.3: Zuschauerzahlen (in Mio.) einer Fernsehshow

Zeitpunkt	Zuschauer in Mio.
20.00 Uhr	$B_0 = 5$
20.15 Uhr	$B_1 = 7$
20.30 Uhr	$B_2 = 6$
20.45 Uhr	$B_3 = 3$
21.00 Uhr	$B_4 = 5$

Die Bestandsfunktion hat unter o.a. Annahme das in **Abb. 9.3** gezeigte Aussehen.

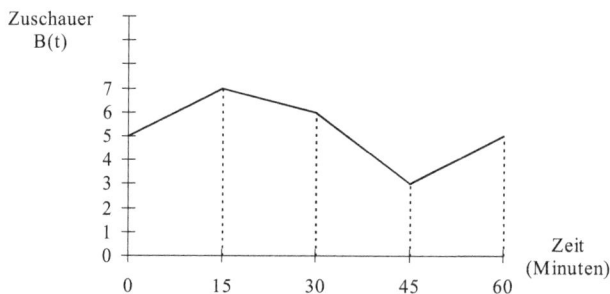

Abb. 9.3: Lineare Bestandsfunktion

Die Zeitmengenfläche ergibt (nach der Trapez-Regel)

$$D_{0,60} = \frac{5+7}{2} \cdot 15 + \frac{7+6}{2} \cdot 15 + \frac{6+3}{2} \cdot 15 + \frac{3+5}{2} \cdot 15 .$$

Aus ihr folgt für den Durchschnittsbestand

$$\overline{B}_{0,60} = \frac{15 \cdot \left(\frac{5}{2} + 7 + 6 + 3 + \frac{5}{2} \right)}{60}$$

$$= \frac{\frac{5}{2} + 7 + 6 + 3 + \frac{5}{2}}{4}$$

$$= \frac{\frac{B_0}{2} + B_1 + B_2 + B_3 + \frac{B_4}{2}}{4}$$

$$= \frac{21}{4} = 5,25 .$$

Im Durchschnitt verfolgten 5,25 Mio. Zuschauer die Fernsehsendung.

9.2 Sterbetafeln

Abschließend sollen noch einige Bemerkungen über die Sterbetafel als Instrument zur Beschreibung statistischer Massen im Zeitablauf gemacht werden.

Eine Sterbetafel ist eine Zahlenreihe, welche die Absterbeordnung von Personen oder von Objekten in Abhängigkeit vom Alter beschreibt. Für Vergleichszwecke rechnet man die Zahlen meistens auf eine Ausgangsbasis von 1000 oder 100 000 Objekten um. Sterbetafeln werden entweder als Generationentafeln, bei welchen die Absterbeordnung einer Generation beobachtet wird, oder als Periodentafeln, bei welchen die aktuellen Sterbetafelwahrscheinlichkeiten berücksichtigt werden, konstruiert. (Zur Sterbetafel-Berechnung vgl. beispielsweise Keyfitz (1977)). Sterbetafeln dienen unter anderem zur Kalkulation von Versicherungsprämien (vgl. Gerber (1990)) und zur Bevölkerungsvorausschätzung (vgl. Pflaumer (1988)).

In folgender Tabelle ist die (geglättete) Sterbetafel für Aktiengesellschaften in der Bundesrepublik Deutschland auf der Basis des Beobachtungszeitraums von 1980 bis 1986 dargestellt.

Mit der Sterbetafel kann die Frage beantwortet werden, wie viele der Objekte bzw. Personen mindestens x Jahre alt werden. Die Sterbetafel in **Tab. 9.4** gibt einen ersten Anhaltspunkt über die wirtschaftliche Lebensfähigkeit von Unternehmen. So erkennt man, daß im 1. Jahrzehnt ca. 33% der Aktiengesellschaften nicht überleben.

Tab. 9.4: Absterbeordnung für Aktiengesellschaften in der Bundesrepublik Deutschland 1980 - 1986 (Quelle: Pflaumer (1995))

Alter x	Anzahl l_x	Alter x	Anzahl l_x
0	1000	60	238
10	671	70	197
20	516	80	162
30	417	90	132
40	344	100	107
50	286	110	85

Ursprünglich wurden Sterbetafeln für menschliche Populationen berechnet. Wegen der unterschiedlichen geschlechtsspezifischen Sterblichkeit müssen Sterbetafeln getrennt für männliche und weibliche Personen aufgestellt werden. **Abb. 9.4** zeigt die graphische Darstellung der Sterbetafeln für Männer in Deutschland in verschiedenen Jahren.

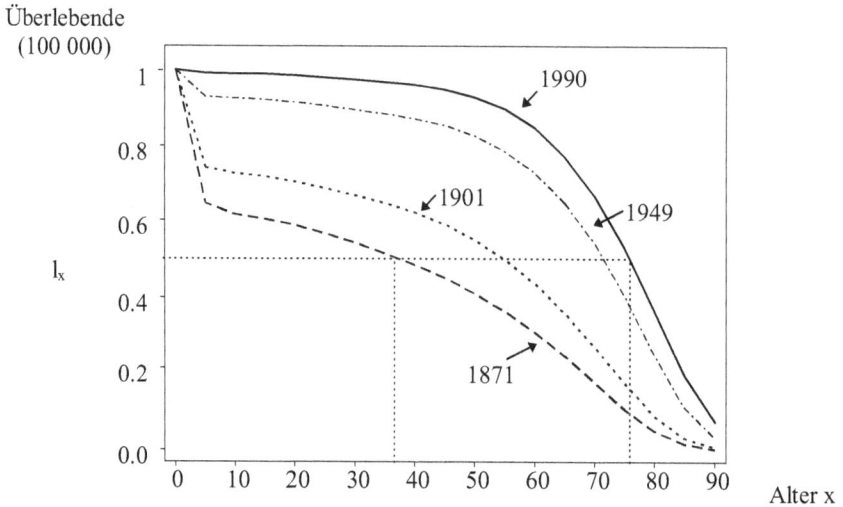

Abb. 9.4: Absterbeordnung für Männer in Deutschland in verschiedenen Jahren

Die Sterbetafeln drücken den enormen Rückgang der Sterblichkeit vor allem der Kindersterblichkeit in den letzten 100 Jahren aus. Während 1871 das Medianalter nur bei etwa 35 Jahre lag, überstieg es 1990 75 Jahre. Folglich können 50% der 1990 geborenen Kinder erwarten, mehr als 75 Jahre alt zu werden, vorausgesetzt, die Sterbewahrscheinlichkeiten der Sterbetafel von 1990 ändern sich nicht. Sinkt die Sterbewahrscheinlichkeit weiter wie in den letzten Jahrzehnten, dann wird das Medianalter noch höher sein.

Zur Interpretation der Sterbetafelwerte betrachten wir nun auszugsweise die Sterbetafel der Frauen in Deutschland aus dem Jahr 1980/82, vgl. **Tab. 9.5**, die auf der Basis von Mortalitätsdaten der Jahre 1980 bis 1982 ermittelt worden ist.

Tab. 9.5 Auszug aus der Sterbetafel der Frauen in Deutschland 1980/82

Alter x	l_x	d_x	p_x	q_x	L_x	T_x	e^o_x
(1)	(2)	(3)	(4)	(5)	(6)	(7)	(8)
0	100000	1037	0,9896	0,0104	99146	7685210	76,85
1	98963	84	0,9992	0,0008	98921	7586064	76,66
2	98879	50	0,9995	0,0005	98854	7487143	75,72
3	98829	42	0,9996	0,0004	98808	7388289	74,76
4	98787	33	0,9997	0,0003	98770	7289481	73,79
5	98754	29	0,9997	0,0003	98739	7190710	72,81
6	98725	27	0,9997	0,0003	98712	7091971	71,84
7	98698	24	0,9998	0,0002	98686	6993259	70,85
8	98674	20	0,9998	0,0002	98664	6894573	69,87
9	98654	19	0,9998	0,0002	98645	6795909	68,89
10	98635	19	0,9998	0,0002	98626	6697264	67,90

In der Spalte (1) steht das Alter in vollendeten Jahren. Spalte (2) zeigt die Anzahl der Überlebenden l_x des Alters x. Beispielsweise werden von 100000 Neugeborenen 98754 5 Jahre oder älter. Man kann es auch so ausdrücken: 98,754% der Neugeborenen werden 5 Jahre oder älter bzw. (100-98,754) %=1,246% der Neugeborenen sterben vor Erreichen des Alters 5 Jahre. Man nennt eine Sterbetafel auch Überlebens- oder Survivorfunktion, die im Gegensatz zur Verteilungsfunktion den Anteil der Merkmalsausprägungen, die größer oder gleich x sind, angibt. Natürlich kann jede Überlebensfunktion in die entsprechende Verteilungsfunktion und umgekehrt transformiert werden. Mit d_x in Spalte (3) wird die Anzahl der Gestorbenen im Alter x bezeichnet. Zwischen l_x und d_x besteht folgender Zusammenhang

$$d_x = l_x - l_{x+1}.$$

Offensichtlich muß $l_0 = \sum_{x=0}^{\omega} d_x$ sein, wobei ω das maximal erreichbare Alter ist.

Der Anteil der Überlebenden vom Alter x bis zum Alter x+1 (Überlebenswahrscheinlichkeit) wird mit p_x bezeichnet und wird durch

$$p_x = \frac{l_{x+1}}{l_x}$$

definiert. Die Werte von p_x stehen in der Spalte (4).

Entsprechend wird der Anteil der Gestorbenen vom Alter x bis zum Alter x+1 (Sterbewahrscheinlichkeit) mit

$$q_x = \frac{d_x}{l_x} = \frac{l_x - l_{x+1}}{l_x} = 1 - p_x$$

berechnet. Die Anteile q_x finden sich in Spalte (5).

Beispiel 9.4: Unter Verwendung von Tab. 9.5. ist

(a) $\dfrac{l_7}{l_0} = 0,98698$ der Anteil der Geborenen, die bis zum Alter 7 überleben,

(b) $\dfrac{d_7}{l_0} = \dfrac{24}{100000}$ der Anteil der Geborenen, die zwischen dem Alter 7 und 8 sterben,

(c) $\dfrac{l_9}{l_5} = \dfrac{98654}{98754} = 0,9990$ der Anteil der 5-jährigen Mädchen, die bis zum Alter 9 überleben,

(d) $\dfrac{l_8 - l_{10}}{l_5} = \dfrac{98674 - 98635}{98754} = \dfrac{39}{98754} = 0,000395$ der Anteil der 5-jährigen Mädchen, die

zwischen dem Alter 8 und 10 sterben.

Die bisher aufgeführten Sterbetafelfunktionen l_x, d_x, p_x und q_x beschreiben das Sterbe- und Überlebensverhalten einer hypothetischen Kohorte vollständig. Zur Berechnung der ferneren Lebensdauer einer x-jährigen müssen weitere Tafelfunktionen betrachtet werden.

Die Funktion L_x gibt die Anzahl der durchlebten Jahre aller x-jährigen vom Alter x bis zum Alter x+1 an. Fänden alle Todesfälle unmittelbar vor dem Alter x+1 statt, so wäre

$$L_x = l_x \cdot 1.$$

Träten die Todesfälle dagegen unmittelbar nach dem Alter x auf, so wäre

$$L_x = \left(l_x - d_x\right) \cdot 1.$$

Nehmen wir nun an, daß die Todesfälle gleichmäßig über das Jahr verteilt sind, dann ist die Anzahl der durchlebten Jahre gerade das arithmetische Mittel beider Werte, nämlich

$$L_x = \frac{l_x + (l_x - d_x)}{2} = l_x - \frac{1}{2}d_x = l_x - \frac{1}{2}(l_x - l_{x+1}) = \frac{1}{2}(l_x + l_{x+1}).$$

Mit Ausnahme von L_0 - im ersten Lebensjahr kann nicht von einer gleichmäßigen Verteilung der Sterbefälle über das Jahr ausgegangen werden - sind die L_x in Spalte (6) so berechnet worden.

Weiterhin definieren wir

$$T_x = L_x + L_{x+1} + L_{x+2}....$$

als die von den l_x (Überlebenden im Alter x) insgesamt noch zu durchlebenden Jahre in Spalte (7). Mit Hilfe dieser Funktion kann die fernere durchschnittliche Lebensdauer einer x-jährigen berechnet werden

$$e^o{}_x = \frac{T_x}{l_x} = \frac{1}{2} + \frac{l_{x+1}}{l_x} + \frac{l_{x+2}}{l_x} + \frac{l_{x+3}}{l_x} +.....,$$

die in Spalte (8) wiedergegeben ist. Das durchschnittliche Sterbealter einer x-jährigen ist dann

$$x + e^o{}_x.$$

Bezeichnet man mit

$$m_x = \frac{d_x}{L_x}$$

die alterspezifische Sterberate, so besteht zwischen q_x und m_x folgender - leicht zu zeigender -Zusammenhang:

$$q_x = \frac{2m_x}{2 + m_x} .$$

Mit Hilfe dieser Beziehung können im Prinzip sogenannte Periodensterbetafeln konstruiert werden, bei der man von einer fiktiven Kohorte ausgeht, auf die die in einem Jahr beobachtete Sterberate einer tatsächlichen Bevölkerung übertragen wird. Im Gegensatz zu Periodensterbetafeln unterscheidet man Generationen-sterbetafeln, bei der die Absterbeordnung eines realen Geburtenjahrgangs beobachtet wird. Da Generationentafeln erst nach 100 Jahren oder später fertig sind, spiegeln sie nicht mehr das aktuelle Sterbeverhalten einer Bevölkerung wider, so daß in der Praxis Periodentafeln verwendet werden.

Bisher sind diskrete Sterbetafeln betrachtet worden; den ganzen Zahlen für das Alter x = 0,1,2.. sind die Überlebenden l_0, l_1, l_2, ... zugeordnet worden. Bei steti-gen Sterbetafeln unterstellen wir, daß l_x eine stetige mathematische Funktion ist, die von $l_0 = 1$ bis $l_\omega = 0$ monoton fällt.

Ein wichtiges Konzept bei der Analyse stetiger Sterbetafeln bzw. stetiger Lebensdauerverteilungen ist die Sterbeintensität bzw. die Hazardrate (vgl. auch u.a. Hartung/Elpelt/Klösener, 2005, S. 218 ff.). Gehen wir von einjährigen Altersintervallen aus, dann gilt

$$l_x \cdot q_x \cdot 1 = d_x = l_x - l_{x+1}.$$

Wenn l_x Personen dem Risiko q_x für ein Jahr ausgesetzt sind, dann sterben d_x Personen. Wenn die Personen diesem Effekt für eine kürzere Zeit der Dauer $0 < \Delta t < 1$ ausgesetzt sind, dann resultiert folgender Zusammenhang

$$l_x \cdot q_x^* \cdot \Delta t = l_x - l_{x+\Delta t},$$

welcher zu

$$q_x^* = \frac{l_x - l_{x+\Delta t}}{l_x \cdot \Delta t}$$

führt, wobei q_x^* den effektiven Anteil der Gestorbenen auf Jahresbasis reflektiert, der jetzt aber im Intervall von x bis x+Δt ermittelt worden ist. Läßt man $\Delta t \to 0$ streben, so erhält man die Sterbeintensität bzw. die Hazardrate

$$\mu_x = \lim_{\Delta t \to 0} \frac{l_x - l_{x+\Delta t}}{l_x \cdot \Delta t} = -\frac{\frac{dl_x}{dx}}{l_x} = -\frac{d \ln l_x}{dx},$$

da

$$\lim_{\Delta t \to 0} \frac{l_{x+\Delta t} - l_x}{\Delta t} = \frac{dl_x}{dx}$$

die Ableitung von l_x an der Stelle x ist.

Die Sterbeintensität ist die momentane jährliche Veränderungsrate der Sterblichkeit im Alter x. Das Produkt $\mu_x \Delta t$ gibt für kleine Zeitintervalle Δt in etwa den Anteil der Personen an, die nach Erreichen des Alters x innerhalb der nachfolgenden Zeitspanne Δt sterben. Im Gegensatz zu q_x kann μ_x Werte von größer als 1 annehmen.

Beispiel 9.5: Eine Hundepopulation einer bestimmten Rasse unterliege folgender stetiger Sterbetafelfunktion für $0 \le x \le 10$:

$$l_x = 1 - \frac{x^2}{100}.$$

(a) Wie lauten l_x, q_x und μ_x für x =0,1,..,10 ?

Da z. B. $l_5 = 1 - \dfrac{5^2}{100} = 0,75$ und $l_6 = 1 - \dfrac{6^2}{100} = 0,64$ ergibt sich für

$$q_5 = 1 - \frac{l_6}{l_5} = 1 - \frac{0,64}{0,75} = 0,1467 \, .$$

Mit $\dfrac{dl_x}{dx} = -\dfrac{2x}{100}$ berechnet sich

$$\mu_x = -\frac{-\dfrac{2x}{100}}{1 - \dfrac{x^2}{100}} = \frac{2x}{100 - x^2} \text{ für } 0 \le x < 10;$$

z.B. ist also $\mu_5 = \dfrac{2 \cdot 5}{100 - 5^2} = \dfrac{10}{75} = 0,1333$.

Die übrigen Sterbetafelwerte, die in folgender **Tab. 9.6** zusammengestellt sind, werden analog berechnet.

Tab. 9.6: Sterbetafelwerte l_x, q_x, μ_x

x	l_x	q_x	μ_x
0	1	0,01	0
1	0,99	0,0303	0,0202
2	0,96	0,0521	0,0417
3	0,91	0,0769	0,0659
4	0,84	0,1071	0,0952
5	0,75	0,1467	0,1333
6	0,64	0,2031	0,1875
7	0,51	0,2941	0,2745
8	0,36	0,4722	0,4444
9	0,19	1	0,9474
10	0		

(b) Wie groß ist ungefähr der Anteil der exakt 5-jährigen Hunde, die im nächsten Vierteljahr sterben ?

Etwa $0,1333 \cdot 0,25 \cdot 100\% = 3,3325\%$ der jetzt genau 5-jährigen Hunde werden im nächsten Vierteljahr, d.h. im Alter von 5 bis 5,25 Jahre, sterben.

(c) Für welche x ist $\mu_x > 1$?

Aus $\mu_x = \dfrac{2x}{100 - x^2} = 1$ folgt $x^2 + 2x - 100 = 0$ mit der positiven Lösung $x_1 = 9,05$, d.h. für Alterszahlen zwischen 9,05 und 10 Jahren ist die Sterbeintensität größer als 1.

Übungen: Bearbeiten Sie die Aufgabe 51.

ÜBUNGSAUFGABEN [1]

1

Charakterisieren Sie die nachfolgenden Merkmale, ob sie quantitativer, qualitativer, nominaler, ordinaler, stetiger oder diskreter Art sind:

        a) Alter eines Studenten
        b) Temperatur in °C
        c) Arbeitslosenzahl
        d) Lagerbestand
        e) Staatsangehörigkeit
        f) Preis
        g) Güteklasse
        h) Klausurnote
        i) Lebensdauer einer Maschine
        j) Matrikelnummer

2

Die nachfolgende Tabelle zeigt eine Übersicht über die Anzahl der verkauften Bücher zu unterschiedlichen Preisen in zwei Buchhandlungen im Laufe eines Tages:

Buchhandlung A		Buchhandlung B	
Buchpreis in € von ... bis unter...	Anzahl der verkauften Bücher	Buchpreis in € von ... bis unter...	Anzahl der verkauften Bücher
0 - 10	5	0 - 20	20
10 - 30	15	20 - 35	12
30 - 50	20	35 - 50	6
50 - 80	12	50 - 90	10
80 - 120	8	90 - 120	2

a) Bestimmen Sie die Histogramme und die Verteilungsfunktionen.
b) Ermitteln Sie die wichtigsten Lageparameter.
c) Ermitteln Sie die wichtigsten Streuungsparameter.
d) Zeichnen Sie die Lorenzkurven.
e) Berechnen Sie die Lorenzkonzentrationsmaße.
f) Berechnen Sie die Schiefemaße g_1 und die Wölbungen g_2.

3

In der folgenden Tabelle ist die Zahl der Kinder von 100 Ehepaaren zusammengestellt:

---

[1] Lösungshinweise: vgl. Pflaumer/Heine/Hartung: Deskriptive Statistik: 52 Übungsaufgaben mit Lösungen, 2009 (kostenlos herunterladbar unter www.lulu.com/content/5552572).

Zahl der Kinder	Ehepaare
0	40
1	10
2	10
3	10
4	10
5	20

a) Ermitteln Sie
   aa) die durchschnittliche Kinderzahl,
   ab) die Varianz,
   ac) den Median,
   ad) den Quartilsabstand.
b) Zeichnen Sie die Verteilungsfunktion.
c) Wie groß ist die durchschnittliche Anzahl der Geschwister eines Kindes?

4

Zur Planung eines Einkaufszentrums wurden für den in Frage kommenden Standort die Anreisewege der potentiellen Kunden ermittelt. Es ergab sich folgende Verteilung:

Entfernung zum Standort in km von ... bis unter ...	Bevölkerung in 1000
0 - 1	60
1 - 3	140
3 - 10	350
10 - 20	150
20 - 50	300

a) Erstellen Sie zu den obigen Daten ein Histogramm.
b) Wie groß ist die durchschnittliche Entfernung der potentiellen Kunden zu dem Standort?
c) Ein Unternehmensberater behauptet, daß 50% aller potentiellen Kunden nicht weiter als 5 km vom Standort wohnen. Überprüfen Sie diese Behauptung mit Hilfe eines geeigneten Lagemaßes.
d) Ermitteln Sie graphisch und rechnerisch den Quartilsabstand.

5

Es sei folgende Aufstellung der monatlichen Mieteinnahmen der Wohnungs-vermietungsgesellschaft Wucher & Sohn KG im Jahre 2003 gegeben:

monatliche Mieteinnahmen von ... bis unter ... €	Anzahl der Wohnungen
0 - 200	5
200 - 400	15
400 - 600	25
600 - 800	20
800 - 1200	30
1200 - 2200	5

a) Stellen Sie die Verteilung der monatlichen Mieteinnahmen in einem Histogramm dar.

b) Ermitteln Sie graphisch den Anteil der Wohnungen, die teurer als 1000 € sind.

c) Zeichnen Sie die entsprechende Lorenzkurve und interpretieren Sie einen Punkt auf der Kurve. Ermitteln Sie das Konzentrationsmaß nach Lorenz.

6

Folgende Angaben aus der Brauwirtschaft sind gegeben:

Beschäftigte von ... bis unter...	Unternehmen	Umsatz insgesamt (Mio. €)
20 - 50	200	600
50 - 100	140	1400
100 - 200	80	1200
200 - 500	50	2300
500 - 1000	20	2000
1000 - 2600	10	3000

a) Bestimmen Sie für das Merkmal Umsatz pro Unternehmen den Mittelwert und den Variationskoeffizienten.

b) Stellen Sie die Verteilung der Beschäftigten pro Unternehmen in einem Histogramm graphisch dar.

c) Ermitteln Sie für das Merkmal Beschäftigte pro Unternehmen den Median und den Quartilsabstand.

d) Ermitteln Sie aus den Angaben aus der Tabelle den Anteil der größten Unternehmen (beschäftigungsmäßig), in denen 50% der Beschäftigten arbeiten. Berechnen und zeichnen Sie zu diesem Zweck die Lorenzkurve.

e) Berechnen Sie das Lorenzkonzentrationsmaß.

7

An der Lebensmittelkasse eines Supermarktes werden die Rechnungsbeträge von 120 Kunden erfaßt. Es ergibt sich folgende Häufigkeitsverteilung:

Rechnungsbetrag von ... bis unter ... €	Anzahl der Kunden
0 - 20	20
20 - 40	50
40 - 60	30
60 - 100	15
100 - 150	5

a) Stellen Sie die Verteilung der Rechnungsbeträge in einem Histogramm dar.

b) Ermitteln Sie graphisch über die Verteilungsfunktion das 3. bzw. das obere Quartil und numerisch den Median.

c) Berechnen Sie den durchschnittlichen Rechnungsbetrag und den Variationskoeffizienten.

d) Zeichnen Sie die entsprechende Lorenzkurve und ermitteln Sie den Anteil des Umsatzes, der mit den 10% höchsten Rechnungen erzielt wird.

8

200 Berufsanfänger werden nach ihrem monatlichen Einkommen Y und ihren monatlichen Konsumausgaben C befragt:

Einkommen Y (€)	Konsumausgaben C (€)			
	1450 - 1550	1550 - 1650	1650 - 1750	1750 - 1850
1520 - 1680	10	30	10	10
1680 - 1720	0	10	30	0
1720 - 1880	10	10	20	0
1880 - 1920	0	10	40	10

a) Stellen Sie die Einkommensverteilung in einem Histogramm graphisch dar.

b) Berechnen Sie den Variationskoeffizienten für das Einkommen.

c) Ermitteln Sie den Quartilsabstand für das Einkommen.

d) Ermitteln Sie den Median der Konsumausgaben für Einkommensbezieher, die zwischen 1520 € und 1680 € verdienen.

e) Berechnen Sie den Korrelationskoeffizienten nach Bravais-Pearson zwischen Einkommen und Konsum.

9

Reisekostenabrechnung eines Professors für Tagungen im Jahr 2007:

Reise	Dauer der Reise in Tagen	Ausgaben insgesamt	Ausgaben pro Tag
1	2	200	100
2	1	150	150
3	3	150	50
4	1	240	240
5	3	180	60
	10	920	600

Der zuständige Sachbearbeiter der Universitätsverwaltung befand diese Ausgaben als zu hoch. Er behauptete, die durchschnittlichen Ausgaben seien 120 € (600 €/5).

Der Professor entgegnete, die durchschnittlichen Ausgaben betrügen nur 92 € (920 €/10) und außerdem sei hier der Median mit 60 € das geeignete Mittel. Der Sachbearbeiter antwortete, daß das arithmetische Mittel das geeignete Maß sei und der Median im übrigen 100 € betrage.

a) Klären Sie die unterschiedliche Deutung der vier erwähnten Lageparameter.
b) Nennen Sie den Unterschied zwischen arithmetischem Mittel und Median.
c) Welcher Lageparameter ist im obigen Fall angemessen?

10

Fachstudiendauer von 100 Studenten eines Jahrganges:

Fachstudiendauer in Semester	7	8	9	10	11	12	13	14	15	16
Absolventen	1	1	8	12	22	18	15	10	8	5

a) Um welchen Merkmalstyp handelt es sich hier?
   Skizzieren Sie die Verteilungsfunktion.
b) Berechnen Sie arithmetisches Mittel, Varianz, Variationskoeffizient, Schiefe und Wölbung.
c) Bestimmen Sie Modus, Median, 0,1-Quantil, 0,8-Quantil und Quartilsabstand.
d) Stellen Sie die Verteilung mit Hilfe eines Box-Plots graphisch dar. Zählen Sie weitere Möglichkeiten zur graphischen Darstellung der Fachstudiendauer auf.

11

Der Materialbestand eines Lagers setzt sich wie folgt zusammen:

Warenwert (€) von ... bis unter	Stück
0 - 200	500
200 - 600	300
600 - 1000	200

a) Zeichnen Sie die Lorenzkurve und berechnen Sie das Lorenzsche Konzentrationsmaß.
b) Wieviel % des Lagerwertes entfallen auf die 10 % teuersten Güter?

12

Skizzieren Sie die Lorenzkurve und berechnen Sie das Lorenzkonzentrationsmaß für folgende Vermögensverteilung:

Anzahl Personen	durchschnittliches Vermögen pro Person
150	2000
100	3000
150	4000
100	6000

13

Zehn Unternehmen eines Wirtschaftsbereiches weisen im Jahr 2007 folgende Umsätze (in Mio. €) auf:

Unternehmen	A	B	C	D	E	F	G	H	I	J
Umsatz	200	180	150	140	120	80	60	40	20	10

a) Stellen Sie die Lorenzkurve dar und berechnen Sie das Konzentrationsmaß nach Lorenz.
b) Stellen Sie die (absolute) Konzentrationskurve dar und berechnen Sie den Herfindahl-Index.
c) Wie groß ist der Variationskoeffizient?

14

Im Rahmen der Cost-Averaging-Methode wird beispielsweise jeden Monat über einen längeren Zeitraum ein fester Betrag in Fondsanteile investiert.

Monat	Anlagesumme (€)	Preis des Fondsanteils (€)
Januar	250	20
Februar	250	15
März	250	10
April	250	5
Mai	250	10

a) Berechnen Sie den durchschnittlichen Preis für einen Fondsanteil.

b) Wie hoch wäre der durchschnittliche Preis gewesen, wenn man jeden Monat eine konstante Zahl von Fondsanteilen erworben hätte?

15

Laut des Bonner Instituts „Finanzen und Steuern" zahlten 1995 in Deutschland die oberen 15% der Steuerzahler ca. 57% der Einkommenssteuer. Das obere Viertel der Steuerzahler hat ca. 71% der gesamten Einkommenssteuer aufgebracht. Die unteren 50% der Steuerzahler sind mit etwa 10% am Steueraufkommen beteiligt. Zeichnen Sie aus diesen Angaben die Lorenzkurve und berechnen Sie das Lorenzsche Konzentrationsmaß.

16

Es sei folgende Lorenzkurve gegeben:

Abszissenwert	Ordinatenwert
0,4	0,1
0,6	0,2
0,8	0,4
1,0	1,0

mit n = 100 und $\overline{x}_M = 2000$.

a) Berechnen Sie das Lorenzkonzentrationsmaß LKM.

b) Ermitteln Sie die klassierte Verteilung
   ba) in tabellarischer Form,
   bb) in graphischer Form,
   die dieser Lorenzkurve zugrunde liegt.
   Hinweis: Klassenmittel = Klassenmitte, Untergrenze der 1. Klasse ist 250.

c) Charakterisieren Sie die Form dieser Verteilung; berechnen Sie zu diesem Zweck das Schiefemaß g_1.

d) Ermitteln Sie den Modus und den Quartilsabstand (Der Quartilsabstand soll graphisch und numerisch bestimmt werden).

17

Für vier Warenarten sei folgendes bekannt:

Warenart	Preis (DM)		Umsatz (DM)	
	1985	1993	1985	1993
A	1,4	1,6	2100	2400
B	1,2	1,5	960	1500
C	0,8	1,2	960	1800
D	2,0	3,0	1200	1500

a) Berechnen Sie für 1993 zur Basis 1985 den Preisindex nach Laspeyres und nach Paasche und den Mengenindex nach Laspeyres.
b) Ermitteln Sie die durchschnittliche jährliche Wachstumsrate des Gesamtumsatzes zwischen 1985 und 1993.

18

Der Landwirt L verkauft in den Jahren 2006 und 2007 landwirtschaftliche Produkte zu folgenden Preisen und Verkaufserlösen:

	Produkt A		Produkt B		Produkt C	
	Preis/ Einheit	Verkaufs- erlöse	Preis/ Einheit	Verkaufs- erlöse	Preis/ Einheit	Verkaufs- erlöse
2006	5	100	4	200	6	200
2007	5	100	8	300	3	200

Berechnen Sie je einen Preisindex und Mengenindex nach Laspeyres und Paasche mit der Basis 2006.

19

Ein Lebensmittelgeschäft bietet u.a. drei Käsesorten zum Verkauf an. Über Absatz und Preis der Jahre 1987 und 1997 liegen folgende Daten vor:

Jahr	1987		1997	
Käsesorte	verkaufte Menge	Preis pro kg	verkaufte Menge	Preis pro kg
Allgäuer Bergkäse	500 kg	5,-	600 kg	10,-
Emmentaler	300 kg	6,-	250 kg	12,-
Gouda	150 kg	8,-	100 kg	16,-

a) Berechnen Sie den Preisindex nach Laspeyres und den Mengenindex nach Paasche für 1997 mit der Basis 1987.
b) Dasselbe Geschäft verkauft zusätzlich zu seinem Käseangebot verschiedene Wurstsorten, darunter auch Blut- und Leberwurst. 1987 erzielte das Geschäft mit der Blutwurst einen Umsatz von insgesamt 2000 DM und mit der Leber-

wurst von insgesamt 3000 DM. Der Preisanstieg für Blutwurst betrug von 1987 bis 1997 jährlich 2% und für Leberwurst jährlich 7%. Berechnen Sie aus diesen Daten den Preisindex von Laspeyres für 1997 mit der Basis 1987.

20

Bei einer mittelständischen Brauerei entfallen auf den Gesamtumsatz des Jahres 1990, der 10 Mio. DM beträgt, ca. 50% auf Pils, 40% auf Export und der Rest auf Dunkelbier. Der Brauereiabgabepreis pro hl Bier im Jahr 1990 beträgt bei Pils und Dunkelbier jeweils 100 DM und beim Export 80 DM. Die <u>jährlichen</u> Steigerungen der Abgabepreise bis 1995 liegen für Pils bei 3% und für Dunkelbier bei 6%. Der Abgabepreis für Export ist dagegen jährlich um 0,5% gesunken.
Betrachtet man die mengenmäßige Entwicklung des Bierausstoßes bis 1995, so zeigen sich im Durchschnitt jährliche Steigerungen in Höhe von 10% beim Dunkelbier, 8% beim Pils und 1% beim Export.
Berechnen Sie aufgrund der geschilderten Datenlage
a) den durchschnittlichen Abgabepreis pro hl Bier im Jahr 1990,
b) den Preisindex von Laspeyres und den Mengenindex von Paasche des Jahres 1995 zur Basis 1990.

21

Es soll untersucht werden, in welchem der beiden Urlaubsorte im Allgäu die Preise in den letzten 5 Jahren stärker gestiegen sind:

	A				B			
	1990		1995		1990		1995	
	Preis	Menge	Preis	Menge	Umsatz	Menge	Umsatz	Menge
Mittagessen	9,00	28	12,00	24	280	28	308	28
Übernachtung	40,00	14	50,00	14	700	14	770	14
Radmiete je Tag	15,00	10	21,00	8	180	12	234	13

a) Vergleichen Sie die Preisniveauentwicklung in A und in B mit Hilfe des Laspeyres-Preisindex.
b) Ermitteln Sie für B den Wertindex und die durchschnittliche Umsatzsteigerung pro Jahr.

22

Auf dem Bauernhof B werden Weizen und Roggen angebaut und Schweine gezüchtet. Der Landwirt L, Student der Betriebswirtschaftslehre, möchte seine frisch erworbenen Kenntnisse der Statistik in die Praxis umsetzen. Daher versucht er aus den leider nicht vollständigen Unterlagen seiner Buchhaltung, verschiedene Indizes zu berechnen. Für die Jahre 1990 bis 1992 hat er nach langem Suchen folgende Daten gefunden:

Die Umsatzanteile betrugen 1990 für Weizen und Roggen jeweils 40 % und für den Verkauf von Schweinen 20 %. Die mengenmäßigen Produktionssteigerungen 1991 gegenüber 1990 ergaben bei Weizen 20 %, bei Roggen 10 % und bei der Schweinezucht 40 %. Die Verkaufspreise je Mengeneinheit im Jahre 1991 betrugen beim Weizen und beim Roggen 400 DM und bei der Schweinezucht 3000 DM. Für 1991 stellte er einen Gesamtumsatz von 48000 DM fest. Für 1992 lagen folgende Angaben vor:

	1992 Verkaufspreis in DM je Mengeneinheit	1992 Umsatz in DM
Weizen	540	27000
Roggen	440	26400
Schweine	3300	6600

Aus den vorliegenden Daten sollen folgende Indizes bestimmt werden:
a) ein Mengenindex nach Laspeyres für 1991 mit der Basis 1990.
b) ein Preisindex nach Paasche für 1992 mit der Basis 1991.
c) ein Wertindex für 1992 mit der Basis 1991.

23
In der folgenden Tabelle ist der Index der Arbeiterverdienste in der deutschen Industrie in langjähriger Übersicht dargestellt:

Jahr	Index 1985 = 100	Jahr	Index 1985 = 100
1950	8,2	1985	100
1960	17	1990	122,5
1970	38,4	1994	149,5
1975	61		
1980	82,5		

a) Berechnen Sie eine umbasierte Indexreihe mit 1950 = 100.
b) Ermitteln Sie weiterhin für die Zeiträume 1950 - 1990, 1970 - 1990 den durchschnittlichen jährlichen Anstieg des Verdienstes.

24
Ein Buchmacher vermutet einen Zusammenhang zwischen der Plazierung eines Pferdes beim Galopprennen und dem Gewicht des Reiters, den das Pferd tragen

muß. Um diesen Sachverhalt genauer zu untersuchen, hat er beim 6. Rennen eines Renntages folgende Daten festgehalten:

Pferd	Platz	Gewicht (kg)
Blattschuß	1	55
Baster	2	54
Santa Fe	3	53,5
Chatanga	4	47
After Eight	5	57
Waldzwerg	6	61,5
Blondina	7	60
Paramount	8	56
Firassi	9	51

Beurteilen Sie anhand eines geeigneten Zusammenhangmaßes, ob seine Vermutung richtig ist.

25

Die folgende Tabelle gibt einen Überblick über die Testergebnisse und Preise von Inline-Skates:

Hersteller	Preis (DM)	Qualitätsurteil
A	100	mangelhaft
B	250	gut
C	300	gut
D	400	sehr gut
E	350	zufriedenstellend
F	280	gut
G	150	mangelhaft
H	600	sehr gut

a) Wie sind die Merkmale Preis und Qualitätsurteil skaliert?
b) Berechnen Sie ein geeignetes Zusammenhangsmaß.

26

In der nachfolgenden Tabelle sind für zwei Länder der mittlere Bestand der Bevölkerung und die Anzahl der Sterbefälle angegeben:

Altersklasse	Sterbefälle in 1000		Bevölkerungsbestand in Mio.	
	A	B	A	B
0 - 15	100	70	25	25
15 - 45	250	160	50	50
45 - 90	600	1200	25	75

a) Berechnen Sie die allgemeine Sterbeziffer für die Länder A und B.
b) Berechnen Sie die standardisierte Sterbeziffer für das Land A unter Verwendung der Altersstruktur des Landes B.

27

Folgende Angaben der Bevölkerung von Demographia seien bekannt:

Alter von ... bis unter...	Bevölkerung 1991		Gestorbene 1991	
	männl.	weibl.	männl.	weibl.
0 - 1	50.000	50.000	400	350
1 - 5	200.000	200.000	1.600	1.400
5 - 20	750.000	750.000	6.500	5.500
20 - 100	1.500.000	2.500.000	12.000	19.000

a) Berechnen Sie das Durchschnittsalter der männlichen Bevölkerung.
b) Berechnen Sie den Median des Sterbealters der Frauen.
c) Berechnen Sie die standardisierten Sterbeziffern der Männer und Frauen auf der Grundlage der Altersstruktur der Männer im Jahre 1991.

28

Sechs Kinder wurden im Sommer nach ihrem monatlichen Taschengeld und nach ihren monatlichen Ausgaben für Eis gefragt (in €):

Kind	A	B	C	D	E	F
Taschengeld	25	35	55	100	35	50
Ausgaben für Eis	15	10	25	35	15	20

a) Bestimmen Sie die Werte der Regressionskoeffizienten für den von Ihnen vermuteten linearen Zusammenhang mit Hilfe der Methode der kleinsten Quadrate.
b) Berechnen Sie das Bestimmtheitsmaß.
c) Barbara erhält eine Taschengelderhöhung von 10 €. Schätzen Sie ihre zusätzlichen Ausgaben für Eis.

29

Es soll die Frage untersucht werden, ob eine Mädchengeburt nach einer Jungengeburt ebenso wahrscheinlich ist wie nach einer Mädchengeburt. Um die Abhängigkeit des Geschlechts von einer vorigen Geburt zu untersuchen, wurden Daten der Dortmunder Bevölkerung des Jahres 1991 herangezogen. Die folgende Tabelle zeigt die Paare von aufeinanderfolgenden Geburten:

1. Kind	2. Kind	
	männlich	weiblich
männlich	6992	6631
weiblich	6807	6388

Berechnen Sie die Werte zweier geeigneter Zusammenhangmaße und interpretieren Sie die Ergebnisse.

30

Auf gleich großen Flächeneinheiten eines homogenen Bodens setzt der Landwirt L unterschiedliche Mengen eines Kunstdüngers ein und beobachtet folgende Ergebnisse:

Ernteertrag (ME)	4	4	5	5	7	8	8	9	10	10
Kunstdüngereinsatz (ME)	8	4	3	5	8	9	8	10	14	11

L, Teilnehmer am Statistikkurs der Volkshochschule, berechnet als Maß für den linearen Zusammenhang zwischen Ernteertrag und Kunstdüngereinsatz den Korrelationskoeffizienten nach Bravais-Pearson $r = \frac{3}{5}\sqrt{2} = 0{,}8485$.

Sein Sohn S, der als Student schon reichlich Erfahrung im Schreiben von Statistikklausuren an der Hochschule H gesammelt hat, meint, daß hier der Korrelationskoeffizient nach Bravais-Pearson nicht anzuwenden sei, sondern der Rangkorrelationskoeffizient nach Spearman. Allenfalls käme noch die Regressionsanalyse in Frage.

a) Welcher Meinung sind Sie?
b) Prüfen Sie nach, ob L den Korrelationskoeffizienten richtig berechnet hat.
c) Ermitteln Sie den Rangkorrelationskoeffizienten nach Spearman.
d) Schätzen Sie die lineare Abhängigkeit des Ernteertrages vom Kunstdüngereinsatz und berechnen Sie ein Maß für die Güte dieser Abhängigkeit.

31

Ein Getränkeverkäufer auf einem Sportplatz hat einen Zusammenhang zwischen Zuschauerzahl und Umsatz untersucht und in der folgenden Tabelle festgehalten:

Zuschauer in 1000	2	3	4	5	6
Umsatz in €	500	1000	1500	2000	3000

Der Getränkeverkäufer möchte den Umsatz bei einer Zuschauerzahl von 7000 prognostizieren.

Zu welchem Ergebnis gelangt er, wenn er

a) eine lineare $(y = a + bx)$ und

b) eine quadratische bzw. parabolische Regressionsfunktion $\left(y = a + bx^2\right)$ unterstellt und die Funktionen mittels der Methode der kleinsten Quadrate berechnet?

c) Welche Ergebnisse erhält man, wenn verlangt wird, daß die Funktionen durch den Nullpunkt verlaufen? Würden Sie im vorliegenden Fall eine Funktion mit oder ohne Achsenabschnitt für geeigneter halten?

32

Für eine statistische Untersuchung wurden 70 Ehepaare bei der Eheschließung nach ihrer Körpergröße (cm) befragt:

Mann \ Frau	166	169	173	176	177	180	186	190
152	1	0	1	0	1	1	0	0
158	1	2	0	0	1	0	0	0
160	0	2	3	2	2	1	0	1
161	0	0	4	4	0	0	2	0
164	1	0	3	5	3	2	3	1
171	0	1	1	2	3	3	3	2
179	0	0	0	1	1	1	2	3

a) Bestimmen Sie die Stärke des Zusammenhangs zwischen Körpergröße der Frauen und Männer.

b) Wie groß würden Sie aufgrund vorliegender Erhebungen bei der Eheschließung einen Ehemann schätzen, wenn sie wüßten, daß seine Frau 170 cm groß ist?

33

Eine makroökonomische Investitionsfunktion habe die Form

$$I = ae^{br},$$

wobei

I = Investitionen
r = Zinssatz
a, b = Parameter.

Folgende Daten stehen zur Verfügung:

r (%)	8	7	5	3	3	4
I (Mrd. €)	2,718	4,482	7,389	20,086	12,182	7,389

a) Erstellen Sie ein Streudiagramm.
b) Schätzen Sie die Parameter a und b mit der Methode der kleinsten Quadrate.
c) Mit welchen Investitionsausgaben ist bei einem Zinssatz von 6% zu rechnen?

34
Folgende Daten wurden zwischen dem Produktionsertrag y, dem Kapitaleinsatz K und dem Arbeitseinsatz A gemessen:

Produktionsertrag Y	Kapitaleinsatz K	Arbeitseinsatz A
90	200	80
160	250	180
210	460	180
250	400	300
300	430	430
350	660	300

a) Schätzen Sie aus den Angaben in der Tabelle die Parameter der Cobb-Douglas-Produktionsfunktion

$$Y = \alpha \cdot K^{\beta_1} \cdot A^{\beta_2}$$

mit Hilfe der Methode der kleinsten Quadrate.

b) Wie lautet die Schätzgleichung, falls $\beta_1 + \beta_2 = 1$ ist?

35
Aus 5 Haushalten wurden folgende Daten erhoben:

Haushalt i	Monatliche Ersparnis y (1000 €)	Monatliches Einkommen x (1000 €)	Zahl der Personen im Haushalt z
1	0,6	8	5
2	1,2	11	2
3	1	9	1
4	0,7	6	3
5	0,5	6	4

a) Bestimmen Sie die Parameter der Sparfunktion
$$\hat{y} = a + bx + cz$$
mit Hilfe der Methode der kleinsten Quadrate.

b) Schätzen Sie für einen 5-Personenhaushalt mit einem monatlichen Einkommen von 6000 € die monatliche Sparsumme.

c) Berechnen Sie das multiple Bestimmtheitsmaß und die partiellen Korrelationskoeffizienten $r_{XY/Z}$ und $r_{ZY/X}$.

36

Die Abhängigkeit der Verpackungskosten vom Wert eines Auftrages des Versandhandels X soll untersucht werden. Zu diesem Zweck werden 10 Rechnungen zufällig ausgesucht. Man erhält:

Auftragswert x	7,39	20,09	54,60	90,02	148,41
Verpackungskosten y	2,72	4,48	7,39	12,18	20,09
Auftragswert x	244,69	403,43	665,14	403,43	1808,04
Verpackungskosten y	20,09	33,12	54,60	90,02	148,41

a) Bestimmen Sie für das Modell
$$y = ax^b$$
die Parameter a und b mit Hilfe
aa) der Methode der kleinsten Quadrate.
ab) des Waldschen Verfahrens.

b) Mit welchen Verpackungskosten ist bei einem Auftragswert von 500 € zu rechnen?

37

Aus folgenden Preis-Absatz-Daten soll die nichtlineare Preis-Absatz-Funktion
$$x = a + \frac{b}{p}$$
mit
$$x = \text{Nachfrage}$$
$$p = \text{Preis}$$
geschätzt werden:

Preis	1	1	2	2	2,5	2,5	4	4	5	2
Nachfrage	10	8	6	5	4	3	2	4	2	6

a) Bestimmen Sie die Parameter a und b mit der Methode der kleinsten Quadrate.
b) Schätzen Sie die Elastizität der Nachfrage bezüglich des Preises bei einem Preis von 5.

38

Bei einem Einstellungsgespräch werden 12 Diplom-Kaufleute und 10 Diplom-Volkswirte nach ihren Kenntnissen in Finanzierung befragt und hierbei jeweils mit „gut" oder „schlecht" bewertet. Insgesamt wurden 14 Bewerber mit gut bewertet; darunter waren 10 Diplom-Kaufleute.

a) Erstellen Sie eine Vierfeldertafel, berechnen Sie den Assoziationskoeffizienten nach Yule und interpretieren Sie das Ergebnis.
b) Konstruieren Sie bei den gleichen Randverteilungen wie unter a) eine Vierfeldertafel, so daß extreme Abhängigkeit der beiden Variablen vorliegt. Geben Sie für diesen Fall den Assoziationskoeffizienten an.
c) Welchen Wert für den Assoziationskoeffizienten hätte man erwartet, wenn Art des Hochschulabschlusses und Kenntnisse in Finanzierung unabhängig wären?

39
Der Zusammenhang zwischen Aktienkurs- und Optionskursveränderungen zwischen zwei Börsentagen soll anhand folgender Tabelle analysiert werden:

Aktiengesellschaft	1	2	3	4	5	6
Optionskursveränderung in €	2,5	3,5	5,5	10	3,5	5
Aktienkursveränderung in €	1,5	1,0	2,5	3,5	1,5	2

a) Berechnen Sie den Korrelationskoeffizienten nach Bravais-Pearson.
b) Bestimmen Sie die Werte der Regressionskoeffizienten für den von Ihnen vermuteten linearen Zusammenhang nach dem Waldschen Verfahren.
c) Wie lauten die Parameter der Regressionsgeraden, falls die robuste (ausreißerresistente) Variante des Waldschen Verfahrens zur Berechnung verwendet wird?
d) Bestimmen Sie den Anstieg der Regressionsgeraden nach dem robusten (ausreißerresistenten) Verfahren von Theil.

40
Einkommen (y_i) und Konsum (c_i) 100 vergleichbarer Haushalte (in 1000 €):

y_i	\multicolumn{4}{c}{c_i}			
	3	4	5	8
3	10	5	5	0
5	20	10	0	0
7	5	10	15	0
10	0	0	10	10

a) Ermitteln Sie die beiden Randverteilungen.
b) Berechnen Sie das mittlere Einkommen $\overline{y}$ und die Varianz s_c^2.
c) Ermitteln Sie den Schwerpunkt obiger Häufigkeitsverteilung und den Median der Einkommensverteilung.
d) Berechnen Sie die Kovarianz und den Korrelationskoeffizienten.

41

Einkommen und Nutzfläche von landwirtschaftlichen Betrieben in der Gemeinde G am 26.12.2005:

Einkommen (€)	Nutzfläche (ha)		
	0 - 2	2 - 8	8 - 18
0 - 10.000	20	30	0
10.000 - 20.000	10	20	0
20.000 - 30.000	0	10	10

a) Berechnen Sie das Durchschnittseinkommen.
b) Berechnen Sie das durchschnittliche Einkommen jener Betriebe, die eine Nutzfläche von 0 - 2 ha haben.
c) Wieviel Prozent der Betriebe sind größer als 7 ha?
d) Wie viele Betriebe haben ein Einkommen von weniger als 20.000 € und gleichzeitig eine Nutzfläche von weniger als 8 ha?
e) Bestimmen Sie die Werte der Regressionskoeffizienten für den von Ihnen vermuteten linearen Zusammenhang nach der Methode der kleinsten Quadrate.

42

Folgende Umsätze (in 1000 €) eines Unternehmens seien gegeben:

Jan.	Febr.	März	April	Mai	Juni	Juli
40	27	39	39	40	41	39

a) Berechnen Sie die gleitenden Vierer-Durchschnitte.
b) Prognostizieren Sie den Umsatz für den Monat August mittels exponentieller Glättung 1. Ordnung; als Glättungsfaktoren kommen entweder $\alpha=0,1$ oder $\alpha=0,4$ in Frage.

43

Der Umsatz eines Unternehmens hat sich in den Jahren 1990 bis 1995 wie folgt entwickelt (in 1000 DM):

	1990	1991	1992	1993	1994	1995
1.Tertial	-	150	219	249	300	141
2.Tertial	-	420	624	723	807	-
3.Tertial	225	261	417	447	477	-

Berechnen Sie die Saisonkomponente, indem Sie

a) den Trend als gleitenden Durchschnitt ermitteln und additive Verknüpfung unterstellen,
b) den linearen Trend nach der Methode der kleinsten Quadrate ermitteln und additive Verknüpfung unterstellen.

c) Prognostizieren Sie den Umsatz für das 3. Tertial 1995.

d) Ist die Annahme einer additiven Verknüpfung von Trend- und Saisonkomponente im vorliegenden Fall sinnvoll?

44

Die nachstehende Tabelle zeigt die Umsatzentwicklung einer Brauerei von 1990 bis 1996:

Jahr	1990	1991	1992	1993	1994	1995	1996
Umsatz (Mio. DM)	4,48	2,73	4,49	12,20	7,40	12,18	20,09

Der Geschäftsführer der Brauerei möchte den Umsatz für das Jahr 1997 vorhersagen. Zu welchen Ergebnissen gelangt er, wenn ein exponentieller Trend unterstellt und die Trendkurve mittels der Methode der kleinsten Quadrate berechnet wird?

45

Verkaufte Flaschen Schottischen Malzwhiskys der Marke „ROYAL LOCHNAGAR" eines Spirituosengeschäftes:

Jan.	Febr.	März	April	Mai	Juni	Juli
400	270	390	395	400	350	360

a) Berechnen Sie gleitende Dreier-Durchschnitte.

b) Prognostizieren Sie die Verkaufszahlen für den Monat August mittels exponentieller Glättung 1.Ordnung; als Glättungsfaktoren kommen entweder $\alpha = 0,3$ oder $\alpha = 0,5$ in Frage.

46

Folgende Umsatzzahlen einer Unternehmung liegen vor:

	1992				1993			
Vierteljahr	1	2	3	4	1	2	3	4
Umsatz (TDM)	110	100	150	120	110	140	170	140

a) Ermitteln und zeichnen Sie eine Trendgerade nach dem Waldschen Verfahren und schätzen Sie die Trendkomponente des Umsatzes für das 3. Quartal 1994 mit Hilfe der berechneten Trendgeraden.

b) Berechnen und zeichnen Sie den gleitenden Vierer-Durchschnitt für o.a. Umsatzreihe.

47

Die folgende Tabelle zeigt die Bevölkerungsentwicklung von Demographia:

Jahr	1950	1960	1970	1980	1990
Bevölkerung in Mio.	2,0138	2,7183	3,6693	4,4817	7,3891

a) Berechnen Sie die durchschnittliche jährliche Wachstumsrate der Bevölkerung zwischen 1990 und 1950.
b) Prognostizieren Sie die Bevölkerung von Demographia für die Jahre 1995 und 2000. Schätzen Sie zu diesem Zweck mit Hilfe der Methode der kleinsten Quadrate folgendes geometrisches Wachstumsmodell:

$$P_t = a \cdot e^{rt}$$

P_t : Bevölkerung zum Zeitpunkt t

t : Zeit

a,r : Parameter.

c) Berechnen Sie ein geeignetes Maß für die Güte der Regression.

48

In der folgenden Tabelle sind die verkauften CDs (Compact Discs) in der Bundesrepublik Deutschland zwischen 1988 und 1995 angegeben:

Jahr	1988	1989	1990	1991	1992	1993	1994	1995
CDs (Mio.)	40	58	75	100	130	150	168	180

Prognostizieren Sie die Verkaufszahlen für das Jahr 1997 mit Hilfe der logistischen Funktion, wobei

a) eine Sättigungsgrenze von 210 (Mio.) angenommen werden soll,
b) die Sättigungsgrenze aus den Daten geschätzt werden soll.

49

Die folgende Tabelle zeigt die Entwicklung der Studentenzahlen S_t eines neugegründeten Fachbereiches Betriebswirtschaftslehre in den Jahren:

Jahr t	1985	1986	1987	1988	1989	1990	1991	1992	1993	1994	1995
S_t	120	176	230	299	363	425	499	551	611	663	710

Es sollen maximal 1000 Studenten aufgenommen werden. In welchem Jahr werden vermutlich erstmals mehr als 900 Studenten immatrikuliert sein? Beantworten Sie diese Frage, indem Sie an die Entwicklung der Studentenzahlen eine Gompertz-Kurve anpassen.

50

Die Übernachtungszahlen einer Hotelkette haben sich in den Jahren 1975 bis 1993 wie folgt entwickelt (in 1000):

Jahr	Übernachtung (1000)	Jahr	Übernachtung (1000)	Jahr	Übernachtung (1000)
1975	104	1981	154	1987	249
1976	104	1982	158	1988	298
1977	115	1983	186	1989	309
1978	124	1984	247	1990	319
1979	152	1985	223	1991	361
1980	135	1986	278	1992	368
				1993	394

Ein Statistiker wird beauftragt, die Übernachtungszahlen für das Jahr 2000 vorauszuschätzen. Zu welchen Ergebnissen gelangt er, wenn
a) ein exponentielles,
b) ein parabolisches
   Trendmodell zur Prognose herangezogen wird?
c) Welches Modell ist im vorliegenden Fall vorzuziehen? Analysieren Sie zu diesem Zweck die Entwicklung der Wachstumsraten.

51

Für eine Tierpopulation seien folgende Sterbetafelwerte gegeben, wobei in allen Altersklassen die Sterblichkeit gleichmäßig über das Jahr verteilt sei:

x	l_x
0	100000
1	80000
2	60000
3	40000
4	20000
5	0

a) Wie groß ist der Anteil der 1-jährigen Tiere, die zwischen dem Alter 3 und 4 Jahre sterben?
b) Berechnen Sie
   ba) das durchschnittliche Lebensalter eines neugeborenen Tieres,
   bb) das durchschnittliche Sterbealter eines 2-jährigen Tieres.
c) Wie lautet die Sterbeintensitätsfunktion, falls die Tierpopulation folgender stetiger Sterbetafel unterliegt:

$$l_x = 1 - \frac{x}{5} \qquad \text{für } 0 \leq x \leq 5?$$

52

Statistiker der Vereinten Nationen haben im Jahr 1960 Bevölkerungsprognosen in verschiedenen Ländern für das Jahr 1980 erstellt.

Die folgende Tabelle zeigt tatsächliche und prognostizierte Bevölkerungen (in Millionen) von zehn westafrikanischen Ländern. Beurteilen Sie die Prognosegüte, indem Sie für die jährlichen (logarithmischen) Wachstumsraten die wichtigsten Prognosefehlerkennzahlen berechnen.

Land	Tatsächliche Bevölkerung 1960	Tatsächliche Bevölkerung 1980	Prognostizierte Bevölkerung 1980
Ghana	6,78	11,54	12,25
Obervolta	4,34	6,15	6,29
Mali	4,10	6,98	6,40
Elfenbeinküste	3,23	8,03	5,00
Senegal	3,11	5,77	4,44
Guinea	3,07	5,01	4,96
Niger	2.82	5,32	4,46
Sierra Leone	2,45	3,47	3,66
Togo	1,44	2,63	2,29
Liberia	1,00	1,87	1,23

ANHANG

A1 Rechnen mit dem Summenzeichen

Das Summenzeichen gestattet, komplizierte Formeln übersichtlich darzustellen. Zur Abkürzung einer Summe wird der griechische Buchstabe Σ (Sigma) verwendet. Das Summenzeichen ist definiert durch

$$\sum_{i=1}^{n} x_i = x_1 + x_2 + x_3 + \ldots + x_n \; .$$

Man liest: Summe über x_i von $i=1$ bis n; beispielsweise repräsentiert x_1 die erste, x_2 die zweite etc. und x_n die n-te Beobachtung einer statistischen Grundgesamtheit.

Der Summen- oder Laufindex i läuft vom niedrigsten (hier: $i=1$) zum höchsten Wert ($i=n$), wobei sich i mit jeder Summation um 1 erhöht. Die Wahl des Buchstabens ist für den Laufindex ohne Belang; ebenso braucht die Summationsvorschrift nicht mit 1 zu beginnen.

Beispiel: Bei 5 Besuchen in der Mensa im Februar 1998 gab der Student S. die in der Tabelle angegeben Beträge aus.

Mensabesuch i	1	2	3	4	5
Ausgabe x_i	10	6	5	12	8

Die Gesamtausgaben beliefen sich auf

$$\sum_{i=1}^{5} x_i = x_1 + x_2 + x_3 + x_4 + x_5 = 10 + 6 + 5 + 12 + 8 = 41$$

während die Durchschnittsausgaben

$$\overline{x} = \frac{1}{5} \sum_{i=1}^{5} x_i = \frac{41}{5} = 8{,}2$$

betrugen.

Die Gesamtausgaben vom 3. bis 5. Besuch lagen bei

$$\sum_{i=3}^{5} x_i = x_3 + x_4 + x_5 = 5 + 12 + 8 = 25 \; .$$

In Rahmen statistischer Berechnungen werden Formeln häufig umgeformt, so daß es zweckmäßig ist, sich die folgenden, leicht nachvollziehbaren Regeln für das Rechnen mit dem Summenzeichen zu merken:

Es gilt

1. $$\sum_{i=1}^{n} c \cdot x_i = c \cdot \sum_{i=1}^{n} x_i$$

2. $$\sum_{i=1}^{n} c = c \cdot n$$

3. $$\sum_{i=1}^{n} \left(a x_i + b y_i \right) = a \sum_{i=1}^{n} x_i + b \sum_{i=1}^{n} y_i$$

4. $$\sum_{i=1}^{n} x_i y_i \neq \sum_{i=1}^{n} x_i \cdot \sum_{i=1}^{n} y_i \qquad \text{i.a.}$$

Beispiel: Die in (a) bis (c) angegebenen Summen sollen umgeformt werden, wobei

$$\bar{x} = \frac{1}{n} \sum_{i=1}^{n} x_i \quad \text{bzw.} \quad \sum_{i=1}^{n} x_i = n\bar{x}$$

und

$$\bar{y} = \frac{1}{n} \sum_{i=1}^{n} y_i \quad \text{bzw.} \quad \sum_{i=1}^{n} y_i = n\bar{y}$$

sind.

a)

$$\sum_{i=1}^{n} \left(x_i - \bar{x} \right) = \sum_{i=1}^{n} x_i - \sum_{i=1}^{n} \bar{x} = \sum_{i=1}^{n} x_i - n\bar{x} = n\bar{x} - n\bar{x} = 0$$

b)

$$\sum_{i=1}^{n} \left(x_i - \bar{x} \right)^2 = \sum_{i=1}^{n} \left(x_i^2 - 2 x_i \bar{x} + \bar{x}^2 \right) = \sum_{i=1}^{n} x_i^2 - 2\bar{x} \sum_{i=1}^{n} x_i + \sum_{i=1}^{n} \bar{x}^2 = \sum_{i=1}^{n} x_i^2 - 2\bar{x} n\bar{x} + n\bar{x}^2 = \sum_{i=1}^{n} x_i^2 - n\bar{x}^2$$

c)

$$\sum_{i=1}^{n} \left(x_i - \bar{x} \right)\left(y_i - \bar{y} \right) = \sum_{i=1}^{n} \left(x_i y_i - x_i \bar{y} - \bar{x} y_i + \bar{x}\bar{y} \right) = \sum_{i=1}^{n} x_i y_i - \bar{y} \sum_{i=1}^{n} x_i - \bar{x} \sum_{i=1}^{n} y_i + \sum_{i=1}^{n} \bar{x}\bar{y}$$

$$= \sum_{i=1}^{n} x_i y - \bar{y} n\bar{x} - \bar{x} n\bar{y} + n\bar{x}\bar{y} = \sum_{i=1}^{n} x_i y - n\bar{x}\bar{y}$$

Bei Merkmalen, bei denen zwei Ausprägungen gemessen werden, treten Doppelsummen auf.

Beispiel: Männliche und weibliche Studierende einer Statistikvorlesung wurden befragt, ob sie das Summenzeichen kennen, nicht kennen oder früher einmal gelernt, aber wieder vergessen haben. Es stellte sich folgendes Resultat ein.

	bekannt	unbekannt	vergessen
männlich	21	33	40
weiblich	18	29	37

oder allgemein

	bekannt	unbekannt	vergessen
männlich	n_{11}	n_{12}	n_{13}
weiblich	n_{21}	n_{22}	n_{23}

Die Gesamtzahl der Studierenden ist 21+33+40+18+29+37=178 oder allgemein

$$(n_{11}+n_{12}+n_{13})+(n_{21}+n_{22}+n_{23}) = \sum_{i=1}^{2}\sum_{j=1}^{3} n_{ij} = (n_{11}+n_{21})+(n_{12}+n_{22})+(n_{13}+n_{23})= \sum_{j=1}^{3}\sum_{k=1}^{2} n_{ij} \,.$$

Bei einer Tabelle mit k Zeilen und l Spalten lautet die Summenformel

$$\sum_{i=1}^{k}\sum_{j=1}^{l} n_{ij} = \sum_{j=1}^{l}\sum_{i=1}^{k} n_{ij} \,.$$

Der Wert der Summe ist unabhängig davon, über welchen Laufindex zuerst summiert wird. Zu beachten ist, daß der erste Laufindex bei n_{ij} die Zeilenzahl und der zweite die Spaltenzahl der Tabelle angibt. Für das Rechnen mit dem Doppelsummenzeichen gelten obige Regeln analog.

Beispiel:
a) Es gilt

$$\sum_{i=1}^{4}\sum_{j=1}^{2} x_i y_j n_{ij} =$$

$$x_1 y_1 n_{11} + x_1 y_2 n_{12} + x_2 y_1 n_{21} + x_2 y_2 n_{22} + x_3 y_1 n_{31} + x_3 y_2 n_{32} + x_4 y_1 n_{41} + x_4 y_2 n_{42}$$

b) $3\sum_{i=1}^{4}\sum_{j=1}^{2} 5 = 3\cdot 4\cdot 2\cdot 5 = 120 \,.$

A2 Statistische Funktionen in Excel

Excel, ein Tabellenkalkulationsprogramm, eignet sich besonders gut, statistische Auswertungen einer Urliste durchzuführen. Es wird davon ausgegangen, daß Grundkenntnisse in Excel vorhanden sind. Anhand einiger Beispiele sollen die wichtigsten Tabellenfunktionen der deskriptiven Statistik in Excel demonstriert werden. Neben diesen Tabellenfunktionen enthält Excel auch sogenannte Analyse-Funktionen zur Statistik, mit deren Hilfe komplexere statistische Analysen lediglich durch Eingabe der Daten und Parameter durchgeführt werden können. Klicken im Menü Extras auf Analyse-Funktionen zeigt eine Liste der verfügbaren Analyse-Funktionen an.

Eine Tabellenfunktion in Excel ist eine vordefinierte Formel, die Berechnungen unter Verwendung vorgegebener Argumente (Werte) durchführt. Als Argumente werden vor allem Zahlen, Zellbezüge, Formeln oder andere Funktionen verwendet. Die Eingabe einer Formel in Excel erfolgt immer mit dem Gleichheitszeichen (=), wenn die Funktion nicht als Argument verschachtelt wird.

Mit Hilfe von Funktionen lassen sich viele Berechnungen einfacher und schneller ausführen. Eine Funktion besteht aus dem Namen der Funktion und einer Liste von Argumenten in Klammern. Beispielsweise berechnet die Funktion SUMME(B1:B5) die Summe der Werte, die im Feldbereich B1 bis B5 liegen. Funktionen können über die Tastatur eingegeben werden, wobei zu Beginn das Gleichheitszeichen (=) zu setzen ist. In Funktionen dürfen Klein- oder Großbuchstaben verwendet werden. Die Argumente werden durch Semikolon getrennt.

Mnemotechnisch ist es jedoch zweckmäßiger, die gewünschte Funktion über den Funktionsassistenten auszuwählen. Ein Klicken auf das Symbol f_x oder auf *Einfügen/Funktion* aktiviert den Funktionsassistenten. Es öffnet sich eine Liste mit verschiedenen Kategorien von Funktionen. Innerhalb der Kategorien sind die Funktionen alphabetisch geordnet. Für die folgenden Beispiele aus der Statistik ist die Kategorie „Statistik" von besonderer Bedeutung. Neben Funktionen der induktiven Statistik stehen in dieser Kategorie auch nützliche Funktionen der deskriptiven Statistik zur Verfügung, von denen wir die wichtigsten besprechen wollen. Nichtvorhandene Funktionen können noch hinzugefügt werden. Über *Extras/Add-Ins* wird der Add-Ins-Manager geöffnet und dort werden die *Analysefunktionen* aktiviert. Viele Probleme der Statistik lassen sich nicht mit den vorhandenen Funktionen lösen. Dennoch ist auch in diesem Fall Excel von großem Vorteil, weil die Arbeitstabellen für die Lösung eines statistischen Problems in einem Excel-Tabellenblatt leichter zu erstellen sind.

Eine bequeme Möglichkeit zum Anzeigen von Formeln bietet die Tastenkombination STRG # ; alle Formeln werden auf dem aktuellen Tabellenblatt angezeigt.

Wird die Tastenkombination wiederholt, verschwinden die Formeln, und es werden wieder die Werte angezeigt.

I. Häufigkeitsverteilungen und ihre Parameter

Die Anzahl der eingegangenen Reklamationen bei einer Reisegesellschaft (vgl. Beispiel 3.1) stehen als Urliste in einem Tabellenblatt in den Zellen A1:A20. Die Auszählung der absoluten Häufigkeiten geschieht mit der Funktion HÄUFIGKEIT(Daten; Klassen). In den Feldern B1 bis B8 sollen die Realisationen (Klassen) $a_1 = 0, a_2 = 1, \ldots a_7 = 6, a_8 = 7$ stehen. Es wird der Bereich C1 bis C8 markiert, in dem die Ergebnisse erscheinen sollen. Dann wird die Funktion =HÄUFIGKEIT(A1:A20;B1:B8) als sogenannte Matrixformel eingegeben, d.h. nach Eingabe der Funktion wird die Tastenkombination <Shift> + <Strg> + <Enter> gedrückt. Die Formel wird dadurch von geschweiften Klammern umgeben, und es werden für alle Merkmalsausprägungen die Häufigkeiten gleichzeitig ausgezählt. Die kumulierten Häufigkeiten in D1:D8 erhält man durch D1 = C1; D2 = D1 + C2 etc. Dividiert man die Felder C1:C8 und D1:D8 durch den Stichprobenumfang 20, dann ergeben sich die relativen Häufigkeiten und die relativen Summenhäufigkeiten. In dem Excel-Tabellenblatt sollten sich jetzt die Ergebnisse der Tab. 3.2 wiederfinden.

Es ist bei der Konstruktion von Häufigkeitsverteilungen mit Klassen zu beachten, daß Excel die Klassen im Gegensatz zur üblichen Annahme in der deskriptiven Statistik als links offene Intervalle betrachtet (von über ... bis genau....).

Zur Darstellung des Stabdiagramms wird nach Markierung der Felder B1:B8 (Merkmalsausprägungen) und C1:C8 der Befehl *Einfügen/Diagramm/Säule* mit dem Untertyp *Säulen gruppiert* aufgerufen. Das so konstruierte Stab- bzw. Säulendiagramm findet man nach einigen Formatierungen in Abb. 3.2.

Mit RANG können auf- oder absteigende Rangzahlen gebildet werden. Bei gleichen Beobachtungswerten vergibt Excel jedoch auch gleiche Rangzahlen.

Zur Berechnung der Lageparameter werden folgende Funktionen verwandt:

- Arithmetisches Mittel   =MITTELWERT(A1:A20) = 3,15
- Minimum   =MIN(A1:A20) = 0
- Maximum   =MAX(A1:A20) = 7
- Median   =MEDIAN(A1:A20) = 3
- Modus   =MODALWERT(A1:A20) = 4
- Quartil (z.B. 3. Q.)   =QUARTILE(A1:A20;3) = 4
- Quantil (z.B. 0,2-Q.)   =QUANTIL(A1:A20;0,2) = 2

Achtung: In Excel werden die Quartile bzw. die Quantile etwas anders definiert als im Lehrtext, wenn $k = n \cdot p$ eine ganze Zahl ist.

Will man beispielsweise den drittgrößten Wert der Urliste bestimmen, so verwendet man die Funktion =KGRÖSSTE(A1:A20;3) = 4. Umgekehrt ergibt =KKLEINSTE(A1:A20;2) = 1 den zweitkleinsten Wert der Urliste. Das α-getrimmte Mittel wird von der Funktion GESTUTZTMITTEL berechnet. Stehen beispielsweise in einem anderen Tabellenblatt die Stundenlöhne von Beispiel 4.5 in den Zellen A1:A7, dann liefert =GESTUTZTMITTEL(A1:A7;2/7) = 15,04 das von Ausreißern bereinigte arithmetische Mittel. Das geometrische und das harmonische Mittel aus einer Urliste werden durch die Funktionen GEOMITTEL und HARMITTEL erhalten.

Zur Berechnung der Streuungsparameter werden folgende Funktionen verwandt:

-Zähler der Varianz	=SUMQUADABW(A1:A20) = 58,55
- Varianz s^2	=VARIANZ(A1:A20) = 3,0816
- Varianz s_0^2	=VARIANZEN(A1:A20) = 2,9275
- Standardabweichung s	=STABW(A1:A20) = 1,7554
- Standardabweichung s_0	=STABWN(A1:A20) = 1,7110

Zur Berechnung der Schiefe und der Wölbung werden folgende Funktionen verwandt:

- Schiefe	=SCHIEFE(A1:A20) = 0,6550
- Wölbung	=KURT(A1:A20) = 0,9547

Achtung: Excel verwendet andere Schiefe- und Wölbungsmaße (vgl. die Excel-Hilfen zu den entsprechenden Funktionen), so daß es zu leichten Abweichungen von den im Lehrbuch definierten Schiefe- und Wölbungskennzahlen - abgesehen vom Vorzeichen - kommt.

II. Korrelations- und Regressionsrechnung

In den Zellen A1:A10 und B1:B10 sollen die Produktionsmenge x und die Kosten y der Tab. 7.18 stehen. Ein Streudiagramm (vgl. Abb. 7.9) erstellt man durch den Befehl *Einfügen/Diagramm/Punkt(X,Y)*. Über den Menüpunkt D*iagramm/Trendlinie hinzufügen* und den Optionen *Formel und Bestimmtheitsmaß im Diagramm darstellen* kann zuzüglich eine Regressionsfunktion und deren Schätzgleichung mit Angabe des Bestimmtheitsmaßes eingeblendet werden. Zur Darstellung von

Zeitreihen wählt man am besten *Einfügen/Diagramm/Linie*. Über den Menüpunkt D*iagramm/Trendlinie hinzufügen* und den Optionen *Formel und Bestimmtheits-maß im Diagramm darstellen* können hier verschiedene Trendfunktionen (z.B. linearer, parabolischer oder exponentieller Trend) auf einfache Weise angepaßt werden.

Zur Berechnung wichtiger Kennzahlen werden folgende Funktionen verwandt:

-Korrelationskoeffizient nach
Bravais-Pearson   =PEARSON(A1:A10;B1:B10) = 0,9682
                         =KORREL(A1:A10;B1:B10) = 0,9682
-Kovarianz   =KOVAR(A1:A10;B1:B10)*10/9 = 8,3333

Achtung: Die Kovarianzfunktion in Excel muß mit $\dfrac{n}{n-1}$ multipliziert werden, um die Kovarianz auf S. 115 zu erhalten.

-Konstante der
Regressionsgeraden   =ACHSENABSCHNITT(B1:B10;A1:A10) = 2,5

-Steigung der
Regressionsgeraden   =STEIGUNG(B1:B10;A1:A10) = 1,25

-Bestimmtheitsmaß   =BESTIMMTHEITSMASS(B1:B10;A1:A10)
                         = 0,9375

Zur Berechnung der Prognosewerte im Stützbereich markiert man z.B. die Zellen C1:C10 und wählt aus dem Funktionsassistenten die Funktion TREND aus und gibt die entsprechenden x- und y-Werte ein. Da es sich hier um eine Matrixfunktion handelt, muß die Tastenkombination <Shift> + <Strg> + <Enter> gedrückt werden. Bei Prognosen außerhalb des Stützbereichs wird zusätzlich noch die Befehlszeile *Neue_x_Werte* ausgefüllt. Einen einzigen Prognosewert $\hat{y}_i$ bei gegebenem x_i erhält man durch die Funktion SCHÄTZER. Die Funktion VARIATION liefert die Prognosewerte einer exponentiellen Regressionsfunktion (vgl. z.B. Übungsaufgabe 47). Multiple Regressionen und Regressionen mit Achsenabschnitt Null können durch die Funktionen RGP (linear) und RKP (exponentiell) berechnet werden. Diese Funktionen liefern neben den Kleinste-Quadrate-Schätzern zusätzlich noch statistische Güte- und Beurteilungsmaße aus der induktiven Statistik.

Literaturhinweise

Anderson, O; Popp, W; Schaffranek, M; Stenger, H; Szameitat,K: Grundlagen der Statistik, Amtliche Statistik und beschreibende Methoden, 2. Auflage, Berlin-Heidelberg-New York, 1988.

Assenmacher, W: Deskriptive Statistik, Berlin, 1996.

Bamberg, G; Baur, F: Statistik, 12. Auflage, München, 2002.

Bankhofer, U; Krapp, M: Statistische Analyse- und Auswertungsprogramme, in: Schneider, D; Pflaumer, P (Hrsg.): Power Tools, Management-, Beratungs- und Controllinginstrumente, Wiesbaden 2001, 213–223.

Benninghaus, H: Deskriptive Statistik, Stuttgart, 1992.

Bihn, WR; Gröhn, E: Deskriptive Statistik: Ein Leitfaden für Wirtschaftswissenschaftler, Köln, 1993.

Blaich, J: Deskriptive Statistik: Einführung für Wirtschaftswissenschaftler und Praktiker, Stuttgart, 1977.

Bol, G: Deskriptive Statistik, 5. Auflage, München, 2001.

Bomsdorf, E: Deskriptive Statistik, 7. Auflage, Bergisch Gladbach, 1992.

Bourier, G: Beschreibende Statistik, 2. Auflage, Wiesbaden, 1998.

Box, GEP; Jenkins, GM: Time-Series Analysis, Forecasting and Control, New York, 1970.

Buttler, G; Stoh, R: Einführung in die Statistik, Reinbek, 1992.

Clemen, RT; Winkler, RL: Combining Economic Forecasts, Journal of Business & Economic Statistics, 1986, Vol. 4, No. 1, 39-46.

Cramer, U: Deskriptive Statistik, 2. Auflage, München, 1976.

Damodaran, A: Damodaran on Valuation. Security Analysis for Investment and Corporate Finance, New York, 1994.

Degen, H; Lorscheid, P: Statistik. Aufgabensammlung mit ausführlichen Lösungen, 3. Auflage, München, 2001.

Degen, H; Lorscheid, P: Statistik-Lehrbuch, 2. Auflage, München, 2002.

Diebold, FX: Serial Correlation and the Combination of Forecasts, Journal of Business & Economic Statistics, 1988, Vol. 6 No. 1, 105-111.

Diehl, JM; Kohr, HU: Deskriptive Statistik, 11. Auflage, Eschborn bei Frankfurt a. M., 1994.

Dunst, KH: Portfolio Management, 2. Auflage, Berlin-New York, 1982.

Eckstein, P: Angewandte Statistik mit SPSS, Wiesbaden, 1997.

Eisenhauer, JG: Regression through the Origin, Teaching Statistics, 2003, Vol. 25, Number 3, Autumn, 76-80.

Elbel, G: Zur Neuberechnung des Preisindex für Lebenshaltung auf Basis 1991, Wirtschaft und Statistik 11, 1997, 801-809.

Ferschl, F: Deskriptive Statistik, 3. Auflage, Würzburg, 1985.

Gerber, HU: Life Insurance Mathematics, 2nd Edition, Berlin, 1995.

Geßler, JR: Statistische Graphik, Basel, 1993.

Hansen, G: Methodenlehre der Statistik, 3. Auflage, München, 1985.

Hartung, J; Elpelt, B: Multivariate Statistik, 7. Auflage, München, 2007.

Hartung, J; Elpelt, B; Klösener, K-H: Statistik. Lehr- und Handbuch der angewandten Statistik, 14. Auflage, München, 2005.

Hartung, J; Elpelt, B; Voet, B: Modellkatalog Varianzanalyse, Buch mit CD-ROM, München, 1997.

Hartung, J; Heine, B: Statistik Übungen, Deskriptive Statistik, 6. Auflage, München, 1999.

Hartung, J; Knapp, G: Data Mining, in: Schneider, D; Pflaumer, P (Hrsg.): Power Tools, Management-, Beratungs- und Controllinginstrumente, Wiesbaden, 2001, 189 – 201.

Hartung, J; Knapp, G; Sinha, B K: Statistical Meta-Analysis with Applications, New York, 2009.

Hauke, W: Interpretationshilfen bei Portfolio-Darstellungen in der Unternehmensplanung, Zeitschrift für Planung 6, 1995, 41-54.

Hauke, W: Fuzzy-Modelle in der Unternehmensplanung, Heidelberg, 1998.

Heiler, S; Michels, P: Deskriptive und Explorative Datenanalyse, München, 1994.

Heise, B: Computerunterstützte Statistik, Bonn, 1994.

Hedges, LV; Olkin, I: Statistical Methods for Meta-Analysis, Orlando, 1985.

Ihrig, H; Pflaumer, P: Finanzmathematik, 11. Auflage, München, 2009.

Jeske, J: Spaß mit Statistik, 4. Auflage, München, 2003.

Kellerer, H: Übertragung einiger in der Bevölkerungsstatistik gebräuchlicher Begriffe und Methoden auf das Wirtschaftsleben, München, 1951.

Kellerer, H: Statistik im modernen Wirtschafts- und Sozialleben, Reinbek, 1968.

Keyfitz, N: Applied Mathematical Demography, New York, 1977.

Kingsley, M: Number and Distribution of Delphinapterus Leucas, Fishery Bulletin 1998 (4), 736-747.

Koutsoyiannis, A: Theory of Econometrics, 2. Auflage, London, 1977.

Krämer, W: So überzeugt man mit Statistik, Frankfurt-New York, 1994.

Krämer, W: So lügt man mit Statistik, 7. Auflage, Frankfurt-New York, 1997.

Krug, W; Nourney, M; Schmidt, J: Wirtschafts- und Sozialstatistik, Gewinnung von Daten, 4. Auflage, München, 1996.

Laspeyres, ELE: Die Berechnung einer mittleren Warenpreissteigerung, Jahrbücher für Nationalökonomie und Statistik, 1871, 296ff.

Leiner, B: Grundlagen der Zeitreihenanalyse, 4. Auflage, München, 1998.

Leiner, B: Europäische Wirtschaftsstatistik, 3. Auflage, München, 1997.

v.d.Lippe, P: Deskriptive Statistik, 6. Auflage, München, 1993.

Makridakis, S; Wheelwright, SC: Forecasting, Methods and Applications, New York, 1978.

Mayer, H: Beschreibende Statistik, 3. Auflage, München, 1995.

v. Mayr, G.: Statistik und Gesellschaftslehre, Bd. 1, Freiburg und Leipzig, 1895.

Menges, G; Skala, HJ: Grundriß der Statistik, Teil 2: Daten, Opladen, 1973.

Menges, G: Die Statistik. Zwölf Stationen des statistischen Arbeitens, Wiesbaden, 1982.

Missong, M: Aufgabensammlung zur deskriptiven Statistik, München, 2003.

Monopolkommission: Hauptgutachten 1994/95, Baden-Baden, 1996.

Mosler, K; Schmid, F: Beschreibende Statistik und Wirtschaftsstatistik, Berlin, 2003.

Nagel, M; Benner, A; Ostermann, R; Henschke, K: Grafische Datenanalyse, Stuttgart, 1996.

Neubauer, W: Statistische Methoden, München, 1994.

Neubauer, W: Preisstatistik, München, 1996.

Olkin, I: Meta-Analysis: Current Issues in Research Synthesis, Statistics in Medicine 1996, 1253-1257.

Paasche, H: Über die Preisentwicklung der letzten Jahre nach den Hamburger Börsennotierungen, Jahrbücher für Nationalökon. und Statistik, 1874, 168ff.

Pfanzagl, J: Allgemeine Methodenlehre der Statistik I, 6. Auflage, Berlin, 1983.

Pflaumer, P: Messung und statistische Analyse der Fehler in den Prognosen des Sachverständigenrats, Allgemeines Statistisches Archiv 70, 1986, 368-387.

Pflaumer, P: Methoden der Bevölkerungsvorausschätzung, Berlin, 1988.

Pflaumer, P: The Evaluation of German Warrants: An Empirical Investigation, Statistical Papers 32, 1991, 343-352.

Pflaumer, P: Analyzing Firm Mortality Using Life Table Techniques, Proceedings of the Business Statistics Section of the American Statistical Association, Orlando, 1996, 77-81.

Pflaumer, P: Klausurtraining Deskriptive Statistik, Norderstedt, 2004.

Pflaumer, P; Heine, B; Hartung, J: Statistik für Wirtschafts- und Sozialwissenschaften: Induktive Statistik, München, 2001.

Piesch, W: Statistische Konzentrationsmaße, Tübingen, 1975.

Piesch, W: Statistik - Formelsammlung, 2. Auflage, Stuttgart, 1992.

Pinnekamp, H-J; Siegmann, F: Deskriptive Statistik, 4. Auflage, München, 2001.

Polasek, W: Explorative Datenanalyse, Berlin, 1994.

Ratkowsky, DA: Handbook of Nonlinear Regression Models, New York, 1990.

Riedwyl, H: Graphische Darstellung von Zahlenmaterial, Bern, 1979.

Rinne, H: Wirtschafts- und Bevölkerungsstatistik, München, 1994.

Rinne, H: Taschenbuch der Statistik, 3. Auflage, Frankfurt am Main, 2003.

Rutsch, M: Statistik 1. Mit Daten umgehen, Basel, 1986.

Ryan, TM: Theory of Portfolio Selection, London, 1978.

Schaich, E; Köhle, D; Schweitzer, W; Wegner, F: Statistik I, 4. Auflage, München, 1993.

Schaich, E; Schweitzer, W: Ausgewählte Methoden der Wirtschaftsstatistik, München, 1995.

Scharnbacher, K: Statistik im Betrieb, 2. Auflage, Wiesbaden, 1994.

Schmid, F: Kleinst-Quadrate-Schätzer in nichtlinearen Regressionsmodellen, Göttingen, 1983.

Schlittgen, R: Einführung in die Statistik, 10. Auflage, München, 2003.

Schlittgen, R; Streitberg, B: Zeitreihenanalyse, 9. Auflage, München, 2001.

Schneider, W; Kornrumpf, J; Mohr, W: Statistische Methodenlehre, 2. Auflage, München, 1995.

Schneider, D: Unternehmensführung und strategisches Controlling, 5. Auflage, München, 2007.

Schneider, D; Pflaumer, P (Hrsg.): Power Tools, Management-, Beratungs- und Controllinginstrumente, Wiesbaden, 2001, 187–324.

Schwarze, J: Grundlagen der Statistik I. Beschreibende Statistik, 7. Auflage, Herne-Berlin, 1994.

Seber, GAF; Wild, CJ: Nonlinear Regression, New York, 1989.

Senders, VL: Measurement and Statistics, New York, 1958.

Simpson, EH: The Interpretation of Interaction in Contingency Tables, Journal of the Royal Statistical Society B, 13, 1951, 238-241.

Theil, H: Applied Economic Forecasting, 2. Auflage, Amsterdam, 1971.

Tintner, G: Handbuch der Ökonometrie, Berlin, 1960.

Toutenburg, H; Fieger, A; Kastner, C: Deskriptive Statistik, München, 1998.

Trenkler, G; Liski, EP: Linear Constraints and the Efficiency of Combined Forecasts, Journal of Forecasting 5, 1986, 197-202.

Vakil, F: Empirical Distributions of International Stock Returns, Proceedings of the Business and Economic Statistics Section of the American Statistical Association, Orlando 1995, 302-307.

Vogel, F: Beschreibende und schließende Statistik, 12. Auflage, München, 2000.

Vogt, A; Barta, J: The Making of Tests for Index Numbers. Mathematical Methods of Descriptive Statistics, Heidelberg, 1997.

Vysochanskii, DF; Petunin, YI: On a Gauss Inequality for Unimodal Distributions, Theory of Probability and its Applications 27, 1982, 359-361.

Wagenführ, R: Statistik leicht gemacht, 7. Auflage, Köln, 1974.

Wallis, WA; Roberts, HV: Methoden der Statistik, Freiburg, 1969.

Wehrt, K: Beschreibende Statistik, Frankfurt-New York, 1985.

Welcker, J: Technische Aktienanalyse, 7. Auflage, Zürich, 1994.

Wetzel, W: Statistische Grundausbildung für Wirtschaftswissenschaftler, Teil I: Beschreibende Statistik, Berlin, 1971.

Sachverzeichnis

Spiel mit Grips!

Karl Bosch
Lotto. Spiel mit Grips!
Wie man gezielt die Gewinnquoten
erhöhen kann

2. Auflage 2008 | 100 S. | Broschur | € 9,80
ISBN 978-3-486-58902-3

Da es kein Spiel gegen den Zufall gibt, sollte man zu-
mindest wissen, bei welchen Kombinationen die
Gewinnquoten am höchsten sind – beliebte Tippreihen
sollte man also eher vermeiden. In diesem Buch werden
die Gewinnchancen und theoretischen Quoten im
Lotto untersucht. Dazu wurden 7,78 Millionen an einem
Spieltag abgegebene Tippreihen analysiert. Es ergab
sich, dass die Gewinnquoten z.B. bei Geburtstagsrei-
hen aufgrund ihrer großen Beliebtheit extrem niedrig
sein können. Die tatsächlichen Quoten bei verschiedenen Ziehungen bestätigten die Ergebnisse des Autors.

**In diesem Buch erfährt jeder, wie er seine Gewinn-
quote beim Lotto erhöhen kann.**

Dr. Karl Bosch ist emeritierter
Professor am Institut für
Angewandte Mathematik und
Statistik der Universität
Hohenheim. Er ist Mitglied der
Forschungsgruppe Glücksspiel
an der Universität Hohenheim
und beschäftigt sich mit den
Chancen und Risiken von
Glücksspielen, insbesondere
beim Lotto.

Oldenbourg

150 Jahre
Wissen für die Zukunft
Oldenbourg Verlag

Bestellen Sie in Ihrer Fachbuchhandlung oder
direkt bei uns: Tel: 089/45051-248, Fax: 089/45051-333
verkauf@oldenbourg.de

Verfahrensbibliothek
auf 2000 Seiten

Rasch, Herrendörfer, Bock, Victor, Guiard (Hrsg.)
Verfahrensbibliothek
Versuchsplanung und -auswertung – mit CD-ROM
2., vollst. überarb. Aufl. 2008. XII, 140 S., gb.
CD-ROM mit über 2.000 S.
€ 54,80
ISBN 978-3-486-58330-4
Lehr- und Handbücher der Statistik

„Eine Bibel für Statistik"

Das Buch ist eine umfangreiche Sammlung von fast 500 modernen und klassischen statistischen Methoden auf rund 2000 Seiten an deren Erarbeitung über 60 Wissenschaftler aus drei Erdteilen mitgewirkt haben. Neben rein methodischen Verfahren, in denen Tests, Konfidenz- und Punktschätzungen bzw. Regressions- und Varianzanalysen beschrieben werden, findet man auch viele spezielle Anwendungen wie klinische und epidemiologische Studien, räumliche Statistik, Lebensdauerprobleme, Human- und Populationsgenetik und Feldversuchswesen. Ein Verfahren beginnt mit der Beschreibung der Problemstellung, die aus den Teilen Planung und Auswertung besteht. Darauf folgt der aus den gleichen Teilen bestehende Lösungsweg sowie ein durchgerechnetes Beispiel. Der Verzicht auf Beweise macht die Verfahren leicht lesbar, die Beispiele erleichtern das Verständnis auch für Leser mit geringen Vorkenntnissen. Die Daten des Beispiels und das SAS-Programm können im jeweiligen Verfahren aufgerufen werden.

Über 60 Wissenschaftler aus drei Erdteilen haben für dieses einzigartige Werk nahezu 500 moderne und klassische statistischen Methoden aufgearbeitet.

Das Werk wendet sich an Forscher aller Bereiche, die in ihrer Arbeit Versuche durchführen müssen.

Oldenbourg

www.ingramcontent.com/pod-product-compliance
Lightning Source LLC
Chambersburg PA
CBHW081057220326
41598CB00038B/7129